山口未花子
石倉敏明
盛口　満
編著

〈動物をえがく人類学〉

人はなぜ動物にひかれるのか

岩波書店

はじめに

山口未花子

動物は、私たちにとってなくてはならない存在です。食べ物や衣服などとして利用される資源としてだけでなく、動物を見ること、えがくこと、動物とともにあることが、私たちの生活を豊かにしてくれているからでもあります。しかし、なぜ動物はこれほど私たちにとって大切な存在だと感じられるのでしょうか？　問いが生じたとき、そのはじまりを考えてみることは、答えに近づくためのひとつの方法かもしれません。

歴史的に見れば、人と動物とのあいだには、まず、食う食われるの関係がありました。もともとサルの仲間だった私たちの祖先は植物食をする生物でしたが、進化の過程で肉食をおこなうようになり、そのこと自体が人を人たらしめたという側面があると考えられています。その時代を生きた私たちの祖先が動物を資源として利用していたことを越えて、特別なものとして考えていたことを教えてくれるのが、旧石器時代の動物壁画や動物小像です。

また、もうひとつのはじまり、人が生まれてすぐにも動物は私たちの傍にいました。文化人類学者のレヴィ＝ストロースは「すぐ後にはもう過去のものとなったと悟らされるその一体感へのノスタルジーを、ごく幼い時期から子に抱かせておかねばならないとでもいうかのように、われわれはゴムやパイル地でできた見せかけの動物でまわりを取り囲んだり、最初に与える絵本を目の前に置いたりして、本物に出会う前から〔…〕動物を見せるのである」と述べています（レヴィ＝ストロース 二〇一九）。レヴィ＝ストロースは狩猟採集民だった人が、動物との連続性を漠然ともち続けているために、子どもに動物をえがいたものを無意識に与えてしまうし、子どもたちは生まれながらにして動物に興味をもっているのだと考えました。

このレヴィ＝ストロースの文章は、現代人にはもうすでに過去のものであり、現在の私たちには必要ないもの、あるいは大人になるにつれて失われていくものであるように読めますし、確かにそれは事実であるかもしれません。しかし、狩猟採集生活を離れた私たちにとって、動物との一体感や動物を特別なものと考える心とは、自分たちの過去の残滓でしかないのでしょうか？　人新世とも呼ばれる現代において、私たちはむしろ、動物との一体感を失ったことによって様々な問題に直面しているとは言えないでしょうか？

私は、人が無意識のうちに動物を子どもたちの傍に置き続けてきたことには意味があると思います。たとえ実際の動物でなくても、えがかれた動物によって動物との一体感、連続性をもち続けることは、私たちが私たちであるために必要だったのではないかと思うからです。そして、今この時代だからこそ、そうした人以外の、あるいは自分以外の存在とともに世界を生きている、という感覚をとりもどす必要があるのではないでしょうか。

ここで思い出すのが、カナダ・ユーコン内陸部に暮らす先住民の友人が、夜ごと祖父からシャチの物語を聞いて育ったことで、実際には見たことのないシャチを、リアルで自分に近い存在であると感じるようになったという話です。その友人は、今では彫刻家として絵画やトーテムポール、仮面を制作し、シャチをはじめとする動物の姿を生き生きとえがいています。また、友人は、動物をえがくことは、自分の考えを表すのではなく、例えば木を彫りながら、その中にいた動物を形にしていくようなプロセスである、と言います。ここには、動物をえがくことを通して人と動物、人と人とが結びつき変化していく可能性が示されていると思います。

こうしたプロセスを「生成変化」として論じたのがドゥルーズとガタリです。二人は『千のプラトー』(二〇一〇)において芸術を、動物と人の「あいだ」に生じる生成変化と位置づけました。この生成変化を動機付けるもの、あるいは継続させるのが情動(アフェクトゥス)であり、受動性と能動性、あるいは主観と客観という極の間を揺れ動きながらも、どちらかに振れすぎると止まってしまうといいます。

この、生成変化＝情動をひきおこすものとして、まず挙げられるのが動物である、というのもドゥルーズとガタリが鋭く指摘したことです。私自身、動物を前にすると、その愛らしいしぐさや美しい造形、思いがけない動きやうっとりするような毛並みに心を動かされ、それをえがき留めたいという気持ちがあふれてきますから、動物が自分を何かに駆り立てる存在であることに異論はありません。人以外の存在の中で最も人に近い存在、人とそれ以外のものとの「あいだ」にあって、人の心を強く揺さぶる存在が動物であり、だからこそ一歩踏み出す手がかりとなるのです。この人と動物の近さとは、単に進化的な意味でだけではなく、例えば系統的には遠くても同じく多彩な声をもつ鳥の囀《さえず》りが美しい音楽に感じられるように、えがかれるものが動物と人の間をつなぐということもあるでしょう。

そして、こうした生成変化によって、動物と出会うまでの自分には持ち得なかった新しい知覚——例えば動物との一体感——を獲得することができるのです。

最後にもう一つ付け加えるならば、それが絵画であれ、踊りや歌、詩や装飾品であれ、「えがかれたもの」を取り上げるという点にも意味があると考えています。人類学者のインゴルドは「アーティストの仕事は、そのような真実を具体化することであり、それらを私たちの目の前に直観的に提示し、私たちがそれらをすぐ体験できるようにすること」と言います(インゴルド 二〇二三)。例えば猟師が動物に近づく知恵や技術を、それを経験したことがない人と共有することは難しいかもしれません。しかし動物の描写であれば、人々のあいだで共有できる何らかの「かたち」をもち、インゴルドが示したようにその体験を共有することができるようになります。第1章で盛口が示すように、「アリ」のイメージひとつとっても、えがいてみるとそのかたちは人によって千差万別です。それを「絵」というかたちにすることで、互いのイメージが異なることがわかります。また、実際に見てえがくことで、その「かたち」はより精密になり、統一されていくということもあるでしょう。そしてその「かたち」が視覚的なモノだけでなく、聴覚や触覚など多岐にわたるものであればあるほど、私たちにとっての動物という存在は、より立体的になっていくのです。例えば、森の中で動物を探すとき、動物の足音や独特のにおい、あるいはそばにいる小鳥が騒ぎ立てる様子などによって、たとえ見えなくても藪に潜む動物の姿が浮かび上がるように。しかし一方で私たちの感覚と、その描写の形式によってそこに何が生成するのかが異なってくるということもあります。その場所に響く音楽やリズムを共有するときに何らかの感情がその場を支配することがあれば、描かれた絵は時や場所を超えた情報共有を可能にすることもあります。漫画のように絵と言葉を組み合わせた表現、動物の毛皮の手触りに導かれるようにつくられた衣装など、それぞれの形式やそれらが交差するところから、なぜこれほど多様な動物描写というものが生まれるのかが見えてくるのではないでしょうか。

こうしたことを踏まえ、本書では、動物をえがくこと、えがかれた動物について、なるべく多様な形式によるえがくプロセス、生成変化について考えてみたいと思います。

本文は全四部で構成します。動物たちの視覚的なイメージが、言葉でとらえきれないところを補い、より深く本書の内容に入り込むことを助けてくれるかもしれません。本書に登場するアーティストの作品のいくつかを見ながら、紹介していきます。

「I　動物を観察してえがく」では、動物の形や物質性をよく観察することと、そこから生まれる動物描写について考察します。

盛口満による「1　イメージの中の動物たち――大学生の絵から考える」では、イメージとしての動物と、実際に観察して動物をえがくことの違いとその背景にある生き物とのかかわり方を、自分が教える学校という現場の事例からえがきます(カラー図1・2)。盛口が学校でえがくことを通して学生たちと動物のイメージを共有し、動物に対する理解を深めていくプロセスは、小田隆の「コラム2　学者と協働で挑む古生物の復元図」において、古生物学者と画家がえがかれた絵を修正しながら、古生物の形をより正確な形に近づけていく作業に通じるかもしれません(カラー図3)。盛口の論文にも登場する西澤真樹子の「コラム1　自然史標本の役割と動物たちをめぐる文化」からは、動物をえがく対象である標本の魅力と、そこから私たちが学びうるものについて考えさせられます。

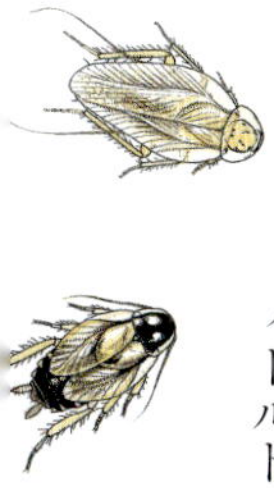

大石侑香による「2　暮らしの中の毛皮——西シベリア・ハンティの女性の生き方」では、寒冷地であるために毛皮として動物を必要としてきたハンティの人々が、単に防寒という点からではなく毛皮のもつ様々な機能や美しさ、手触りをうまく使いながら様々な形で装飾文化を継承してきたことを明らかにします。動物の身体を素材として新しい造形を生み出すという点で、動物の骨や殻からイメージを膨らませてモンスターをデザインする長谷川朋広の「コラム3　モンスターデザイン」も動物の身体がもつ「かっこよさ」が人の想像力を刺激するものであることを再確認させてくれます(カラー図4)。

動物への興味は人が生まれながらにもつ性質であるとも言われています。第Ⅰ部を通して動物をえがくことと動物を知ることは不可分に結びついているということが浮かび上がります。

「Ⅱ　動物を想ってえがく」では「動物になること」を、身体や心の動きとしてとらえることを試みます。ドゥルーズとガタリが示したように動物をえがくことを、動物になろうとする過程としてとらえれば、それによって人の知覚を別の次元に連れ出す作用をもつのかということを踊りやことばによる動物描写の事例から検討します。

丹羽朋子による「3　取り残された動物になる——核災害後の表現実践から」では、東日本大震災後の福島に取り残された、飼育されていた動物たちを演じることで、高校生たちにどのような変化が見られたのかが語られます。そこでは必ずしも全員が動物になりきれないことも含め、模倣すること、演じることによってどのようなパースペクティブが獲得されるのかが明かされます。

吉田ゆか子による「コラム4　動物を踊る・動物で躍る——バリ舞踊の表現をめぐって」の中ではバリ舞踊の中で踊られる動物が、自然を象徴するものというだけでなく、踊りの動きを多様にし、楽しみをもたらす役割を果たす様子が自身の踊り手としての経験に基づいてえがき出されます。

また、菅原和孝「4　狩られる動物を想う——子どもの絵からグイ・ブッシュマンの語りまで」では、長年のフィールドワークを通じて、動物を見る視点がグイの人々の影響を受けながらも変容していった過程が明

1　盛口満《ゴキブリいろいろ》
ゴキブリは昆虫の中でも嫌われ者の代表だが，それはイメージに基づくもので，実態とは乖離している．日本だけでも65種もが知られていて，屋内には決して入ってこない種類の方が多い

2　盛口満《冬虫夏草》(右)
冬虫夏草は昆虫に寄生する菌で，昆虫の骸を栄養としてキノコを伸ばす，キメラ的な見かけがインパクトのある生き物である．上・下はカメムシを宿主とするカメムシタケ，中はクビオレカメムシタケ

3　小田隆／丹波市《1 億 1000 万年前の丹波の世界》
右の丹波竜(タンバティタニス)だけでなく，ほかの生き物もすべて，それぞれの専門の研究者との共同作業で描かれた

4　長谷川朋広《ヤガラ龍》
ヤガラの骨格から着想をえてえがかれた龍．リアルな生物のパーツが想像上の生物を生み出している

かされます。そして長い研究生活の中でたどりついたのは、幼いころにみつけたセミの抜け殻のように、狩人のことばも画家の絵も動物の生が生成変化であることを示す痕跡であるということでした。

「コラム5　えがかれた動物としての私たち――今貂子の舞踏」と題してケイトリン・コーカーは、舞踏家の今貂子が動物になって踊る経験について語ります。舞踏で何かになって踊ることは、外側の形をまねることではなく、内側を変化させることであり、動くことによって生成変化を感じることでもあるといいます（カラー図5）。また、詩によって動物をえがく管啓次郎は「5　動物詩序説――生命に直面する詩の問い」において、詩という形がもつ喚起する力を使いながら、言葉の始まりとともにあった動物の描写を通して、人々の心の中の動物をよびおこします。

「Ⅲ　動物イメージの変容をえがく」では「動物」の境界を超えることについて考えます。例えば自分の領域から外に出て、あるいは自分の輪郭

5　今貂子舞踏公演「愛ノ嵐」《妹の力》シリーズ vol. 11(撮影：飯名尚人，会場：UrBANGUILD Kyoto)
「愛ノ嵐」は木花咲耶姫(コノハナノサクヤビメ)を題材にした舞踏．葛藤の中で自身を進化させていく中で、想像力・身体能力を飛躍させて白虎になる

を広げることによって、他の動物と接触し新しいものがそこに生成します。それはコンタクトゾーンにおけるキメラの生成というイメージにもつながっていくでしょう。

石倉敏明「6　「共異体」としてのキメラ――人間と動物のあいだに」では、人と、人もその中に含まれるほど近い存在でありながら、時に人とは異なるものとして対象化してきた動物とがその境界線上でキメラを生成させることについて、デスコラのアナロジズム論を援用しながらも、そこにとどまらない多様なキメラの形が描き出されていることを示し、複数の存在論にまたがる越境的な創造ととらえ、異質性をそのまま持ち寄って生成するものとして論じます。大小島真木の「コラム6　間にて真を眼ざせば――真似び、学び、愛む、ミメーシスとしての制作行為」では、動物と人の境界に立ち、動物になることを通じて動物の視点から世界を見るミメーシスとしてのアート制作の形があることがわかります(カラー図6・7)。

6　大小島真木《領域　Territory》コウモリ人(左上), 馬人(右上), ネコ科哺乳類(左中), 鮭は熊を食べ, 赤子は産卵する(右中), 世界の礎(左下), ミメーシス(右下)
陶器作品シリーズ《領域　Territory》では, 動物性と人間性の境界が陶土というマテリアルの中で互いに溶け合い, 混ざり合い, 異質性を保ったまま攪拌される. それは現代におけるキメラの神話であり, 若い男女の人体を基準とする西洋的な影像の美学では測ることのできない怪物的な情動を秘めている

7　大小島真木《ホロビオント—epsilon イプシロン—》
複数の異なる生物種が共生し，不可分に一つの全体を構成している状態を進化論学者のリン・マーギュリスは「ホロビオント」と名付けた．この作品は，ハイブリッドな人体の中にそうした持続する共生を描き出している

一方で、キメラのような動物も、実際の動物のイメージや身体の一部から成り立っているという点では想像上の動物もリアルな動物と地続きの存在と言えるかもしれません。山中由里子による「7 「驚異の部屋」の怪物たち——不思議な生きものが生まれる現場」では、人魚や鬼といった想像上の動物が、様々な人の交流や歴史的な文脈の中で、どのように生み出されていったのかを考察します。

齋藤亜矢による「8 ヒトはなぜ動物を描くのか——人類進化とアートの起源」では、人間がなぜ描くのかという根源的な問いを洞窟壁画やチンパンジーの絵、子どもの絵の発達に応じた変化から明らかにします。そして、洞窟壁画のころから存在してきた人と動物の混成像などの想像上の生き物を描くということが、描くという行為の中で偶発的に生じた可能性にも言及します(カラー図8・9)。

鴻池朋子はアートの根源的な役割について考察した「コラム7 ドリーム ハンティング グラウンド」の中で、幼いころから好きだったえがくという行為を拡張させ、身体のあらゆる感覚を使いながら様々な素材とともに制作することと、そこに導いてくれた動物など人以外の存在との出会いを明かしています(カラー図10)。

長坂有希による「9 「彫られた」動物とともに生きる——ライオンの彫刻が守り、癒し、導く存在になるとき」では、アーティストである長坂がヨーロッパに存在するライオンの彫像の視点から移り変わる世界をまなざし、イメージを紡ぐ過程がえがかれています。さらに、根本裕子の「コラム8 土で動物をつくること、焼くこと」では、作家が図鑑や映像などのイメージから動物への親しみがうまれ、それを土という素材でつくる過程で素材やそれを焼くという行為によって思いがけない形が生成するおもしろさを伝えてくれます(カラー図11)。

「Ⅳ 動物とつながるためにえがく」では、動物とともに暮らす人々の暮らしの中でどのように動物がえがかれるのかを取り上げます。

山口未花子の「10 動物にうたう歌——カナダ・ユーコン先住民と動物が織りなす音の共同体」では、動物に大きく依存してきた北方先住民が、動物とのつながりを維持するために歌いかけ、語り継ぐことから、人間同志のコミュニティを超え、動物とともに暮らすユーコンの森の共同体における音や声による描写について論じます。土取利行の「コラム9　描くことの根源に動物がいた」では、土取が演奏家の視点から、洞窟壁画に描かれた楽器を演奏する人の図や、アフリカの太鼓を手がかりに、人と動物が音やリズムを通してつながりを生み出してきたことについて論じます。

続く竹川大介による「11　動きを描くことの意味——動物表象とアニマシー」は、動物がまさに動くものであり、形を変え続ける存在であるからこそ、その形をかき留めたというところからはじまり、洞窟壁画、障害者アート、子どもの絵、民族芸術など様々な描写形式の中で、一貫して動物が主要なモチーフとして描き続けられてきた意味についての論考です(カラー図12〜14)。

五十嵐大介の「コラム10　動物を漫画に描く」では、閉じられた世界で生きる現代人が無意識のうちに不可視化している動物やその他の諸存在を可視化する漫画という手法の持つ可能性が示されます(カラー図15)。

サリントヤの「12　動物、人、風景をつなぐ歌——ギンゴーが響く草原」では、モンゴルの牧畜民が長い動物との相互関係の中で掛け声や歌によるコミュニケーションを発達させるとともに、動物の声などを読み解く能力にも優れるなど、音を介して緊密な社会関係を結ぶ様子がえがかれます。そして牧畜民にとって、音は人と動物だけでなく風景を結びつけ、感情を共有するための媒介でもあることが明かされます。ここでえがかれる、モンゴル社会において最も特別な動物とみなされるのは馬ですが、馬の側にも人に対する特別な感情があることを認知科学の側面から示した瀧本彩加の「コラム11　「空気を読む」馬」は、サリントヤの論文でえがかれる馬と人の関係を別の側面から照射しているといえるでしょう。

このように、動物を知ること、動物になること、動物をつくることの究極の目的は、本来動物とつながるためのものだったといえるのかもしれません。

8　アルタミラ洞窟壁画(撮影：ペドロ・A．サウラ・ラモス)
アントニオ・ベルトラン監修『アルタミラ洞窟壁画』(岩波書店，2000年)より「大天井画の部屋の多色画作品群．上3分の2の部分に3体の《うずくまるビゾン》があり，天井の突出したふくらみに重ねて制作されている」

9　チンパンジーのアイの絵(上)とパンの絵(下)
チンパンジーも絵をえがく．それぞれの個体が絵をえがくことを楽しむが，表現には個体差がある．その絵が何かを表したり，スキームを身につけることがない点で人間の絵とは異なる

10　鴻池朋子《ボードゲームすごろく地図》
地図は人が潜在的な世界と出会い直すための仕掛けであり、人と動物の魂をとらえる遊戯的な「罠」の一種でもある。鑑賞者はこの作品をとおして膠着した「人間だらけの世界」から抜け出し、無数の生物種や想像上の存在、死者の魂、ダイナミックな気象、宇宙のエレメントがうずまくもう一つのリアルな世界に導かれる

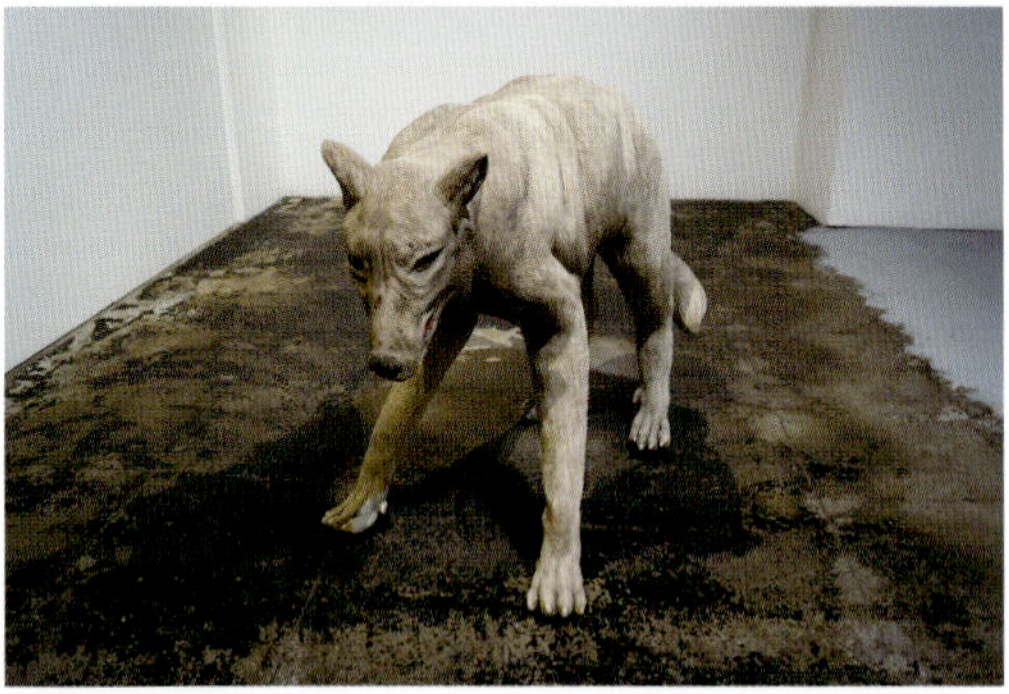

11　根本裕子《野良犬》(撮影：大槌秀樹)
根本は，生き物に時間をかけて刻み込まれるシミや傷，皮膚の皺やただれなどの「生の痕跡」を手びねりで造形し焼成する．陶製の野良犬たちは，自身の「場所」を守るようにテリトリーを練り歩き，わたしたちに日本の山々から排除されたイヌ科動物であるニホンオオカミの記憶を喚起させる

12　星先こずえ《スカラベとハイエナ》
生態系の掃除屋を受けもつ二者の対比．背中を丸めたハイエナの視線からはスカベンジャーの寂しげな情感が伝わってくる

13　竹川大介《マツカサウオ》
9歳のときの油絵．それまで描いていた生きた動物の絵から離れ，近所に住む画家の家で静物画を習いはじめた

14　Jimmy Sausiara《海の生き物のイメージ》
竹川がバヌアツのフツナ島に油性ペンと紙を残し，翌年に訪問するとこの絵ができていた．村人にとってこうした絵をえがく行為自体が海の精霊との対話なのかもしれない

15　五十嵐大介《異類の行進曲《マーチ》》(画像提供：国立民族学博物館 © 五十嵐大介)
特別展「驚異と怪異——想像界の生きものたち」(国立民族学博物館，2019年)のための描きおろし．様々な種の生物どうしや無生物のパーツとのキメラたちが，一つの群れを成すように行進する

参照文献

インゴルド、ティム（奥野克巳訳）『応答、しつづけよ。』亜紀書房、二〇二三年。

ドゥルーズ、ジル&ガタリ、フェリックス（宇野邦一ほか訳）『千のプラトー――資本主義と分裂症』河出文庫、二〇一〇年。

レヴィ゠ストロース、クロード（渡辺公三監訳）『われらみな食人種――レヴィ゠ストロース随筆集』創元社、二〇一九年。

目次

I

動物を観察してえがく

1 イメージの中の動物たち
——大学生の絵から考える

盛口　満

はじめに

私は現在、沖縄にある私立大学で、初等教育教員養成課程の理科教育担当教員として、学生たちと関わっている。大学の所在地は那覇《なは》の市街地。学生たちの出身は、ほとんどが県内で、その多くは那覇を中心とした沖縄島中南部である。沖縄島中南部には広く市街地が広がっている。すなわち、自然と接する機会が少なかった子ども時代を送り、緑のほとんどないキャンパスに通ってくる「子どもは大好きだけれども、自然とか、特に興味ないし」と思っている学生が私の相手である。

都市化が進む中、人々の自然との関わりは変化し、それに伴い、認識のありかたにも変化が見られてきている。例えばブタについて。ラフテー（皮付き豚肉の煮物）や中身汁（腸の吸い物）など、沖縄では伝統的に豚肉が料理に用いられてきた。沖縄における伝統的な食肉文化の発達の要因には、仏教による肉食禁忌の影響がなかったことに、地理的に中国や朝鮮との交易が盛んで、かの地の食文化が伝えられたことと、さらに、様々な祭祀において家畜が共食の場に供されたことが加わるとされる（島袋　一九八九）。

一九六〇年代以前、豚肉は行事の際の食に用いられるものであり、日常的に食されるものではなかった。一方で、かつてはワーフールと呼ばれる、人の排泄物をブタに食べさせ飼育する風習も見られ、ブタは身近な存在でもあった。

私は沖縄の人と自然との関わりの変化をさぐるために、各地で年配者の聞き取りを行っている。ワーフールは衛生的に問題があるとされ、戦前から廃止の方向が見られたが、今もなお、ワーフールの記憶を聞き取ることはできる。例えば一九四八年に多良間《たらま》島に生まれた話者からは「豚便所があったのは、我々が小学生のころまでだね。うんこをした後、お尻をふくのはユナギ(オオハマボウ)の葉っぱです。そのため、わざわざ豚小屋の隣に植えてありました。お尻をふくのが葉っぱだったら、ブタも食べれるしね。ブタも餌がなかったころだし。こうしたリサイクルをしていたわけです」といった話を聞き取っている。しかし、現代、沖縄においてもブタと人とのあいだには「乖離」が見られるようになっている。

現代の沖縄における人とブタの関係性を追った比嘉理麻は、現代社会において「ブタ」は「大多数の沖縄の人びとにとって〈生きたブタ〉というよりも、まずもって〈肉〉」であり、言葉を換えれば「豚肉を非常に好みながらも、その元であるブタを嫌悪するといった歪みが生じている」実態があるとしている(比嘉 二〇一五)。かつて各家庭で行われていたブタの飼育は、やがて郊外におけるブタの多頭飼育場での飼育へと移り変わり、それとともに、飼育場は悪臭を発する迷惑施設とみなされるようになったからである。すなわち、迷惑施設で飼育される「害獣」であるブタは、屠畜場で肉として「脱動物化」されることにより、都市化された社会で暮らす人々の手に肉として受け渡されるのである(同前)。

むろん、このような都市化による自然との乖離と、それによる人々の認識の変化は沖縄に限った話ではない。虫ギライが生まれることについて、「都市化が虫への嫌悪の強さと幅を増大させる」という仮説に基づいた研究がある。これによって「都市化が進むと室内で虫を見る機会が増え、また、室内で虫を見ると屋外で見るよりも嫌悪を引き起こす度合いが強い」ことと、「都市化は人々の虫に関する知識を減少させ、知識の減少は広い範囲の虫について、嫌悪を産む」ことが明らかになっている(Fukano et al. 2021)。

現代っ子の動物イメージ

都市化が進んだ現代、学校の新たな役割の一つに、子どもたちが自然に気づくきっかけや、自然と出会う場を設けることがあるのではないかと考えている。そうしたことから、授業では、できるだけ自然物（標本など）を教室内に持ち込むことを心掛けてきた。

卒業生が勤務している沖縄島北部のR小学校の特別授業に呼ばれた際も、実物標本を携えて学校に向かった。R小学校は小規模校であったので、一、二年生合同で授業を行うことになる。授業の内容は、動物の骨格標本を使い「動物のくらしやれきしを考える」というものである。その中で、ブタの頭骨を見せ、どんな動物の骨なのかを考えてもらった。ブタの頭骨の問題を出す前に、まずリスの頭骨を見せ、切歯が発達した特徴があることに注目し、硬いものを齧《かじ》る動物の頭骨の特徴であることを確認させた。続いてタヌキの頭骨を提示し、どんな動物のものであるかを考えてもらい、やりとりを通じて、タヌキの頭骨であることに導いた。ここから「頭の骨、特に歯を見ると、どんな食べ物を食べてくらしている動物か、推測ができる」というまとめをして、ブタの頭骨の課題につなげた。

沖縄には、野山に棲息する哺乳類は種類が少ない。提示した頭骨は、人が飼育する家畜のブタ、ヤギ、ウシ、ウマのうち、どの動物のものと思うか挙手をしてもらった。結果は、ブタ三人、ヤギ一三人、ウシ〇人、ウマ一七人であった。先述したように、沖縄では豚肉が好まれる。ところが、ブタの頭骨を見ても、ブタだとわかる子どもは多くない。これは、ブタといえばアニメや絵本などでキャラクター化されたイメージが頭の中に浮かぶからだ。アニメや絵本の中に登場するブタは丸顔をしている。目の前に提示された、鼻先の伸びた頭骨と結びつかないのだ。

私が動物の骨格標本を授業に使用するようになったのは、前任の私立自由の森学園中学校・高等学校の教員をしていたころにさかのぼる。自由の森学園はユニークな教育方針をもって設立された学校であり、大学を卒業してすぐに着任した私は「生徒たちが学びたいことを自由に教えてよい」という教育方針に戸惑うばかりだった。私自身は子どものころから生き物好きを自認していたものの、実際に理科教員になってみると、一般の中高生は生き物に格別の興味をもっていないことに気づいたからだ。何より、私自身に専門知識が不足していたのが一番の課題だったのだが、加えて、私が「おもしろい」と思ったことを伝えても、生徒たちは興味をもってくれないことが多々あることに気づかされた。半面、思わぬときに反応してくれることがあることも、教員生活を続けるうちに気づけるようになった。そうした、生徒たちが反応する教材の一つが、骨であったのだ。

生徒たちは、普段、動物の骨と接する機会はほとんどない。そのため、骨には薄気味悪いようなイメージをもっている。しかし、なんといっても、骨はリアルな存在である。ブタの頭骨のように、見ただけで、すぐに正体がわからないというおもしろさも秘めている。そのようなことから、骨は彼ら・彼女らをひきつける。

自由の森学園の所在地は、埼玉県西部、秩父《ちちぶ》の山裾にあたる里山にある。動物の交通事故死体にしばしば遭遇した。そうした死体を拾い集め、最初のうちは手探りで骨格標本にしていったのだが(盛口 一九九四)、そのうち一番よく拾ったのがタヌキの死体だった。本土の里山において、タヌキは「身近」な動物の一つである。そこで、自由の森学園時代、クラスの生徒たちに、何も見ないで「身近」なはずのタヌキの絵を描いてもらったことがある(盛口 一九九七)。すると、描かれたのは、やはりアニメや絵本に登場するようなタヌキの絵だった。なかにはアライグマの特徴を併せもった絵も見られ、生徒たちの認識のありように、なるほど、と思わされた。

私が教員になろうと決心した際、師匠にあたる先輩理科教員から「生徒の常識から始め、常識を超えたものが授業だ」と教えられた。授業をする際には、生徒たちの「常識=認識のありか」を知る必要があるということだ。自然から乖離した現代っ子たちの「常識」を探らなければ、理科の授業はなりたたない。生徒や学生たちに絵を描いてもらうというのは、そのような意味で有効な手段の一つと考えている。

虫の絵を描かせる

先に都市化と虫ギライには相関があるとする研究を紹介したが、私の学生たちにも虫ギライは多い。しかし、その学生たちが小学校の教員となり三年生を担当した場合、好むと好まざるにかかわらず、現指導要領理科に沿えば「こん虫」の単元を扱わざるを得なくなる。そうしたことから、私は学生たちに、昆虫をテーマとした授業を行うことにしている。

授業の中で、まず学生たちに描いてもらうのが、カッパの絵だ。カッパは妖怪という想像上の存在だ。しかも、沖縄にはそもそもカッパの伝承はない(かわりにキジムナーという妖怪の伝承がある)。それでも学生たちは各々、ペンを動かしてカッパを描く。そして、ほぼ全員が、同じようにカッパを描くのである(図1-1)。

図 1-1　学生たちの描いたカッパ

つづいて、何も見ないでアリの絵を描いてもらう。今度は筆がなかなか進まない。「脚って何本だったっけ?」という学生同士のやりとりの声も聞こえてくる(図1-2)。

カッパは誰も見たことがないのに、みんなが同様の絵を描き上げる。それは「カッパは頭に皿があり、背中に甲羅があって、手足に水かきがある……」という、カッパの諸特徴を皆が「情報」として共有しているからだ。その情報を元に作画するため、皆が同様の絵を描く。

一方、アリは実際に見たことがあるはずなのに、描くことができない学生がいる。アリ、ひいては昆虫の体の特徴がわかっていないからだ。「昆虫は、頭・胸・腹の三つに体が分かれている」「昆虫の脚は六本」と小学校で教わったはずではあるものの、それはたんに聞いたことがある知識としてのみあり、現実の昆虫とは結びついていない。

昆虫の体のつくりを理解するためには、昆虫も属する節足動物の体のしくみを理解している必要がある。そこで、アリの絵の正解を提示する前に、次に「イモムシの脚はどんなふうについているか?」を考えてもらうことにする。

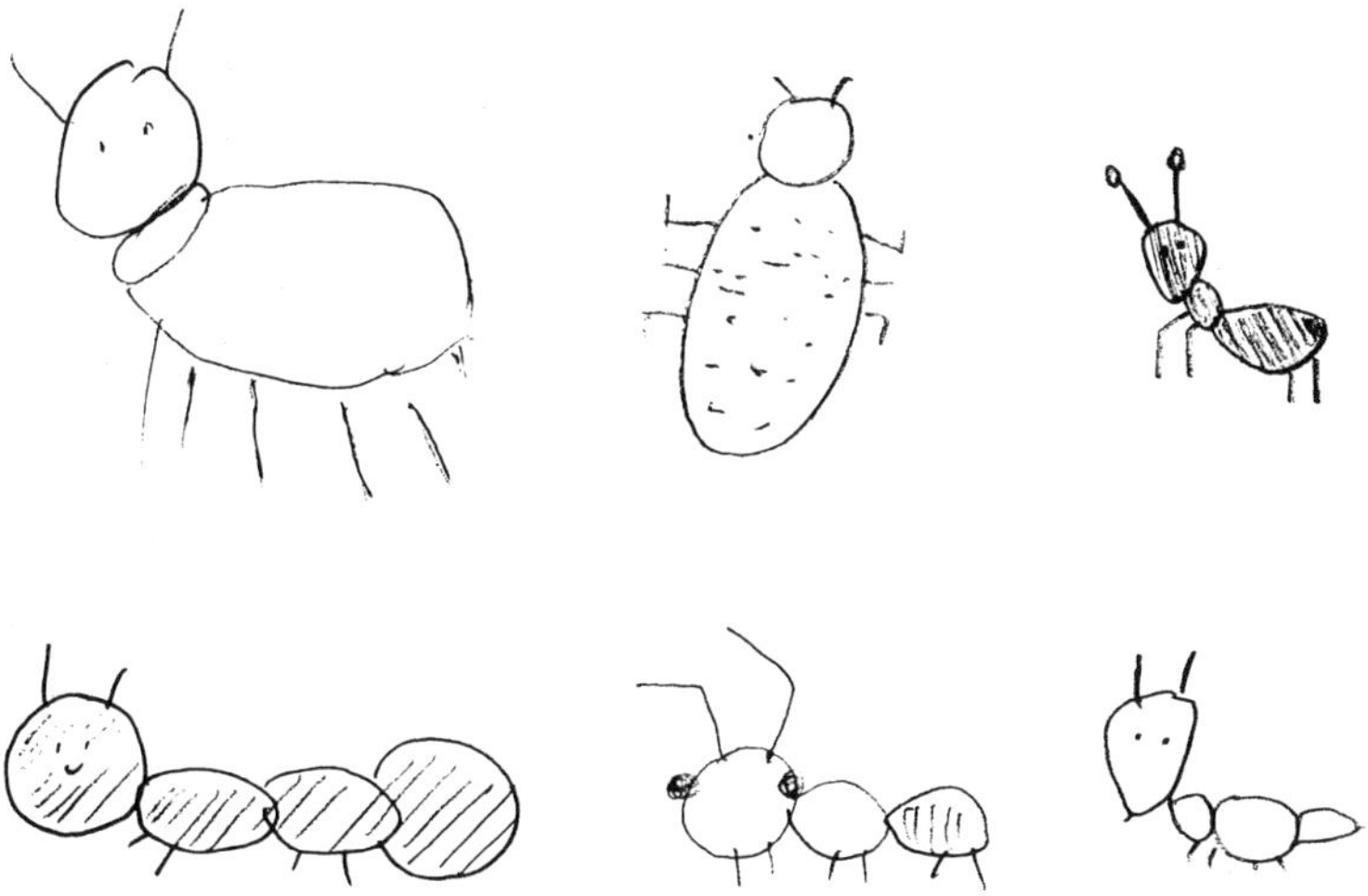

図 1-2　学生たちの描いたアリ

プリントに、イモムシの体節だけを描いておき、そこに脚を描きこむ課題だ。学生たちの手元を見て回ると「体の各節から脚が出ているタイプ」と「体の一部の節には脚がついていないタイプ」のどちらかを描いていることがわかる。節足動物の体の基本形は、体が多くの節からなり、その各節から脚が一対ずつ出ているというものである。この基本形を仮に「節足動物ルール」と名づけることにする。昆虫は「胸の節以外の脚を退化させる」という改訂を「節足動物ルール」に施した生き物である。昆虫の胸は一塊に見える場合もあるが、実は三つの節からなっており、そのため、合計六本の脚があるわけだ。イモムシの場合も、胸の節から脚が三対生えている。ただ、これでは長い体の後半部を引きずることになるため、体の後半部に「脚もどき」を五対、つけ加えたというつくりをしている。

ここで、ようやく先のアリの絵の正解に戻る。脚が三対あることに加え、胸からのみ脚が生えているように描いてあれば、ぐっとアリっぽい絵に見えるというわけである。

アリの絵を描いてもらった結果からわかるように、学生たちは昆虫の体をまじまじと観察したことがほとんどない。そこで、次のステップとして、昆虫標本を使ってスケッチをしてもらうことにしている。

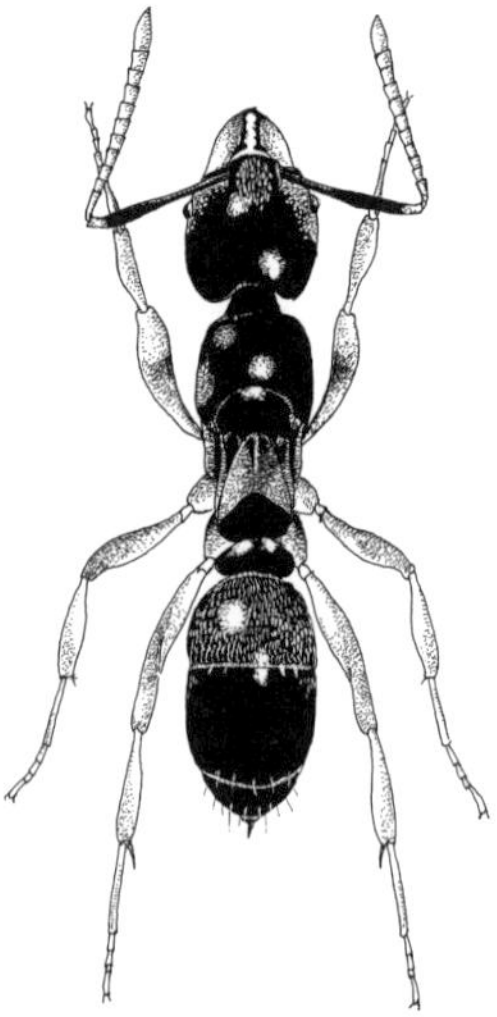

図1-3　オオハリアリ
（体長3 mm）

紙を配り、まず一言。昆虫の体は左右対称である。だから、「紙の真ん中に一本、中心線を引くように」と。これだけで、ずいぶんと出来上がりの違う絵になる。「できるだけ大きく描く」「昆虫の体は節でできている」という二つの注意点も言い添える。逆にいえば、これだけのことを意識するかどうかで、まったく昆虫のスケッチをしたことのなかった学生でも、ある程度、描けるようになる。つまり、本書の第8章で斎藤亜矢が述べる表象スキーマを得ることで、昆虫の絵が描けるようになるわけである。

最初のうち、学生たちは、昆虫の脚や触覚をただの棒や、袋状につながった絵として描きがちだ。それを体節が連なってできているつくりであることに注意を向けさせ、描き直させていく。と、徐々に昆虫らしさが増す絵となっていく。技術的な点に関して細かなことを書き出せばいろいろとあるだろう。しかし、基本は、前述のいくつかの注意点を意識するかどうかにすぎない。もう一点、つけ加えるなら、昆虫のすべてをありのままにスケッチすることはできない、という「あきらめ」も必要となってくる。拡大して見てみれば、昆虫の体には、いくらでも微細な構造が認められる。だから「あきらめる」。つまり「どこまで省略して描くか」を決める必要があるということだ。しかし、何よりも大事なのは、描きたいという情動である。

なぜ、生き物を描きたいと思うのだろう。それは、どんな生き物にも「れきし」と「くらし」が潜んでいるからではないかと思う。例えばアリはハチの仲間だ。中でもハチ同様に針を退化させていない、ハリアリの仲間などは、ハチに近いフォルムをしていて、なかなか恰好がいい（図1-3）。また、同じアリの種類でも働きアリと女王アリでは、女王アリのほうが、よりハチらしい体のつくりを残している。さまざまなアリのスケッチをしていると、アリの多様性と、その多様性を生み出した時の流れを実感する。

キラワレモノの絵を描く

「生徒の常識から始め、常識を超えたものが授業」であると教わったが、生徒たちの「常識」の中にないものを教材として扱って生徒たちの興味を引き付けるのは難しい。教員になったばかりの私が授業の場で立ち往生することが多かったのも、自分の興味や関心ばかりに目を向けて授業を考えていたからだった。

生徒の「常識」という点からいうと、小学生たちと異なり、中・高校生たちにとって、虫は興味の対象外となっている。これは大学生も同様だ。ただ、そうした生徒・学生たちにとっても興味の対象となる虫がいる。それが「キラワレモノ」の虫たちである。

大学の教員になってから、地域の小学校に出張授業に出かける機会ができた。先に紹介したような骨の授業ばかりでなく、虫の授業をする機会もたびたびある。その折に、小学生たちに「キライな虫」について聞いてみた。結果、すべての授業クラスで「キライな虫」として名が挙がったのはゴキブリで、以下、ムカデ、ケムシ、クモ、ハチ……という結果となった(盛口 二〇一一)。都市化された社会の中では、昆虫は室内で見かける機会の割合が増え、それが虫ギライを増やすという研究成果がある(Fukano et al. 2021)わけだが、その室内で見る虫の代表、虫ギライを引き起こす要因となっているともいえる虫がゴキブリだ。しかし、一方で、ゴキブリは児童・生徒や学生たちにとって、何らかの関係をもたざるを得ない存在となっている。そうした関係はまた、彼ら・彼女らの中に、何らかの「常識」を生み出している。すなわち、そこに常識を超える糸口も存在する。

学生たちに何も見ないでゴキブリの絵を描いてもらったことがあるが、その中に、毛の生えた脚が多数生えているゴキブリの絵があった(図1-4)。ゴキブリも昆虫であるわけだから、六本脚であることは言うまでもないが、描いた学生にとって、ゴキブリの「脚」が何よりイヤなものなので、それがイメージの中で増幅された結果だろう。

「ゴキブリは人間が寝ていると、口に入るって聞いたことがある」

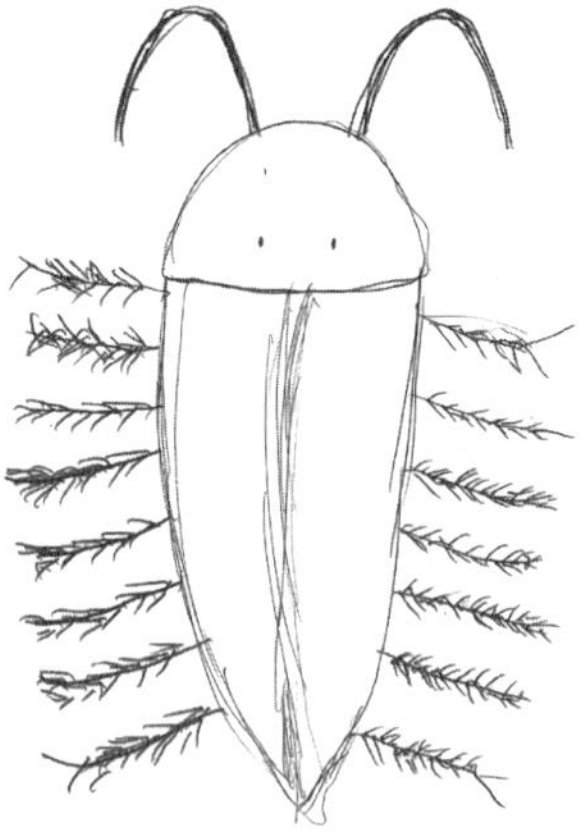

図1-4　学生の描いたゴキブリの例

「ゴキブリは学習能力が高いの？　最近見ないのは、見つかったら殺されるのがわかるようになったからかな」

「ゴキブリは殺される瞬間、卵を一億個産むって聞いた。だから家で殺すと、家がすみかになっちゃうって」

「ゴキブリは水が無くても、一生、生きていけるの？」

「ゴキブリって脱皮したりするの？」

学生たちと話をしていたら、次々にこのような話が飛び出してきた。単純な疑問もあれば、半ば都市伝説のような噂話もある。ゴキブリは、かように興味をもたれる対象である。

虫の絵を描く際に、最も必要なのは「描きたいという情動」であると前述した。少年時代から昆虫好きであった私にとって、ゴキブリは嫌いな存在ではなかった。けれど、家の中で普通に見かける虫として興味の対象にもならなかった。しかし私は教員になって、生徒や学生とやりとりをするうちに、それまで興味のなかったゴキブリに特別な興味をもつようになり、ゴキブリについて自分なりに調べ始めた。また、ゴキブリの絵も描くようになった（盛口 二〇〇五・盛口 二〇一六）（viii・ixページ、カラー図1・図1-5）。最近、ゴキブリのみを扱った図鑑が出版された際には、外国産のゴキブリのイラストを描かせてもらえる機会も得た（柳澤 二〇二二）。虫ギライの生徒や学生たちとのやりとりが、教員のほうにも何らかの変容をもたらす結果となったわけである。

生き物の絵を描くということ

大学の授業の中では「キノコの一生」を課題に学生たちに絵を描いてもらう。例えばヒマワリの一生であれば、種から始まり、芽生え、葉をつけ、花が咲き、実になって、種がこぼれて、また最初に戻るというサイクルを絵に描くことができる。これを手本にキノコの一生を絵に描くことが課題である。キノコの一生のスタートは胞子である。そこから先、ペンを走らせる学生たちの手元を見て歩く。多くの学生は、胞子から小さなキノコが芽生え、それがだんだん大きくなるという絵を描く。これが、学生たちのイメージの中のキノコだ。

そうした学生たちのキノコのイメージにゆさぶりをかける。世界で一番大きなキノコはなんだろうかと聞いてみる。これも、学生たち個々の頭の中には、さまざまなキノコの姿が思い浮かぶ。具体例として、アメリカのアルミラリア・ブルボーサ（ナラタケの一種）は、重さが控えめにいっても一〇〇トンであるという数値（吹春 二〇〇九）を紹介すると、驚きの声が上がる。アルミラリア・ブルボーサの重さは、一個のキノコの重さではなく、キノコ全体、つまり地下にはりめぐらされている菌糸全体の重さであるということが、大事な点だ。学生たちは、胞子から直接小さなキノコが生えるということをイメージしたわけであるが、実際は、胞子から菌糸が伸び、その菌糸の広がりが、キノコの「本体」であるわけだ。そして、季節になり条件がいいと、その菌糸の広がりのところどころから、キノコ（子実体）が伸びあがり、胞子をばらまく、というのがキノコの一生の実態である。

キノコの本体である菌糸はごく細く、地下や朽木の中に張り巡らされているため、肉眼ではとらえがたい。「キノコの一生を絵に描く」のは、そのことに気づいてもらうための課題である。

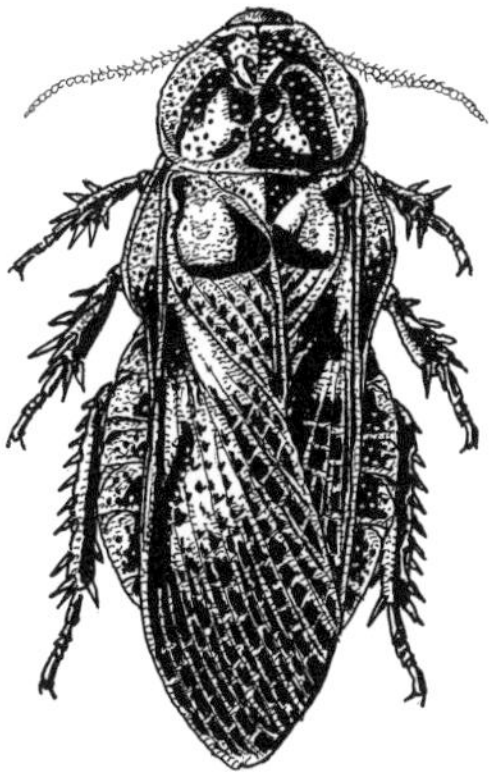
図1-5　屋外性のゴキブリ，リュウキュウゴキブリ（体長35 mm）

キノコの一生は、このように直接人間の目ではとらえがたいところがあるのだけれど、種類によっては、もう少しくらしぶりを目に見える形で示してくれるものもある。それが冬虫夏草と呼ばれるキノコの仲間だ。冬虫夏草は一言でいえば、虫にとりつき、殺し、その骸《むくろ》を栄養にして生えるキノコである。冬虫夏草という名は、古の中国人が、キメラのように虫とキノコが合体したその姿を見て「冬は虫で夏は草になる不思議な生き物」と認知したことによる。一般

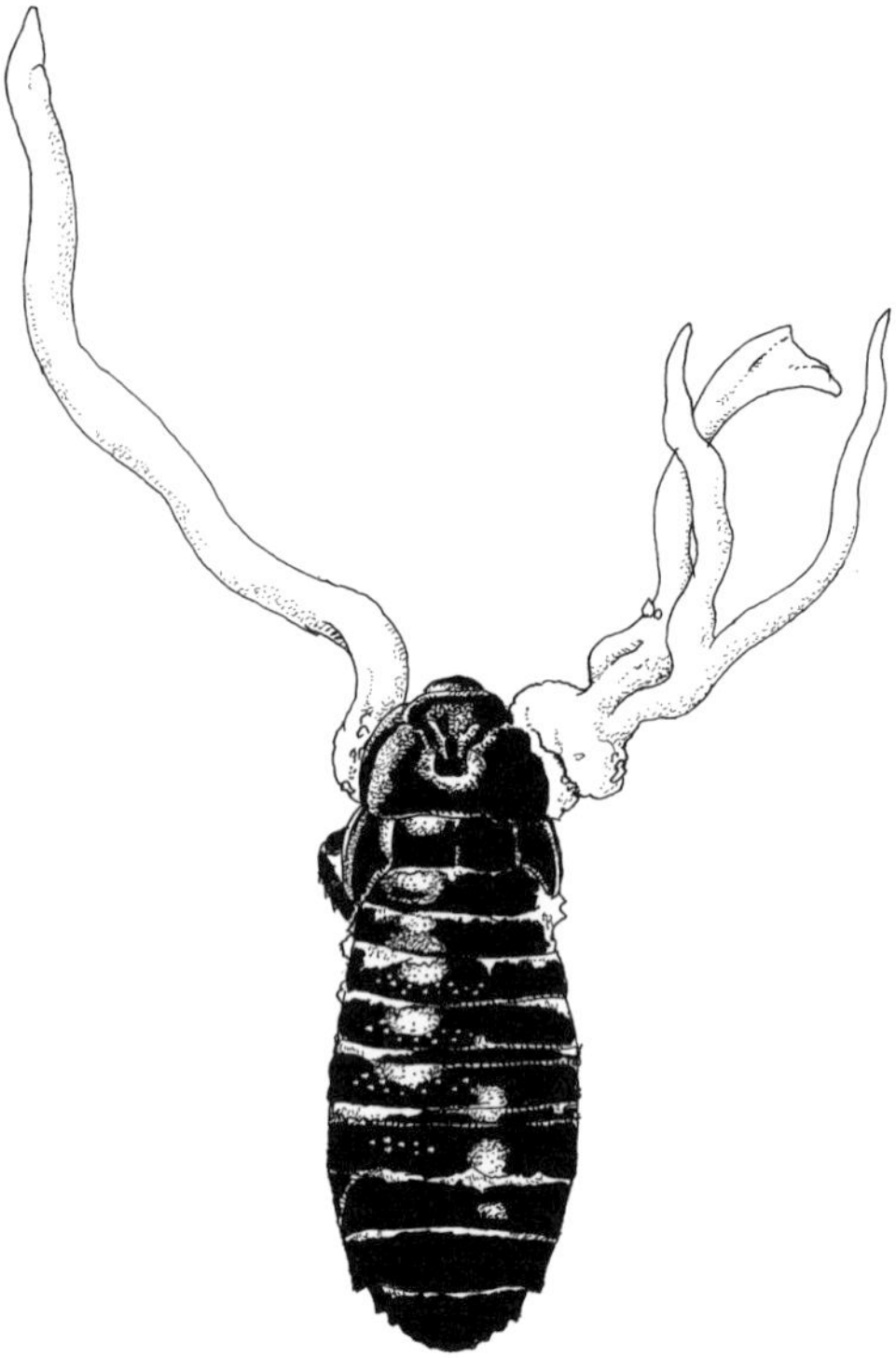

図 1-6　クチキゴキブリを宿主とする冬虫夏草，クチキゴキブリタケ（宿主の体長 32 mm）

にキノコのくらしぶりは私たちの目でとらえることは難しい。それが冬虫夏草の場合は、どんな虫をとらえ、栄養にして育ったものであるのか、一目瞭然である。

動物はほかの動植物を捕食して生きる。冬虫夏草は、動物の捕食シーンを思わせる、しかも捕食シーンが固定された状態で示されているという特異な姿をしたキノコだ。そのため、学生たちも興味を示してくれる。なかでもゴキブリから生える冬虫夏草はインパクトが大きい（図1－6）。朽木を食べて暮らすクチキゴキブリ類をホストとし、九州南部、屋久島、沖縄島から見つかっているクチキゴキブリタケは二〇二一年に記載されたばかりの種で、この記載論文（Araüjo et al., 2021）に掲載された絵は私が描いた。私にとって、冬虫夏草もまた、「描きたい」という情動を強く引き起こす対象である（viiiページ、カラー図2）。

生き物を描く行為には、第8章で齋藤が指摘するように「見たもの」を描いているのか、それとも「知っているもの」を描いているのかという課題がつきまとう。それまで描いたことのない対象は、どのように描いたらよいかわからない。それは不安であると同時に、模索しながら曲がりなりにも描けた場合は、大きな満足になりうる予感に突き動かされる。一方、これまで描いたことのある対象は、描ける対象であるとわかっているだけに、描きたいという情動が薄れやすい。ただし、生き物の姿すべてを描ききることは決してできない。例えば昆虫でいえば、体毛や体表の微細な凹凸など、顕微鏡で拡大して見れば見るほど、微細な構造が次から次に目に入るからだ。また、動物を描く場合、その動きを再現できているか、とも自問される。ある表象スキーマを得て、描ける対象となった生き物は、その表象スキーマで表しうる範囲の表現に限られている。そして、そのことに気づくと、これまで描いたことのある対象も、未知の存在として目の前に立ち現れてくる。生き物の絵を描くという行為は、このような反復の中にある。

生き物の絵から生まれた関係性

特定の動物に対して、複数の名称を与え区分する場合がある。例えば、アイヌは、年齢や性別によりヒグマを呼び分けていた。さらにノ・ユク(良いクマ)とウェイ・ユク(悪いクマ)という呼び分けもあった。悪いクマには以下のようなものがあった。

エ・ペン・クワ・ウㇱ(前足の長いクマ)
エ・パン・クワ・ウㇱ(後ろ足の長いクマ)
アラサルㇱ(赤毛で尾の長いクマ)
チチケウ(痩せて毛がなく耳の間に毛があるクマ)

クマを「良い」と「悪い」に区別したのは「人間に危害を加えるものかどうかに関係する。それは、狩猟の成否を握る重要なカギとなる。標準的なクマに対し外形が異例のクマを作り出し、対立させることによって、外形からは推測できない特性に基づく区別に実在性を与えることとなる」(山田 一九九四)からだ。ヒグマに対するこのような多くの呼び名の存在は、アイヌにとって、それだけヒグマが重要な存在であることを明らかにする。

沖縄ではどうだろう。例えば波照間島《はてるま》では陸生の甲殻類、ヤシガニを好んで食用とした。そのヤシガニに、アガンベームゴン(イモ畑を掘って、サツマイモを食べているヤシガニ)やアンヘームゴン(アワを食べているヤシガニ)など、多様な呼び名があることが知られている(盛口 二〇一九)。これらの呼称からは、波照間島における、ヤシガニへの注目の度合いの大きさが、やはり伝わってくる。こうした呼称の豊富さは、動物に限った話ではない。

　そもそも個別名を与えるという行為自体、その対象をほかの動植物と区分していることの現れである。草や木としてひとまとめにくくってしまいかねない植物に対して、八重《やえ》山《やま》諸島での聞き取り調査からは、西表《いりおもて》島では二五七種、波照間島では一九五種の植物に個別名が与えられていたことがわかったという（山田 二〇一二）。かつて人々は、それだけ周囲の自然を詳細に認識する必要があった。

　翻って、現代社会に目を向けてみる。大学の近隣にある中学校で授業をした際、「この一週間ほどで見たことがある生き物の名前を教えてほしい」と問うたことがある。その答えは「イヌ、ネコ、ハト、ゴキブリ、草」というものであった。都市には生き物が少ない。かといって、大学近辺で見られる生き物が「イヌ、ネコ、ハト、ゴキブリ、草」だけであるわけではない。道端や校庭には様々な種類の雑草が生えている。しかし、それらはひとまとめにして「草」と呼ばれてしまい、それで不自由を感じない。ゴキブリについても「ゴキブリ」という種類の昆虫がいるわけではない。実際は現在、日本から六四種ものゴキブリが報告され（柳澤 二〇一二）、そのそれぞれに個別の名称がつけられている。[1]

　自然を詳細に認識する必要のない社会の中で私たちは暮らしている。それに気づかせてくれたのは、目の前の生徒や学生たちだ。そして、そのことに気づいたからには「少しでも自然と人との間をつなぎ直すことができないか」という思いが、私の中に存在しつづけている大きな課題だ。

　そこで自由の森学園時代、一つの試みを始めた。自分で見た生き物をスケッチし、コメントを書いた通信『飯能《はんのう》博物誌』を発行し生徒たちに配布することである。通信に絵を描くことにしたのには、いくつかの理由がある。絵を描くことが好きであるということが一番大きいが、当時の印刷技術でプリントを刷って配布するには、写真よりも線画が適しているという実際的な面もあった。絵を描くことで、私自身が対象の生き物をより観察する時間をつくることにもなっていった。このような理科通信の発信が、やがて一般向けの書籍の執筆にもつながっていった。

実際のところ、教員の行為が生徒たちの目にどう映っているのかは、なかなかうかがい知ることができない。しかし、自由の森学園を退職して二〇年ほどたって、当時の生徒がどのように思っていたのかを知る機会を得た。本書でコラムを執筆している西澤真樹子と共同で行うワークショップにおいて、西澤が高校時代を振り返り語る場面があり、その語りを次のように書き取ることができたのである(盛口 二〇二二)。「ゲッチョ」とは私のあだ名)。

「(自分が中学生のころ)ゲッチョは『飯能博物誌』っていう、B4、一枚紙の理科通信を書いてて、それがあっちこっちに散らばってた。で、読むと、〝今日見た、あの生き物はこれだ〟みたいなことが書いてあって、これもおもしろいなあと。高校に進学したら、そのゲッチョの授業を受けるようになって。「飯能の自然」っていう選択授業があって、授業の中身もあるけど、〝やってる先生が変〟って、ながめてニヤニヤしてた。理科室でゲッチョがモグラ飼ってたりしたし、ゲッチョのとこにネズミの死体を見つけてもっていったりとか。フィールドノートをつけるというのも、教えてもらって」

「大学に行っているときに、ゲッチョが『僕らが死体を拾うわけ』(という本)を出したでしょう。その中に自分がネタとしてでてくるから、読んで、もう爆笑。私が(高校時代に)韓国の漢方薬市場でモグラの干物を見つけて買って帰ってきた話とかなんだけど、それは韓国行ったとき、漢方薬市場にいけば、ゲッチョの探求心を満足させられるものがあるんじゃないかと思っていって、それを見つけたってことで……。ともかく、本を読んで、私も何か書こうと、大学で新聞を出し始めた。ゲッチョが書いた本の中で私のことを書いているのを読んで、そのことで自分を発見したりするわけ」

私の発行していた理科通信や本が、少なくとも一人の生徒にはこのように受け止められていたわけである。なお、本書の編者である山口未花子もまた、自由の森学園の卒業生の一人であるが、彼女からはまだ、その当時の思いをきちんと聞く機会をもてずにいる。

教員というのは、他者とどう関係を結ぶかが、常に問われる職業である。他者との「あいだ」を見、適切な関係性をさぐる仕事と言い換えてもいい。「たとえキライな昆虫でも、つきあってみると、おもしろいところがあるでしょう?」と私は授業の中で学生に語り掛けている。同様に、昆虫好きの教員が、昆虫嫌いの学生とどう関係を結ぶのか、絶えず問い直されている気がする。その問いを反転させれば、昆虫嫌いの学生が教員になったとき、昆虫好きの小学生とどう関係を結ぶのかを考えることになる。昆虫のスケッチの仕方を伝授しつつも、そうした関係性の結び方こそを学んでほしい、と学生たちに望んでいる。

参考文献

島袋正敏『沖縄の豚と山羊——生活の中から』ひるぎ社、一九八九年。

比嘉理麻『沖縄の人とブタ——産業社会における人と動物の民族誌』京都大学学術出版会、二〇一五年。

吹春俊光『きのこの下には死体が眠る!?——菌糸が織りなす不思議な世界』技術評論社、二〇〇九年。

盛口満『僕らが死体を拾うわけ——僕と僕らの博物誌』どうぶつ社、一九九四年。

盛口満『タヌキまるごと図鑑』大日本図書、一九九七年。

盛口満『わっ、ゴキブリだ!』どうぶつ社、二〇〇五年。

盛口満「教室から見る〝シマ〟と〝いま〟」安渓遊地ほか編『奄美沖縄環境史資料集成』南方新社、二〇一一年。

盛口満『くらべた・しらべた　ひみつのゴキブリ図鑑』岩崎書店、二〇一六年。

盛口満『琉球列島の里山誌——おじいとおばあの昔語り』東京大学出版会、二〇一九年。

盛口満「スコーレの意味すること——教育と「なる」」『こども文化学科紀要』八号、五九~七二頁、二〇二二年。

柳澤静磨『ゴキブリハンドブック』文一総合出版、二〇二二年。

山田孝子『アイヌの世界観——「ことば」から読む自然と宇宙』講談社選書メチエ、一九九四年。

山田孝子『南島の自然誌——変わりゆく人—植物関係』昭和堂、二〇一二年。

Araüjo, J.P.M. et al., 2021, "*Ophiocordyceps salganeicola*, a parasite of social cockroaches in Japan and insights into the evolution of other closely-related Blattodea-associated lineages", *IMA Fungus* 12(3). http://doi.org/10.1186/s43008-020-00053-9
Fukano, Y. et al., 2021, "Why do so many modern people hate insects? The urbanization-disgust hypothesis", *Science of The

Total Environment, 777. https://doi.org/10.1016/j.scitotenv.2021.146229

注

（1）沖縄島北部、国頭村《くにがみ》・奥で一九四八年に生まれた話者によれば、子ども時代、ゴキブリを種類により「ヒーラー、トービーラー、ヤマトビーラー、ヒクブー」と呼び分けていたという。

コラム1

自然史標本の役割と動物たちをめぐる文化

西澤真樹子

様々なものがデジタルデータ化される現在でも、自然史科学の分野では、なぜ実物(動物そのもの)が必要とされるのだろうか。日本学術会議基礎生物学委員会・統合生物学委員会合同「自然史財の保護と活用分科会」による二〇一七年の報告では「自然史標本(natural history specimen)とは、鉱物、化石、生物等の自然物において、全体またはその一部を、繰り返し観察し、データが取得できるように保存処置を講じたもので、地学、古生物学、動・植物学、人類学等の学術資料」としている。一方、標本は動物そのもので動物を表現する、一つの作品ととらえることができるかもしれない。

また、同報告の中では、自然史標本は「自然科学」と「自然環境」の参照基準であると同時に教育面での重要性があり、それらを見つけ出す過程、観察する過程、採集する過程、標本にする過程で人々を深く自然と向き合わせるのだと主張する。確かに、動物の命を得ようとすれば、対象がいつ(時期・時間)、どこに(環境)、どのように(行動)存在するのか知らなければ、近づくことさえできない。

そうして捕らえられた動物たちは研究者の手によって計測され、記録され、標本士によって保存処理を施され、復元されることで、本来の寿命以上に「かたち」を残す。もしそれが、生物の生態を写しとった「本剥製」であるならば、博物館の展示という仕掛けを用いて、人々に時間と空間を超えた自分と自然のつながり、関わりを想起させる機能をもつだろう。

多くの標本は、それだけで私たちを圧倒し、魅了する。狩猟によって暮らしを支える必要がなくとも、研究者でなくとも、大人でも子どもでも、私たちは目の前に展開される動物たちの形から、進化がつくり出した多様な形態を体感することができる。そして、その形から、大きさから、動物たちをそのデザインたらしめた理由について考えを巡らす。絶滅したものを含め、自分以外の生命がこれほどまでに豊かだと感じる経験は、人間を謙虚にし、喜びをもたらし、孤独から解放し、あらゆる創作への動機を高めると私は思う。

ところで、この一〇年ほど、日本では生きものをモチーフに創作活動を行うアーティストやクリエイター、研究者たちによるイベントが盛んだ。二〇一二年から活動する

図ａ　いきもにあの会場(2023年，京都市)

「昆虫大学」は、昆虫その他の「蟲《むし》」をテーマにしたもので、主催者やスタッフや来場者を「学び舎を持たないさすらいの学徒」と称し、校歌まである。二〇一三年からは生物・自然科学系創作イベント「生きものまーけっと(なまけっと)」が始まった。二〇一五年から「いきもにあ」に名称変更し関西で開催され、微生物から海洋の大型生物まで様々な生きものが集い、クオリティの高さで評価を集めている(図ａ)。また、「BORDER BREAK――天下一植物界」も、「ジャンルの壁を取り払った植物総合イベント」として定着した。二〇一四年からは、さらに化学、数学、物理学、人文科学、考古学、歴史、天文学、工学なども対象とした「博物ふぇすてぃばる！」が東京で開始、二〇二三年には「いきものづくし」が名古屋で始まった。来場者も一〇〇〇人から六〇〇〇人近く、と世の中にこれほどまでに生きもの好きがいたのか、と驚くほどの人出がある。「生きものを学び、愛で、創作し(あるいは購入し)、交流を楽しむ」活動は一つの文化になっているといっても過言ではない。背景には、私たちが動物たちを「観る・見る」技術を、時間軸と空間軸の両方で拡張させてきた歴史がある。人類の誰も見ていないのにもかかわらず、恐竜の存在が多くの人に受け入れられているのは、地質学・古生物学・古環境学などが、私たちのいない時代の地球の姿を明らかにしつつあるからだし、一五九〇年頃に光学顕微鏡、一九三二年に電子顕微鏡が発明されたことで、肉眼では捕らえられない無数の微細な生物の蠢《うごめ》きも知ることになった。

　今私たちは「動物たち＝生きものたち」として、限りない生成変化の可能性の時代を生きているのかもしれない。

参照文献

日本学術会議基礎生物学委員会・統合生物学委員会合同自然史財の保護と活用分科会『報告　重要自然史標本としての「自然史財」の選定と登録』日本学術会議、二〇一七年。

コラム2

学者と協働で挑む古生物の復元図

小田 隆

美術解剖学は、人間や動物の内部構造を理解していくことによって、より豊かで説得力のある表現につなげていくためのものだ。筋肉は、いくつものレイヤーに分かれている。筋肉が、どの骨のどの部位とどの部位をつないでいるのかが重要で、それがわかるようにするために、筋肉をレイヤーに分けて描く必要がある。そういったことができると、例えば実際の人物を見て身体の中にどんな構造があるかを見抜き、情報として拾い出していくことが可能になる。

今生きているものの内部構造がどうなっているのかを考え、理解していくのが美術解剖学だとすると、古生物の復元は、化石として残っている骨から生きた姿をどう導き出すかということである。現生の生き物の内部構造の理解と、化石に残された情報の両輪があって初めて古生物の復元画が成立する。

発見時、丹波竜《たんばりゅう》と呼ばれていた恐竜化石を復元したときのことを例にする。この化石は、日本の恐竜化石としては非常に保存状態が良かったが、それでも見つかったのは骨格の一部である。

例えば頭蓋骨《とうがいこつ》で残っていたのは、下顎の一部と脳函《のうかん》の一部だけであった。それでどうやって頭蓋骨全体を復元するのかといえば、系統の近い恐竜の骨格から研究者が近縁の種の骨格をもとに、欠損している骨格の数や形を予測し、その指示に沿って描いていくのである。このとき、私の描いた最初の図に、どのくらい研究者の修正が入ったかというと、計一五カ所で、それぞれにコメントがつけられていた(図a)。これをもとに、やりとりを続けながら頭蓋骨の復元図を描いていった。修正の仕方はアナログで、トレーシングペーパーの上に簡単なラフを描いて研究者からOKが出たところで、ペンで清書をする。個々の骨の線画自体はトレーシングペーパーの上にアナログで描き、デジタルも組み合わせて下顎の噛み合わせを確認する。そのためにはアナログで描いた図をコンピュータに取り込んで、画像ソフト(Photoshop)で切り抜いて動かすという方法をとった。図bは尾椎における研究者のコメントである。

次は頸椎《けいつい》の復元だが、実は頸椎は一つも出土していない。そのため、親戚筋にあたる恐竜の骨格からの推測に基づいた。頸椎には頸肋骨《けいろっこつ》という首の長い骨を支える部分があるが、それがどのように重なっていくのかは、やはり描いた図に、研究者が修正線を入れ、それをもとにペン画で仕上げた（図c右上）。

　肋骨はバラバラに折れた状態で出土したため、どんなふうに関節していたかを確実にいうのはなかなか難しい。前脚も後ろ脚もまったく出土していない。手がかりがない状態であるが、これも近い恐竜の種のプロポーションをもとに、脚の骨がどういう比率であるかという数字を研究者側が導き出した（図c左上）。

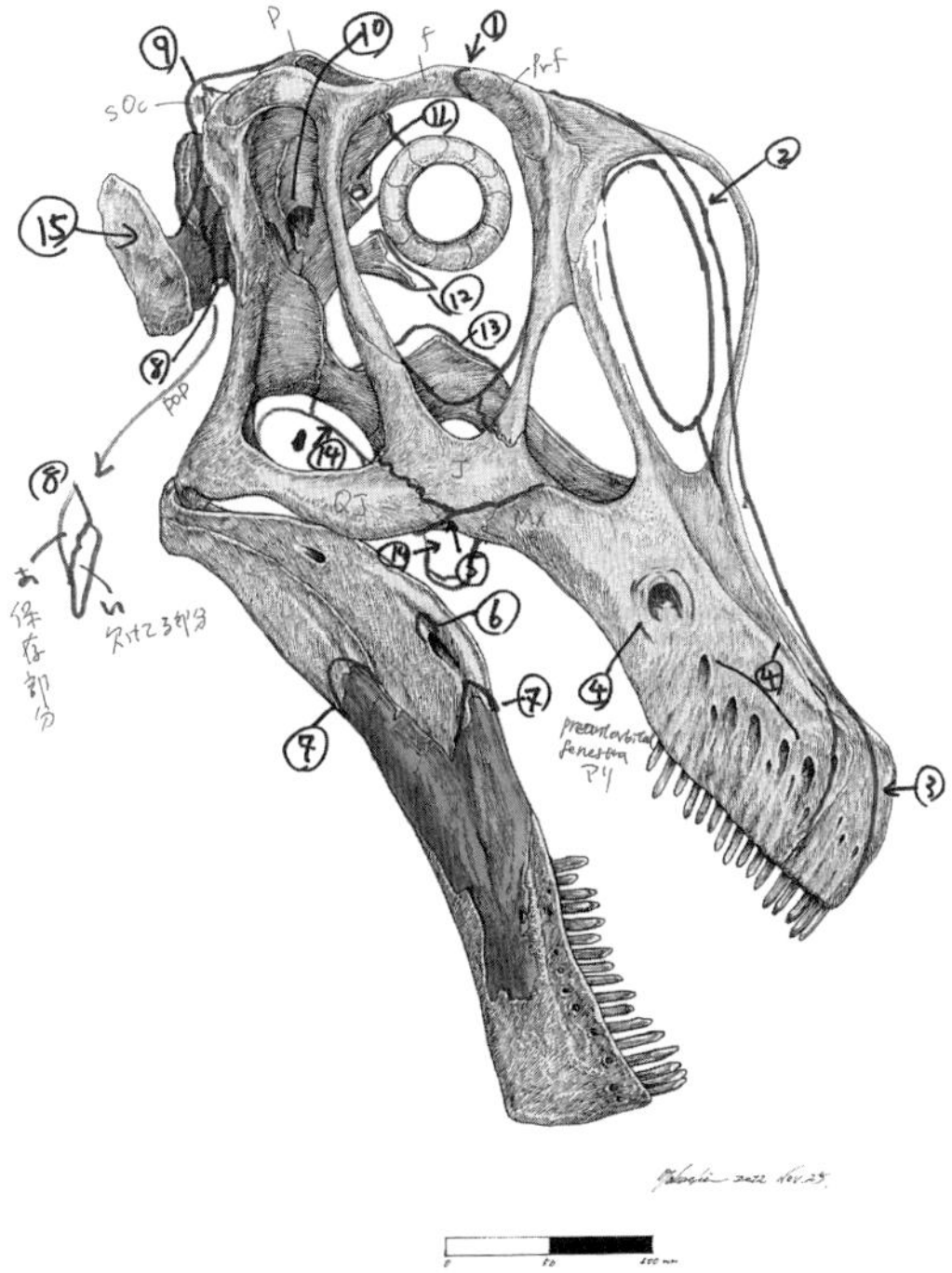

図a　丹波竜の頭蓋骨復元図

　このように、恐竜の復元画はまったくの想像で描いているわけではなく、得られる限りの情報から忠実に再現することを試みて描いている。その後、胴体まで描き上げたところで研究者から胴椎《どうつい》が長すぎるという指摘があり、いち

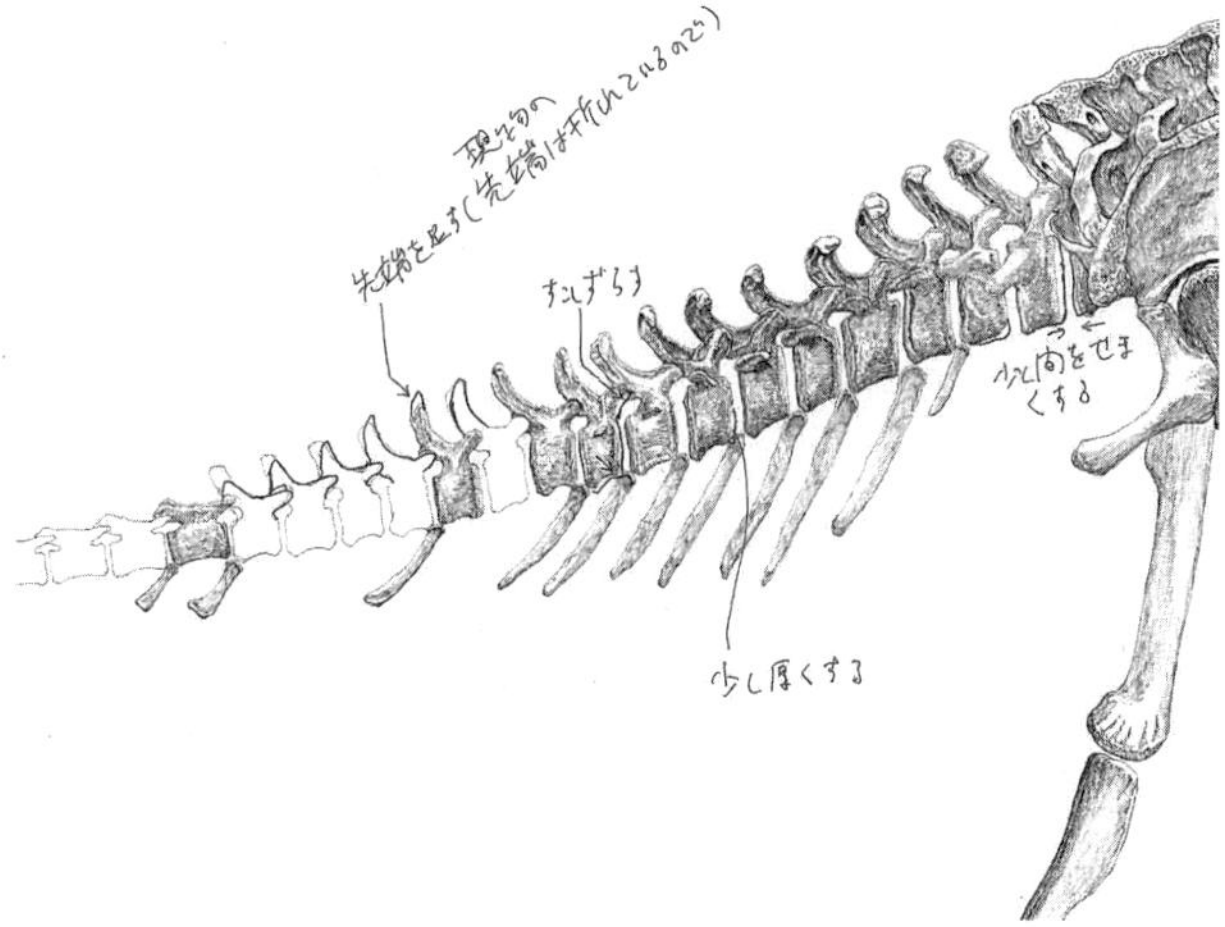

図b　丹波竜の尾椎復元図

から描き直した。ここで、胴椎と仙椎《せんつい》と肋骨は、完全に描き直しとなった。胴椎のプロポーションが変われば肋骨の位置も変わるので、肋骨も描き直して胴体部分ができ上がった。指示がどれくらい細かいかといえば、実際に描いている紙の上ではミリ単位である。一〇分の一のサイズで描く場合、一つの脊椎骨での一ミリメートルの誤差は、実際のサイズでは一センチメートルになり、全身で七〇個の骨がある場合、合計で七〇センチメートルもの狂いになるからだ。

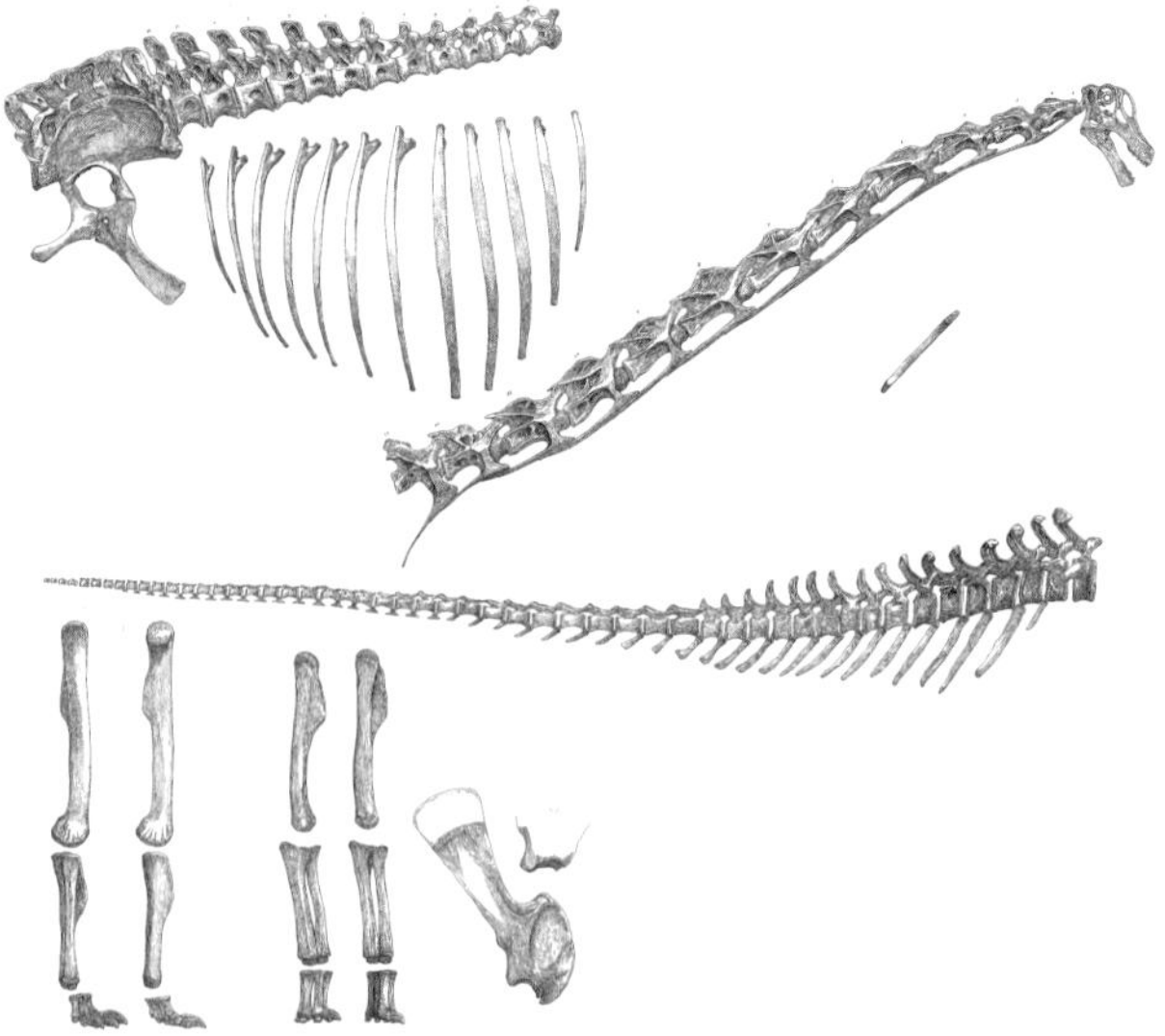
図c　丹波竜の骨の復元図

復元という作業で最も大事だと思うのが、最初に全体のイメージをもたないということである。恐竜の生きた当時の世界を観ることはできないので想像に頼るしかないが、現在の地球の環境や人間の目線だけで、彼らの生態を考えることを決してしてはいけない。そこにある証拠を積み上げていくことだけを基本原則とする。一つずつ妥当な線を描き、つないでいけば、生き物としてちゃんとした形になる（図d）、と復元図を描きながら毎回思う。最終的に、恐竜の骨格には筋肉と皮膚を被せ、色を塗り、背景まで描くという仕事だったが、ここに至るまで丸々二年の月日をかけている。

最後に、一億一〇〇〇年前の丹波の世界を描いた。その生態画は、丹羽竜だけではなく、絵に描かれた肉食の恐竜であるとかトカゲであるとか、哺乳類、植物に至るまで研究者が別々にいて、それらの研究者との集合知によって世界をつくるプロジェクトだったわけである（x・xiページ、カラー図3）。

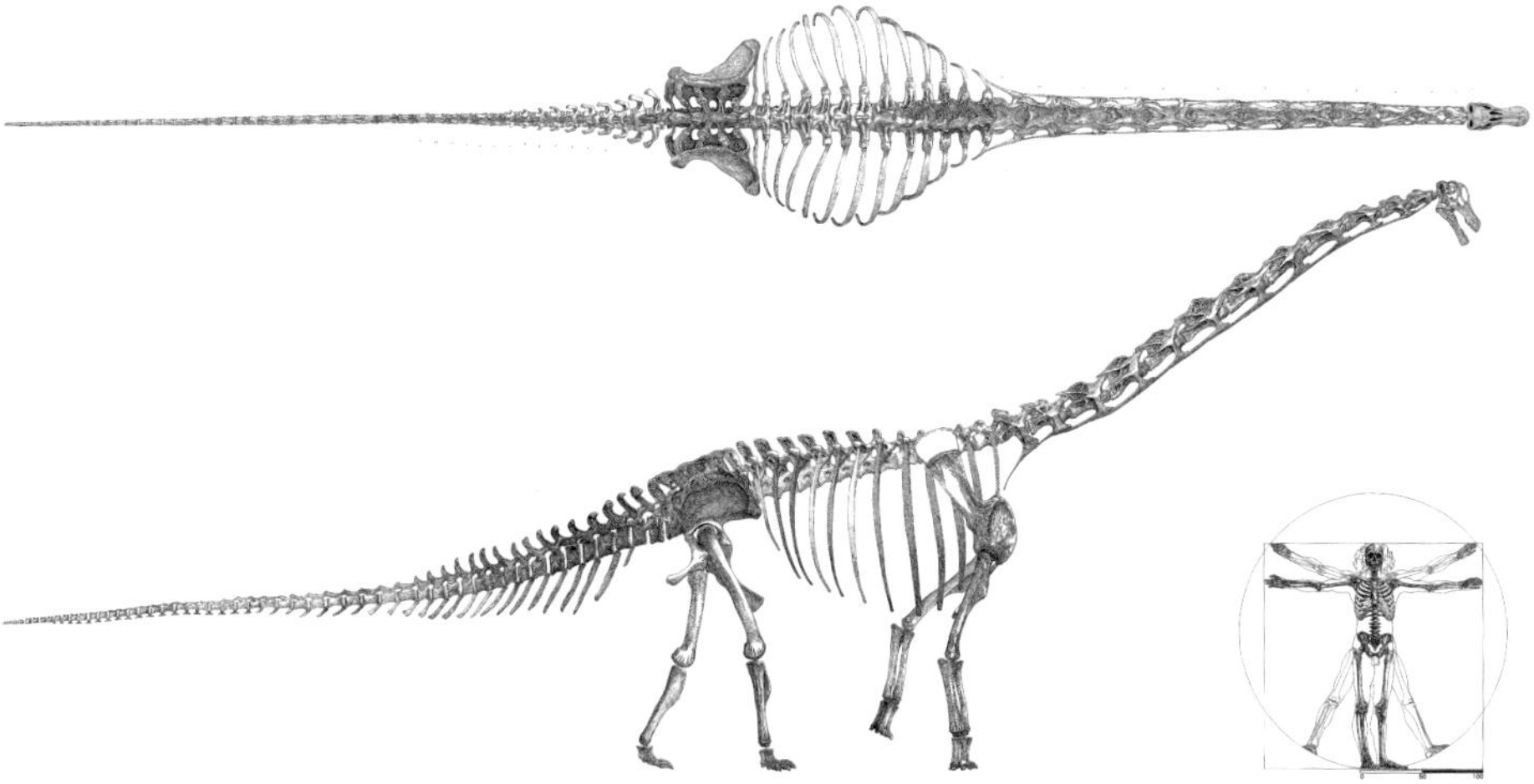

図 d　丹波竜全体骨格復元図

2 暮らしの中の毛皮
——西シベリア・ハンティの女性の生き方

大石侑香

はじめに

西シベリアの森林地帯に暮らすハンティらは野生動物や家畜トナカイの毛皮でつくられた衣服を日常的に身にまとう。彼らは防寒・保温といった機能のためだけでなく、華やかに着飾ること自体も楽しんでいる。毛皮の色や毛並み、模様の配置に加え、毛織物やビーズといった他の素材との組み合わせにこだわって衣服をつくり、外套《がいとう》や帽子、ブーツ、アクセサリー等を組み合わせて全身をコーディネートする。

例えば、図2－1の女性はキツネの毛皮の帽子を被り、暗色のトナカイと白いトナカイの毛皮を縫い合わせた外套をまとっている。外套の襟《えり》にはトナカイの首の毛足の長い部分の毛皮を使っている。また、外套には色とりどりの毛織物を縫い込んだり、毛糸を編んだものを垂らしたり、裏地の白い毛皮が暗色の袖や裾から少しのぞくようにしたり、とたくさん装飾を施している。男性は、紺色の毛織物をかぶせたトナカイ毛皮の外套を着ている。フードの部分には肌触りの良い柔らかい仔トナカイの毛皮を使用している。両者ともトナカイの脚の毛皮のブーツを履いており、女性は帽子や襟に合わせて白色の、男性は全体の色調と合わせて暗色の毛皮を使用している。

現在では、化学繊維の素材を使った既製衣類がハンティの暮らす村にも普及しており、老若男女が普段着として着用している。しかし、それらは単純に毛皮の代替になる素材ではない。彼らは日々の暮らしや人生と切り離せないか

図2-1　毛皮の衣服を身に着けたハンティの夫婦(2017年2月ヤマル・ネネツ自治管区にて)

たちで毛皮の衣服をつくりまとっているからだ。本章では、世帯の中で毛皮を鞣《なめ》し縫製する役割を担う女性たちに焦点を当て、彼女らの毛皮への多様な向き合い方を検討する。

暮らしのなかの毛皮

西シベリアのハンティの人口は約三万一〇〇〇人で、そのうちの三分の一が都市部や町に暮らし、三分の二が村や針葉樹の森に居住する(ロシア連邦センサス 二〇二〇)。村や森に暮らす人々は漁撈《ぎょろう》、狩猟採集、トナカイ飼育を複合的に営み、肉や魚をほぼ自給している。食糧を手に入れる過程で、衣服や天幕の素材となる毛皮も自ら手に入れる。それらの鞣しや裁縫についても専門職の者がいるわけではなく、通常家庭で行われる。また、動物たちから毛皮を得て、衣服等にしていく作業は、季節の循環や動物の成長によって異なる。したがって、毛皮を加工し着用する過程は、彼らの住まう環境や日々の暮らしと切り離すことができない。

まず、毛皮利用の対象となる動物を獲得するのは冬だ。湖や川が凍り、一面雪に覆われる一一月から三月くらいまで野生動物の狩猟は行われる。現在は地方政府が狩猟規制をしており、仔が産まれ育つ春から秋にかけての狩猟は制限されているため

図２-２　乾燥・凍結保存中のトナカイの脚の生皮（2011年11月ハンティ・マンシ自治管区にて）

だが、それだけでなく、冬の方が毛皮の状態が良いためでもある。哺乳動物は冬の前に毛が生え代わる。その換毛期を経ると毛が密生し毛色が鮮やかになる。狩猟方法は、毛皮に傷を付け血液で汚すのを避けられる罠猟が基本であり、猟銃を使うのは偶然出会った場合がほとんどだ。毛皮の買い取りが頻繁に行われていたソ連時代より、狩りという目的をもって出かけることは少なくなったそうだ。換毛は毛皮の質に大きく影響するため、例えば、夏に仔ギツネに出会った場合、すぐに殺さず生け捕りにして木製の小屋で餌を与えてしばらく飼う。十分成長して毛皮が大きくなり、換毛して新しい毛になる秋冬まで待ってから撲殺して毛皮を剥《は》ぐ。家畜トナカイの場合も冬に屠畜して毛皮を剥ぐことが多い。換毛後の毛皮を得つつ、外気で凍らせるだけで大きな肉を長く簡単に保存できるからだ。解体のさい、トナカイのように大きな動物の場合、腹を縦に裂いて一枚の毛皮を剥ぐ。仔トナカイや小さな動物の毛皮は尻側から袋状に剥ぐ。剥皮《はくひ》後、トナカイの体の毛皮は外に干して乾燥させ、トナカイの脚の毛皮やその他の動物の毛皮は、縮まないようにしばらく板などに張り付けて形を整えてから乾かす（図２－２）。

その後、すぐに次の毛皮の鞣しの工程に入るわけではない。だんだんと日照時間が長くなり暖かくなる春になってから、屋外で毛皮の鞣しを行う。ハンティの鞣し方法はとても簡素だ。まず、皮の内側の脂肪や血管などの皮下組織

図2-3　鞣し作業(2011年11月ハンティ・マンシ自治管区にて)

をスクレイパーで削ぎ取る。そして毛皮を両手でよく揉んだり、噛んだりして硬くなった真皮の繊維をほぐして柔らかくするだけだ。加えて、トナカイの脚の毛皮を天幕の内側に貼り、ストーブの煙で冬の間ゆっくり燻《いぶ》して防腐したり、皮下組織を取り除いた後にすりつぶした魚の腸を塗って柔らかさを保ったりすることもある。皮下組織を取り除く作業は一、二日くらいあればできるが、硬い生皮を揉んで柔らかくする作業は時間がかかるうえ、手が痛むので、少しずつ時間をかけて作業する(図2-3)。

毛皮を縫うための糸はトナカイの背中の腱《けん》でつくる。冬にトナカイを屠畜して解体する際に、各臓物と網脂、頭、四肢、左右のあばら、背中と臀部《でんぶ》に分け、自然凍結させる。それらの肉を必要に応じて斧で割って調理する。調理の際に必要な分だけ背中と臀部の肉を削っていき、だんだんと背中の腱が見えてきたら取り出し、水に浸けて洗って干す。春になったら、腱を空気になびくくらい細く割いて二本とり、Z字に撚《よ》り合わせる。それを二本つくり、さらにS字に撚り合わせる。このとき、唾液で湿らせて膝の上で手の平で転がすか、歯で端を固定し、両手をこすり合わせて撚る。春にたくさん糸をつくっておいて、裁縫道具入れに束ねて蓄えておく(図2-

図2-4　裁縫道具入れの巾着に括りつけられたトナカイの腱の糸の束（2018年8月ヤマル・ネネツ自治管区にて）

4)。

このように、生きた動物が衣服の素材になるまで、季節ごとの仕事があるが、すべてを一年で行うわけではない。乾燥させただけの生皮や鞣し皮を常に蓄えておき、新しい衣類をつくる必要が出てきたり、つくりたくなったりしたら徐々に裁断して縫い始める。途中までつくって、しばらく放置するということもしばしばある。天幕など大きいものをつくるときには、別世帯の親子や兄弟姉妹で協力して何年もかけてトナカイ毛皮を蓄え少しずつ縫う。

裁縫と女性

毛皮と糸づくりだけでなく、裁断や縫い作業もすべて手作業であり、それらを担うのは主に女性だ。彼女らはたくさんの時間と労力を毛皮の衣服づくりにかける。ハンティらの暮らす地域では、気温がマイナス四〇〜五〇度になるような日が数カ月続く。そのような環境では、簡単にほつれたり破けたりしない丈夫な毛皮の衣服が必要だ。雪や風が入らないように一人ひとりの体にぴったり合う形と大きさで仕立てるので、衣服を他人と共有することは難しいうえ、ブーツは一日使用すると雪で湿るので、乾かしている間は他のものを使用する。そのため、一人当たり仕事用と外出用の外套をそれぞれ数枚持ち、毛皮のブーツは四、五足持っている。それらの家族分を手作業でつくり、随時メンテナンスしつつ、さらに新しいものを縫うので、女性はたくさん縫物をせねばならない。しかし、女性たちはそれ

図2-5　ガリーナさんのトィトゥシャン（2016年3月ヤマル・ネネツ自治管区にて）

に不満がある様子はなく、空き時間が少しでもあればすぐに縫物をする。彼女らが出かけるときには必ず裁縫道具と縫いかけのものを持って行き、出向いた先でも時間があれば手を動かす。

鞣しや裁縫は、寒冷な環境で人間が生存し、家族が繁栄するのに重要な能力だ。若い男性にも裁縫する女性が魅力的に映る。独身男性とその家族は、嫁候補が良いか悪いかを見定める際に、彼女のまとう衣服や縫物をしている様子をよく観察する。裁縫の得手不得手が家族全員の日々の暮らしや生業活動の質に大きく影響を与えるからだ。このように、ハンティの女性は裁縫を通して他者から評価され、尊敬される。

生業活動のように実際的な面だけでなく、象徴的にもハンティの女性たちは人生を毛皮や裁縫とともにする。彼女らは皆、トィトゥシャン（*tüitshchang*）と呼ばれる毛皮でできた巾着状のバッグを持っている（図2－5）。バッグはトナカイ等の毛皮と革でつくられ、古い金属のオーナメントやボタン、硬貨、鐘、骨角やガラスのビーズ等で豪華に装飾される。また、革や毛皮自体も装飾が施されており、図2－5は毛皮の部分に女性のお守りである「走るクロテン」の模様が白色と暗色のトナカイ毛皮で縫われている。巾着の絞りの部分はトナカイの毛を取り除いて鞣した革でつくられ、赤色で染色されている。

トィトゥシャンは、祖先とのつながりやアイデンティティ、裁縫技術の高さを示し、女性のライフステージを反映する。女性は七、八歳くらいになると、このバッグを親戚の年配の女性からプレゼントされ、親や姉妹、親戚の女性から裁縫を教わり始める。トナカイ飼育のための季節移動や婚出時、親戚を訪ねるなどの外出時には必ず持って行き、祖先の待つ死後の世界への旅路のときにも持って行けるよう副葬される。ノモコノヴァらは、トィトゥシャンは、祖先、ジェンダーの慣習といった、様々な意味をもつ素材の最小の集合体であって、それらすべてが一緒になってバッグを形づくり、所持する女性の人生と並行する人生を歩む存在であり、女性の人生を具現化したものと説明する(Nomokonova et al., 2024: 2)。

トィトゥシャンの中には、裁縫道具や裁縫の素材のほか、その女性にとって大切なものが入れられる。四〇歳以上の女性たちは知り合って数日で自分のバッグを当然のように筆者に見せてくれたが、中身を広げて他人に見せるものではないらしく、筆者もどんなものが入れられるかについて詳しく知らない。既述の文献によれば、へその緒、子どもの髪の毛、娘の初めての小さな裁縫作品、儀礼用の清めの道具等だ(同前)。図2-5の所持者のガリーナさん(一九七〇年代生まれ)は、その他、仔トナカイの顔の毛皮、銀のアクセサリー、家族の写真等を入れている。トィトゥシャンは宿営地では女性用の特別な橇《そり》に乗せられ、定住村の屋内では高い棚の上に置かれる。祖先に関するさまざまな儀礼は、これらの前で行われる。

トィトゥシャンを見せることを含め、毛皮やその他の衣類をつくり利用する過程は、世代を越えた女性同士のコミュニケーションを生む。裁縫を母が娘に教えたり、親戚の訪問時に一緒に裁縫をしたり、出会った女性の裁縫の技術とセンスを称賛したり、といったことが日常的に繰り返される。前述のガリーナさんは衣服の装飾部分をつくるのが好きで、普段から新しい模様を考えてノートに描きとめている。模様には動物を象ったものやジグザグのように特に意味のない図形の連続がある。彼女の姉も新しい模様を考案するのが好きで、複雑な細かなオリジナルの模様を画用紙に描いて絵画のように額に入れて飾っている。ガリーナさんは彼女から模様の型紙や図案をよく見せてもらっており、同じものをつくったり、参考にして新しい図案をつくったりしている。対して、ガリーナさんの義母は一度しか見せてくれたことがないそうだ。それも自分が模様を見せたときに一つ教えてくれただけだ。筆者が彼女の義母に、雷の精霊やゲジゲジのような虫、泳ぐカエル等の、トナカイやウサギの耳に比べて現地であまり使用されていない珍しい模様を見せてもらっているところを見て、後でそう教えてくれた。おそらくあまり模様を見せてくれない義母への不満や私への嫉妬が隠れていたと思う。このように、模様の図案の見せ合いは女性同士のコミュニケーションの一つになっており、それが思うようにいかないと彼女らのあいだに心的距離ができる。

図2-6　娘が考案したデザインの外套を着こなすタチヤーナさん（2012年2月ハンティ・マンシ自治管区にて）

こうした母・義母から娘・嫁への模様の伝達のときだけでなく、独創性の強い模様も話題になる。ガリーナさんは本で読んだ物語を空想し、その風景を模様に表して、自分の針刺しを飾った。そうした模様は世代を越えて伝承されてきた模様の典型とは違い、より自由な図案になる。しかし、逸脱した模様は現地社会で否定されるどころか、むしろ興味の対象となり、女性たちの会話のきっかけになる。また、現在ではハンティの若者はコンピュータを使って斬新な模様をデザインする。森の中でトナカイ飼育をするタチヤーナさん（一九六〇年代生まれのハンティ女性）の次女は、高等教育を受けるため遠方の町で暮らしている。彼女はタチヤーナさんとおそろいの模様で飾られたトナカイ毛皮の外套をつくるためにパソコンで都会的な洗練された大胆な模様を創作して型をつくり、姉に頼んで母に届けてもらった。タチヤーナさんはそれに感激したようで、筆者に何度も話した。図2-6で彼女が着ているのは、これとは別の時に娘と一緒にデザインしたトナカイ毛皮の外套だ。彼女らは現代の技術や若者の感性を取り入れつつ、世代をこえて頻繁に模様や衣服のデザインを共有する。

トナカイの毛皮で装う

家畜トナカイの毛皮は他の野生動物の毛皮と大きく異なる。野生動物の毛皮は狩猟で入手するため、偶然性が高く、そのときに欲しい状態の毛皮が手に入るとは限らない。一方、家畜トナカイの毛色や模様、顔つきは変化に富んでいる。牧夫とその家族はそれらを細かく区別し、個体識別している。数千頭のトナカイを飼育している場合、さまざまな成長段階や模様のトナカイ毛皮を選択して利用できる。非常に柔らかく、子ども用の衣服の素材になる出生直後の毛皮や生後一カ月の毛皮、女性の外套の身ごろに使用する生後三カ月から一歳半の毛皮、女性の外套の裾に使う暗色の夏の成獣の毛皮、天幕や敷物に使う毛足が長くて丈夫な冬の成獣の毛皮というように、成長段階や屠畜した季節で用途を細かく分けている。また、個性的な模様であればあるほど珍しく、良いものとされている。ホルスタインのような白色と黒色のまだら模様、白地・黒地に目立つ斑点があるものが特に好まれる。仔トナカイのときからそうした個体に目をつけておき、肉のためだけでなく毛皮目的でも屠畜する。

トナカイの毛皮で外套を装飾するには、大きく分けて二つの方法がある。一つはトナカイの剝いだままの毛皮の模様を活かす方法で、もう一つは白色と暗色の毛皮を用いてハンティらの独特な模様を表現する方法だ。図2-7の子どもの外套の上部は前者、下部は後者でつくられている。どちらの方法も美しいとされており、一つの外套に二つの表現を用いることも少なくない。トナカイの体の模様だけでなく、さらに脚や耳等を活かして使う。図2-8は、足

図２–７　トナカイ毛皮の外套を着る子ども（2017年２月ヤマル・ネネツ自治管区にて）

がついたままの仔トナカイの毛皮を袖に使用している。これらもトナカイの個性を感じる良い外套と評価される。
かわって、ハンティの模様は、女性たちの技術の見せどころだ。図２－１の女性は、白色と暗色のトナカイ毛皮で外套の袖や身ごろにトナカイの角等を表した細かい模様を縫っている。図２－６のタチヤーナさんも白と暗色のトナカイ毛皮で模様を縫っている。模様をはっきりと目立たせるために、より白い・暗い色のトナカイの毛皮を用いることが好まれる。それには、自身や親戚がトナカイを多く所有していないと適当な毛皮を選ぶことができない。よって、際立った模様を縫い込んだ外套で装うことは、同時に家族やトナカイ群の繁栄の表現でもある。

トナカイと人々は一緒に移動しながら暮らし、何世代もの仔トナカイの成長を見とどける。トナカイに橇を引かせ、肉や血を食べ、角や毛皮を利用し、ときには贈与財として誰かにプレゼントしたり、供犠《くぎ》したりというように、人とトナカイとはたくさんのかかわり合いがある。牧夫やその家族はしばしば、毛皮の衣類を見て、生前はどのようなトナカイであったかを思い出したり、語ったりする（大石 二〇二二）。例えば、ローザ（一九七〇年代生まれのハンティ女性）は、去勢前の（三歳くらいまでの）オスの仔トナカイの毛皮で、とくに赤っぽいものが好きだという。彼女は、夏はウラル山脈、冬はその麓の森へと長距離の季節移動をするトナカイ飼育キャンプで産まれ働いた。ある秋に大事にしてい

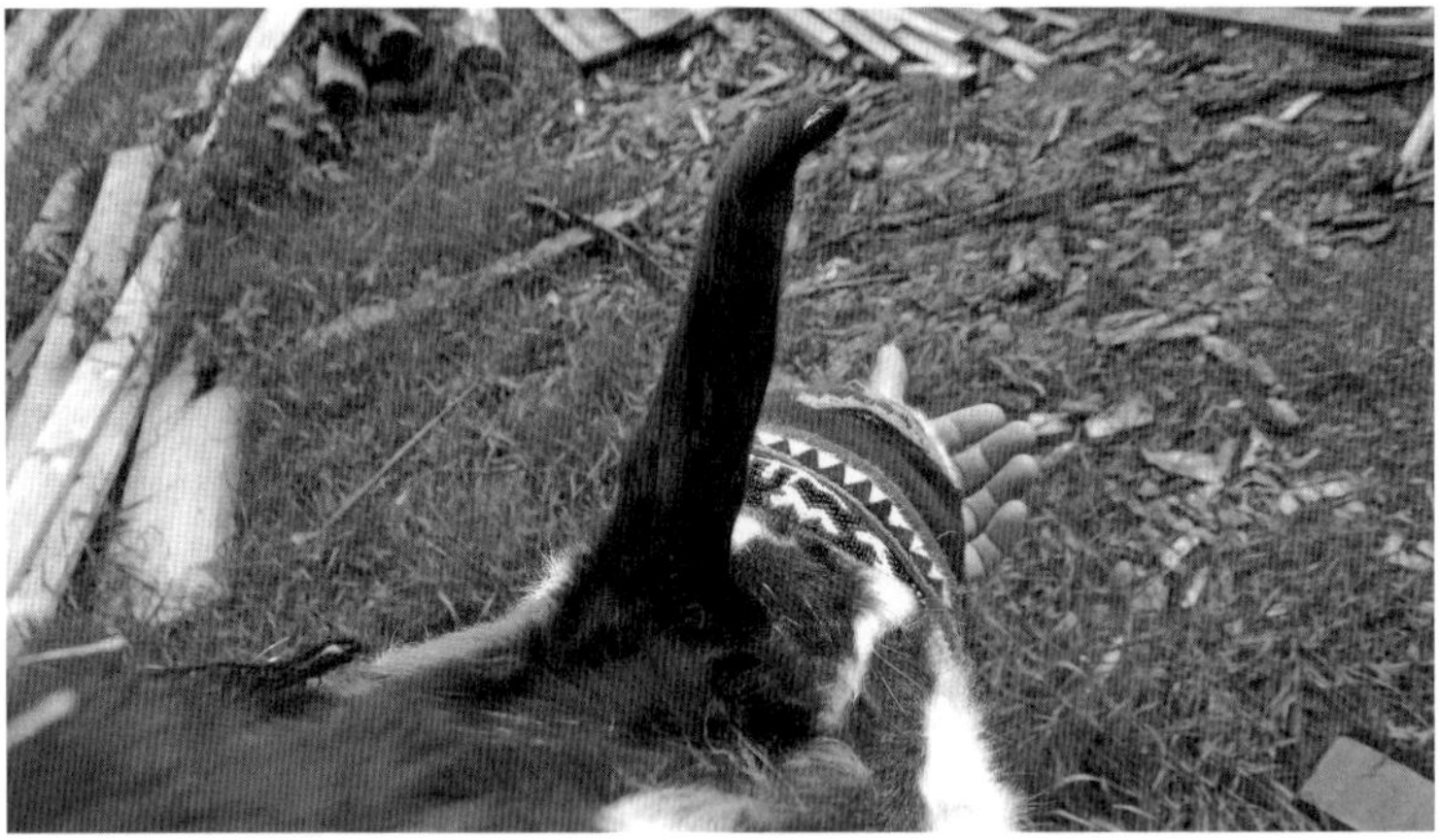

図2-8　ガリーナさんの外套の袖(2018年9月ヤマル・ネネツ自治管区にて)

た個人所有の雌トナカイとその仔をウラル山脈から平地まで連れて帰った。そして二頭を屠畜し、それらの毛皮で自分用の春秋用の外套を縫った。とても美しい毛皮で強く記憶に残っているという。また、前述のガリーナさんも次女の妊娠中に長女を連れて夫とともにウラル山脈のトナカイ飼育キャンプで働いた。病弱に生まれたトナカイは群れについて行けないため、人が世話をして育てる。そうした個体はアフカ(*avka*)と呼ばれる。子どもたちがアフカの世話をしてかわいがるので、アフカは人に懐いて天幕の周辺から離れなくなる。しかし、そうした個体も屠畜の対象になる。

あるときアフカの産んだ仔を屠畜したところ、アフカがその場を離れず非常に悲しんだ様子だった。ガリーナさんは自分の子どもが同様に幼かったため、可哀そうだと思い泣いたそうだ。その毛皮を外套と履物を縫うのに使ったが、脚の毛皮の残りはまだ保管してある。それらを見ると悲しかったことを思い出すという(大石 二〇一七)。

トナカイの毛皮で装うことは、人とトナカイの相互作用の延長上にある。女性たちは親密な関係を築く個人所有トナカイやアフカとの思い出を含めて、特別な感覚でそれらの毛皮と向き合う。

おわりに

ハンティの女性たちは、毛皮の衣類をこだわってつくり、コーディネートを考えて着飾る。人びとが集まる機会や遠出する際にはとりわけ力を入れておしゃれをする。カラフルなビーズや毛織物などの外部で手に入れた素材を組み合わせて華やかに毛皮の衣類を装う。それは表面的な装いの楽しみではなく、彼女らの日々の暮らしや家族の繁栄、ライフステージ、女性同士のコミュニケーション等と深く関わる。前述のトィトゥシャンだけでなく、狩猟やトナカイの飼育から毛皮の加工と裁縫の過程、衣服の作成、着用までの全体が、人生の歩みの具現といえる。つまり、動物や毛皮との日々のかかわりあいそのものが、動物を通して彼女らの生きかたを表現する営みとなっている。

参照文献

大石侑香「動物の毛皮を剝いで着るということ——北ハンティの毛皮衣服着用の審美性と神聖性」『コンタクト・ゾーン』九：三〇四～三三〇頁、二〇一七年。

大石侑香「白銀の大地に映える——西シベリア・ハンティの装い」『季刊民族学』一七七：九六～一〇三頁、二〇二一年。

大石侑香『シベリア森林の民族誌——漁撈牧畜複合論』昭和堂、二〇二三年。

Nomokonova, Tatiana, Robert J. Losey, Andrei V. Gusev, Grace Kohut, Stella Razdymakha, Lubov Vozelova, Andrei V. Plekhanov, 2024, "The one-eyed Elder woman stiches an ornament: Needles, needle cases, and women from the Iamal-Nenets region of Arctic Siberia", *Journal of Anthropological Archaeology*, 74: 1-12, Amsterdam: Elsevier.

Федеральная служба государственной статистики 2020 "Национальный состав населения". URL: https://rosstat.gov.ru/（二〇二〇年ロシア連邦センサス）、二〇二四年九月一七日閲覧。

コラム3

モンスターデザイン

長谷川朋広

私はゲームに登場するモンスターを、二〇年以上デザインしている。モンスターをデザインする際に、常々考えていることは、「生きた世界を描く」ということと、「プレイヤーの脅威を念頭におく」ということだ。

ほとんどのゲームには世界観がある。私が手がける機会の多いロールプレイングゲームは、モンスターや魔法が存在する「異世界」をプレイヤーが冒険することを楽しむゲームだ。そのため、ゲームのデザイナーは、ゲームの舞台となる大地とか、そこに転がる石とか、さらには天候とか、その世界に住む人々、街や文化とか、ゲームに登場するすべてをデザインすることになる。そこに、現実にはいない生き物＝モンスターが登場する。

ゲームの中のモンスターは、プレイヤーに脅威を感じさせるものでなくてはならない。プレイヤーはゲームの中で冒険や探索をして遊ぶ。ゲームの世界には、絶景があったり、遺跡の中に宝が眠っていたり、すごくワクワクする冒険が待っている。しかし、そこに、自然の脅威が具現化したものとしてのモンスターもいる。原理的に言うと、人を襲うものはすべてモンスターだ。たとえ体は小さくても、病原菌を運びそうとか、毒を持つとかいうことで、ネズミやサソリもモンスターのモチーフに選ばれる。サーベルタイガーや恐竜のような絶滅動物も、モンスターのモチーフとなりやすい。絶滅動物のように、どこかにいるかもしれないといった、一種のロマンをかき立てるものは、モンスターのモチーフとして扱いやすい。UMA《ユーマ》(Unidentified Mysterious Animal, 目撃情報や風説などはあるが、その存在が証明されていない謎の生物)も同様で、皆がイメージしやすく、かつ、どこかにいるかもしれないと思えるものはゲームに登場させやすい。つまり、逢ったら怖いという感覚と、ワクワク感を併せ持つことができるものが、ゲームに登場させやすい要素といえる。

また、人間の脅威となりうるものと、現実の生き物を混ぜることで、恐ろしいモンスターがデザインできることもある。わかりやすい例がドラゴンで、皮膚が岩のように硬く、口から炎や雷を吐いたりするように、自然そのものの力が、脅威あるモンスターの誕生に大きく寄与している。八岐大蛇《やまたのおろち》も、元々は荒ぶる洪水を具現化したものではないかと言われているが、そうした人間の手に負えないものが、神話や伝説の中にはすでにたくさん存在している。そうしたものを借りてきて、姿形を与え直し、ゲームの中での戦いが可能な形にまでキャラクター化しているわけである。

ゲームの場合、プレイヤーがモンスターと遭遇するとバトルが始まる。ゲーム上では、プレイヤーの戦う意思の有無とは無関係に、モンスターは襲ってくる。これは、まだ人間が周りを気にしながら自然の中を歩かなくてはいけなかったような時代の感覚にかなり近い。このように見ていくと、ゲームに登場するモンスターは、現実の動物をモチーフにしていることがかなり多いことに気づく。なぜかというと、モチーフが動物であれば、相手の感情や行動をプレイヤーが理解しやすいということがあげられる。相手の感情や行動を予測して、それに対応して戦い方を考えて遊べるからだ。そのため、まったく行動の予測がつかないような、異形のエイリアンのようなモンスターは、ものすごく怖さを与えることができるが、そうしたモンスターばかりだと戦いづらくなり、ゲームは成り立たない。またそうしたモンスターは、キャラクターとして認知されづらく、シリーズを跨いで受け継がれていくようなことがない。逆に、動物に人間の知性を与えたり、顔を人間に似せたりすることで、魅力あるモンスターを生み出すこともできる。このとき、動物の姿をなるべく残すことで、人間とは違う自然の摂理を理解しているような存在というふうな設定をつくり出すこともできる。

最近はゲームグラフィックが進歩した分だけ、現実の生き物をよく見ていた方が、ゲームをデザインする上で、より表現が広がるように思う。CGでリアルな表現をしようと思う場合、本物の生き物がどのような振る舞いをしているのかを知っていた方が、リアルな表現ができるということである。モンスターをデザインするときに、生き物をよく知っている人と会話した内容がヒントになったり、また生き物をよく知る人にフィールドに連れて行ってもらったことで、実際の生き物が自然の中に潜んでいる感覚がわかるようになったりする。また、生き物の観察や解剖を行うこともある。例えば魚の質感をもったドラゴンのようなモンスターをつくるときに、チームで魚市場に行って、魚を入手して観察・解剖したりする(図a)。そうすることで、写真などではなかなかわからない、細かな構造や、体の動き方や、動いたときの色の出方などのデータが得られ、そのことで、モンスターのリアリティが上がるわけである。モンスターをデザインするときに、粘土を使って立体モデルを作成することも多いが、このときに、トビウオの鰭《ひれ》を乾かしてそのまま使ったり、アジのゼイゴ(尾の付け根の側面にあるとげ状のうろこ)をばらしてパーツとして使ったり、実物を使うことで、ディテールを入れ込むことにつ

図a　アカヤガラの解剖準備
図b　取り出したアカヤガラの頭骨と，その形態を参考にしたドラゴンのイラスト

ながり、先の観察したデータと併せてみることで、密度の高い作品や、動きの美しいデザインができあがる。本物を見るということを全然しないで、ネットで写真資料を見つけてデザインするのとは、結果がまったく変わってくるのである(図b・xiiページ、カラー図4)。

生き物に興味がある人は、よく、「あの生き物はかっこいい」と言う。「かっこいい」のは、形状だったり、動作だったりするわけだが、その「かっこいい」部分を抜き出して、アイデアの種にして、モンスターをデザインしているように思う。

II

動物を想ってえがく

3 取り残された動物になる

――核災害後の表現実践から

丹羽朋子

猫　健気ねぇ。でも、人間はもう帰ってこないわよ。（中略）人間はこのキラキラしたものから逃げるためにいなくなったのよ。あんたにも見えるでしょ。このキラキラが消えない限り、人間は戻ってなんか来ないわ。
子牛　そんなことない！　おじさんは戻ってきて、僕をピカピカにしてくれるんだ。
猫　あんたねぇ、ピカピカにしてもらうって、どういう意味だかわかってんの？

「原発事故の後、ガラスバッジを持たされたんです。[1]私たち、モルモットなのかなって」。福島県相馬市に生まれ、二〇一一年の発災当時、中学二年生だった荒優香さんは語る。[2]彼女はその後、福島県立相馬高校に進学して「放送局」を部活に選び、東日本大震災を伝える活動に取り組んだ。相馬高校放送局（以下、放送局）は、セルフ・ドキュメンタリーや創作劇等の多様な手法を用い、津波や原発事故の災禍にある高校生たちの生を映した真摯な表現活動で知られる。[3]その作品では身体への影響や差別に対する不安、憤り、被災の度合いや避難の有無等の差異から人々の間に生じた「見えぬ壁」が中心的に描かれてきた。ところが中に一つ、私にとって棘のように引っかかる風変わりな作品があった。冒頭に台詞を載せた音声作品《キレイになりたくて》の中で、荒さんたち高校生は真剣に、警戒区域内に取り残された牛にな﹅ろ﹅う﹅としていた。

本章では、「動物をえがく」を主題とする本書の場を借りて、私自身が受け止め方に戸惑い、後ずさりしていたこの作品の、自分なりの理解の仕方を探っていく。前半部では大人の、いわゆるプロの表現者たちによる映画や絵画、演劇作品を取り上げて、それぞれの媒体の特性を活かした「取り残された動物たち」の描かれ方を概観する。後半では、それらとの異同も含め、《キレイになりたくて》の考察へと進んでいこう。

私はこれまで、東日本大震災をはじめとする災厄の経験は、いかにして他者と分有しうるかという問いをもち、「三・一一」の記録と表現に取り組む人々の語りを、世代も立場も異なる人々とともに聴く活動を続けてきた。その過程で注目したのは、比較的早い段階から、自他の個別の経験をより遠い他者に伝えるという難題に向き合う中で、「現実《リアリティ》」と「虚構《フィクション》」の混成的表現が模索されてきたことだった。そこではしばしば、この地に生きる人々と、死者や動物といった「他なるもの」との絡み合いや切断の描写が試みられる。

しかしながら、動物は人にわかる言語を(一般的には)もたぬがゆえに、語り手が不在のままに「動物」を物語ることを余儀なくされる。同じく放射能の危険に身を曝された生き物でありながら、私たちの眼前から消された「取り残された動物たち」の生を、人間の表現者たちはどのように描いてきたのか。人が動物に自己を投影したり、動物の視点から世界をまなざしたり、身体をもって動物になろうとする表現実践について、そこに照らされる「人と動物」の矛盾を孕んだ関係にも目を向けつつ考えてみたい。

動物が取り残された経緯

まずは、この地に動物たちが取り残された経緯を確認しておこう。

二〇一一年三月一一日、大地震と大津波で損傷した福島第一原子力発電所から、大量の放射性物質が放出された。この事故を受けて政府は原子力緊急事態宣言を発令し、翌一二日には第一原発から二〇キロメートル圏内に避難指示が出された。住民の多くはこのとき、二、三日の避難を想定し、避難所に連れて行けないペットや家畜に数日分の水と餌を与えて、家や畜舎を離れたとされる。その後しばらくは飼い主が餌やりに戻ったり、動物愛護団体もレスキューに入っていたが、四月二二日、二〇キロ圏内が警戒区域、二〇キロ圏外で年間被曝線量が二〇ミリシーベルトの地域が計画的避難区域に指定されると、事態が一変する。人間が追い出された土地に取り残された動物たちは、水や餌が絶えて餓死したり、事前に野に放たれたり自ら脱出して、街を徘徊し始めたのである。[4]

五月一二日には、警戒区域内に生き残っていた家畜に対する殺処分が指示される。繁殖力の高い豚、畜舎内の牛、放れ牛(野良牛)の順に、安楽死処分が施されていった。当初、多くの牛飼いたちは、子ども同然に育ててきた「家族のような牛たち」が「放射性廃棄物」として扱われ埋却さえできないことに反発したが、七月に死亡家畜の「一時保管としての埋却」が認められたのを機に、殺処分に応じる農家が増えたといわれる(眞並 二〇一八、二〇〜二二・六五〜六六頁)。六月には相馬市の酪農家の男性が、「原発さえなければ」と堆肥小屋の壁に書き残して縊死したとの報道が、人々を震撼させた。男性の牧場では生乳が出荷停止となり、堆肥も売れず、牧草も放射能汚染されていたという。

二〇一五年一月の報告によれば、実に一七四七頭の牛が安楽死処分となり、畜舎内で死亡した牛を合わせた一時埋却処分は三五〇九頭にも及んだ。またこのとき、不同意の所有者による飼養継続も五五〇頭あったとされる。[5]

二〇一三年八月七日、避難指示区域は年間積算線量に応じて三つの区域に再編され、居住制限区域や避難指示解除準備区域では住民の一時帰宅が認められるようになった。しかし、高線量が続くことが見込まれる帰還困難区域は、域内に設定され二〇二三年までに避難指示解除となった特定復興再生拠点区域を除き、今もバリケードで区切られ、人が立ち入れないままにある。[6] そして、浪江町の「希望の牧場・ふくしま」など殺処分に抗したいくつかの牧場では、次節で見る記録映画にも登場する吉沢正巳さんたち牛飼いが、発災から十数年を経た現在も売れない家畜を生かし続ける矛盾や困難を抱えながら、本来の寿命が尽きるまで牛たちの世話を続けている。[7]

ここでいう「取り残された動物」には、人間が持ち込み飼育してきたペットや家畜以外の生き物も含まれる。留意すべきは、当地にはたとえ肉用牛であっても、牛飼いが「家族のよう」と語るような、人と動物の固有の関係があったということだ。[8] 他方、野生生物や虫の類は救助や殺処分の対象外とされ、人間が定めた避難指示区域の境を往来できる自由な存在とみなされる。その反面、土や植物を取り込んで「再受肉」する（コッチャ 二〇二二）これらの生き物は、高線量被曝しながら生き存《ながら》え死にも至る生を引き受ける身体でもある。

人類学者の奥野克己は、単なる種の違いを超え様々な形をとる世界各地の「人と動物」の関係を、動物もまた人である事態、人と動物の混淆するさま、両者の間の分割線の仮構、分割線を越えた越境侵入という四つの様態に整理して論じた（奥野 二〇二二）[9]。次節からみる「取り残された動物」を描く表現ではまさにこのような、人と動物、動物と環境や他の生物との間の、多様で錯綜する関係が浮き彫りとなる。

生態観察的な記録映画と、三・一一後の絵画表現

岩崎雅典監督の《福島　生きものの記録》は、二〇一三〜一七年に作られた全五作のドキュメンタリー映画である。本作では「人間と動物を区別しないという考え」（吉田ほか 二〇二二）のもと、放射能の影響が広がる環境下に生存する野生種や家畜、甲状腺検査される人間の子どもなど、様々な「生きもの」の生が描かれる。たとえば発災翌年に撮影された「被曝」を副題とする第一作（二〇一三）では、住宅街を闊歩するイノブタやニホンザル、渡り鳥、家畜など、人間の失せた世界で既存の「境界」を悠然と越えていく動物たちが、生態観察のようなカメラ・ワークで写し取られる。とりわけ印象深いのは、セイタカアワダチソウの黄色い花が生い茂る耕作放棄地を、牛の群れが疾走するシーンだ。追いかけるカメラが一瞬、一頭の牛と向き合い、正面からその顔を捉える（図3-1）。監督はそのショットに、自らの声でこんなナレーションを付している。

「放れ牛の集団だ。人間に気がつき、一旦止まり、こちらを睨むその目はもう、野生化している」。

自由を謳歌する動物たちの姿とは裏腹に、映画の作り手は動物生態学等の研究者と連携し、食物連鎖による体内被曝も含めた動物の生の実態を記録していく。観る者はその実直な映像から、この人災がヒトという種の掌握可能な範

図3-1　《福島　生きものの記録1：被曝》(2013)より一部拡大．放れ牛の耳には個体識別用タグがついている

囲を遥かに超えた環境に広がりゆく酷な「現実」を突きつけられる。[10] カメラの向こうから睨みつける放れ牛から、小さな身体に二万ベクレルもの放射性物質を蓄積し解体されたアカネズミの検体から、私たち人間の方がまなざされ、この危機の所在を問いただされるのである。ドキュメンタリー映画である本作の特徴は、人間(撮影者)と動物(被写体)の間にカメラを介し、互いに差し向けたまなざしの交点に、意味あるイメージを立ち上げる手法にある。

　これとは全く別の仕方で、被曝した動物の記憶を伝えようとする表現もある。南相馬市小高区に開かれた「おれたちの伝承館」で、ひときわ目を引く天井画、《命煌めき》(二〇二二)。そこには、画家の山内若菜が飯舘村の牧場で出会った被曝馬が、白斑や病を宿した身体に女性馬喰《ばくろう》を乗せ大空を駆けゆく様が、色とりどりの幻想的なイメージで描かれている。山内さんは警戒区域の家畜の殺処分の報道を見て、命に価値はないと社会的に宣告された牛に、当時「社畜」のように働き詰め、命の価値を軽く見積もられていた自らの姿を重ねた。牧場に通って動物たちの世話を手伝いながら、この地で生き抜くその生を写し取った自身の作品は、弱者そのものである私の自画像であり、一緒に苦しみたい。声無き動物ではなく、呻く大きな動物がそこにいると記す(山内 二〇一八)。

　近年は広島や長崎等でも展示を重ね、被曝動物たちの絵はより長大な時空を跨ぐ「人類」の「自画像」へと広がっている。その一つ、人類初の核実験の名を冠した《神々の草原 トリニティ》(二〇一七)は、フランスのショーヴェ・ポンダルク洞窟壁画に触発され、「自然・人間・社会の三位一体の関係性」をテーマに制作された大作だ(図3-2)。動物を畏敬する三万六〇〇〇〇年前の人類による原初的な表現を下敷きに、福島の被曝動物と、過去の核実験や原爆等のイメージを重ねるその手法は、一つの画面に複数の出来事を構成したり、一つのモチーフに多義的なイメージを響かせうる絵画ならではの表現といえよう。

彼女の個展を開催した「原爆の図　丸木美術館」の岡村幸宣によれば、これらの描画の工程では、クラフト紙や和紙を貼り合わせた「支持体を揉んで複雑な皺を作り、墨や胡粉、水干絵具を多層的に塗り、時には布で画面を拭き取り、水で洗い、やすりで削る」丹念な作業が繰り返される(岡村 二〇二二)。岡村は、福島の原発事故と、過去の原爆被害や公害・戦災等の近代社会の不条理の歴史軸を交錯させ、共通の問題点を可視化する芸術家たちの取り組みを「「三・一一」後の非核芸術」(岡村 二〇一三、四一～五二頁)と呼んだ。山内若菜の作品はまさにこの系譜に連なる絵画だといえる。

図 3-2　山内若菜《神々の草原 トリニティ》(2017, 3 m×9 m)一部拡大. 図版中央に, 喉頭癌を患った馬の頸部に放射性物質が蓄積するさまが, 金箔と金泥を用いて描かれている. 画面右には大地から発する光が描かれている. これには, 過去の核実験や広島・長崎の原爆の大火, 福島の牧場で馬の出産時に見た朝日, 核災害から立ち上がる福島の夜明けのイメージが重ねられている(提供：山内若菜)

本節でみたドキュメンタリー映画と絵画は、映像機材や画材を媒体に、画面の上に核災害で傷つき虐げられた動物の生のイメージを現し、人が核や自然を御することの無謀さを観る者に強く喚起する。ただし、そうであるがゆえに描く人間と描かれる動物の視点は相対する。これに対して次にみる演劇では、演じ手の身体を媒体とする表現のうちに、動物と人間の視点が奇妙な仕方で重なり合うことになる。

動物と人間の視点を重ねる演劇的表現

二〇一二年八月に初演された劇団ムカシ玩具《おもちゃ》の《置き去りにされた命》は、荒さんたちの制作の契機にもなった演劇作品だ[11]。これに先立つ三月、同劇団を主宰する舞香さんは、避難指示区域で動物を保護する「犬猫みなしご救援隊」(以下、「救援隊」)と連携し、放送局顧問の渡部義弘教諭の協力を得て、相馬市内で演劇ワークショップを行った。その内容は、福島県内から集まった七〜八名の高校生有志が救援隊の記録写真を見て、そこに写された動物の台詞を考えたり、舞香さんの書いた台本を読み、動物たちの所作を真似て即興芝居するものだったという[12]。

この数回のワークショップをもとに本作が描くのは、緊急避難した飼い主に置き去りにされた犬のハルが、人の消えた街で生き様も多様な生き物たちと出会い、必死に生き延びて保護されるまでの物語である。初演では、主人公のハルをワークショップ参加者で郡山市出身のリナさんが、他の動物や飼い主、救援隊の人物の役を舞香さんが一人で演じた[13]。舞香さんはこの演劇を、「命のボーダーラインは絶えず動くこと」「福島では、動物がボーダーラインの下に置かれたこと」を問う作品だと語る。私見では、人間と動物の関係性に焦点を当てる演劇作品として見たとき、本作には特筆すべき点が三つある。

一つめは、動物が一人称で人生譚を語る形式である。舞香さんはこれを、自身が一人芝居の中でその人生を演じてきた、知里幸恵の『アイヌ神謡集』(一九七八)から着想したという。この本に記されたアイヌ民族の口承文芸「カムイ・ユカㇻ」は、動物や火や雷など「自然のあらゆるもの」が神として人格を備え、一人称で語り、最後にその正体が明かされる形式をとる(村上 二〇二一、一〇)[14]。《置き去りにされた命》の中で、人格ある語り手として登場するのは、犬のハル、誇り高き野良猫のミケ、大空を飛び回る鳥、かつての猟犬で盲目の老犬ゲン、豚のサクラ、そして牛舎内を根城にする蜘蛛である。
愛らしいキャラクターのサクラは、震災以前から一八〇日という短すぎる「寿命」が絶える屠畜の時を思い、怯える日々を過ごしてきた。ところが、奇しくも出荷予定の三月一一日に人間たちが失せたことで命拾いをする。野良豚となったサクラが、本来見られなかったはずの満開の桜を前に未来の自由を宣言するシーンは、本作の見どころの一つだ。これと真逆の役回りの蜘蛛は「牛の死骸に湧くウジ虫を喰った」と、牛舎での惨事を淡々と語る。暗闇の舞台に差す一筋の光と声のみで表されるこの微小生物は、他のペットや家畜などと比べ、核災害の影響をさほど受けることなく生き存え、この世界を達観する解脱者のようにもみえる。

動物や虫を、固有名や主体性ある存在として擬人化する。これにより《置き去りにされた命》の物語は、予定調和的な感動秘話への回収を周到に避けながら、愛玩動物・狩猟犬・食用動物・害獣等の、動物と人間の抜き差しならない関係や複雑な距離を照らし出す。ここに、動物の尊厳とは何か、彼らはどう生きるのが幸せなのかを問いかけるフィクション構築の巧みさがある。

図3-3　《置き去りにされた命》(2012). リナさん演じる犬のハル(上)が，舞香さん演じる救援隊の人間(下)に出会う場面(提供：劇団ムカシ玩具)

第二の良点は、人間が動物になる模倣的再現の不完全さを逆手にとって、観者を巻き込む仕方である。本作の舞台では簡素なセットの上で、人間の演じ手が動物風の衣装を纏うことなく、複数種の動物を演じ分ける(図3-3)。舞香さんはこの演劇的手法を、「猫なら、猫背だけど上から吊られているように背筋をピンとして、腕を丸めてそっと音を立てずに歩く猫的な動きを模倣する。でも、人間が動物を演じているのは明らかだから、お客さんは足りなさを想像力で補わないといけない。観る人が、自分の知るあの猫を重ねるからこそ、物語が自分事化される」と説明する。

これと関連する第三の要は、特定の身体と場所が媒体となる舞台作品だからこその「虚構《フィクション》」への「現実性《リアリティ》」の割り込みである。事前のワークショップでは「福島の高校生」が虐げられた動物になり、さらに初演では「牛飼いの子」でもあるリナさんがハルになることで、取り残された動物を描いた「虚構」に、同じく声や姿を捨象された「福島の子ども」の「現実性」が割り込むことになった。肝要なのは、この「動物」と「子ども」の多重写しが、単なる「声なき弱者」としての立場性の類似を超えた、心身の情動を伴う経験だったということだ。実際の稽古では、リナさんがハルになるあまりに感情を揺さぶられ、役を演じられなくなることもあったという。逆にプロの役者であり演出も担う舞香さん自身はむしろ、演技中は「完全に役の動物になりきってはならず、観客からどう見られるかを意識して、少し上から眺めるような自分がいる」と、省察する。

一方で興味深いことに、事前のワークショップ参加者の中には、動物になりきれないケースもあった。演劇部所属だったある参加者は、「自分だと言えない心の中に溜まったことを、役の台詞に乗せられる」ことに演劇の魅力を感じてワークショップに参加したが、実際には「違和感ばかりで、どうしていいのかわからなかった」と話す。発災直後、自身の家族は愛猫を車に乗せて一時避難することができた。「だからこそ、(動物を置き去りにする)人間の経験もわからなかったし、ましてや動物が何を考えてるのかも考えたことがなかった」と当時の戸惑いを吐露する[15]。

他の卒業生は、二〇二〇年に本作の記録映像を観た際、大人になった目線で往時の自分をこう振り返った。「私たちは動物に幸せになってほしいけど、コミュニケーションはとれたとしても言葉は喋れないし、幸せかどうかって、正直、私たちにはわからない。だから、震災と動物たちのことを考えてたあの頃の私たちって、動物を救いたいって思ってはいたけど、動物を愛している私たち自身が救われたかったのかもしれない」。

彼女は高校時代、多様な被災経験を裏に抱える「女子高生」たちの日常を演劇に表現する過程で、自己とは異なる

「他者」を描きながら、わかり合うことのできない苦悩と向き合い、深く葛藤した経験をもつ(16)。人間が動物を描く表現は、「妄想的な部分」や「エゴイズム的なもの」を孕むのかもしれない。彼女のこの慧眼は、動物に人間のイメージを重ねる表現が含み持つ根源的な問題を、私たちに投げかける。

俳優でもある人類学者の石野由香里は、「他者をなぞるように演じる」演劇実践を大学教育に取り入れた活動について、演じ手は他者に「なり代わる」経験を通じて自他の境界に立たされ、この「境界体験」によって自らの足場が崩され、自己相対化が生じると論じた。自らの理解を超える「他者」をトレースする演劇のプロセスにおいては、相互の身体のズレや、他者を見る自身の見方の偏りに気づくといった「自他の間の身体的軋轢」を我が身に受けながら、あるべき表現を模索することになる(石野 二〇一七)。この石野の考察は、ワークショップ参加者が語った「動物になりきれない」経験を考える上でも参考になる。動物という「語らない他者」を「再現」しようとして彼女たちが抱いた違和感もまた、その身が巻き込まれる「境界体験」を通じた自他の相対化によるものではなかったか。

私は動物たちとは異なる。だが、私の身体が動物の身体をなぞる経験を通じて、両者の境界は揺らぎ、間を隔てていた線もまた引き直されうる。動物になる演劇的表現をめぐる困難と可能性が、ここにある。

「福島の高校生」が取り残された子牛になる

前節の演劇的表現の特性をふまえて、ここからは《キレイになりたくて》の表現のあり方を、作り手の語りに添ってみていこう。

前述の先輩たちと異なり、舞香さんのワークショップで写真を見たとき、荒さんは「動物の気持ちがわかると思った」と回想する。自宅は避難指示区域外で津波被害もなかったが、家族で自主避難するか話し合った際、祖母が「避難するなら、うちの犬が(近所に)迷惑をかけないよう、自分らの手で殺そう」というのを聞き、泣きながら避難を拒んだ。実家は兼業農家を営んでおり、「あそこの牛農家さんは殺処分をしたとか、他にもペットをつないだまま避難した人が、自分のせいで野垂れ死んでいるかもしれないと苦しむ声を聞いていた。でも、実際の写真を見たら、何もわからないまま動物たちが被害を受けてること」にショックを受けたという。さらに当時は、政治家や周囲の大人たちの「黒い部分や対立」を見て怒りと不信感に苛まれ、「大変な中で被災地の子どもは頑張っている」といった「嘘のような報道」が溢れる状況にもモヤモヤしていた。そういう憤りやもどかしさがあったからこそ、「動物にシンパシーを感じたのかもしれない」と語る。

そのような状況のなか、二〇一四年、荒さんは同級生の女子部員と一緒に音声ドラマ《キレイになりたくて》を制作する。この八分間の小さな作品は、女子高生たち人間側のたわいもない会話から始まる。[17]「ここの農場の一番の肉」を食べてダイエットをやめたと無邪気に話す友人に、荒さん演じるもう一人の少女が応える。「でもよかったよね、この農場は。だって、あそこの農場は……」台詞はここで急に途切れ、「キレイになりたくて」という朗らかな調子のタイトルコールを挟み、それまで「女子高生」であった（はずの荒さんの）声は突如、一頭の「子牛」の声に成り変わる。場面は「農場」に転じて、動物側の物語が始まる。

主人公の「子牛」は成長して牛舎を「卒業」する大人の牛にあこがれ、牛飼いのおじさんにブラシをかけて「ピカピカ」にしてもらって外に出る（出荷の）日を夢見ている。ある日、大地が揺れて爆発音が聞こえると、おじさんは大量の餌を置いて姿を消してしまう。だが、子牛はその場を離れない。外の情報は本章冒頭の台詞のやり取りのように、物知り顔の猫やカラスによって知らされる。逃げたあげく側溝にはまり動けなくなった牛の死骸をカラスたちが突き、牛舎内では、飢えた牛たちが日に日に動かなくなっていく。

あるとき、車の音が聞こえて、子牛は歓喜する。「おじさん、僕はここだよ！　いい子にして待ってたよ！」「モー」と一声、牛の雄叫びの実音が響きわたると、子牛の声は不安げな色に変わる。「あれ？　おじさんじゃない。何だろう、この真っ白な人たち。でも、まあいっか。早くご飯ちょうだい。これで僕もピカピカになれる！」

場面はニュース番組に切り変わり、アナウンサー役の無機質な声が、二〇一一年五月一二日、警戒区域内の家畜に殺処分が指示されたことを告げる。これを聴くすべもない子牛は、最期に訝しげに呟く。

「なれ……るんだよね？　ピカピカに……」。

なんとも救いようのない終わり方である。本作を何も知らない子牛の物語としたのは、犬を主役にした前作を聴いた映画監督の是枝裕和さんからの助言を受け「動物たちって、そんなに分かってないよな」と考え直したからだという。(18) 牛舎につながれたままの子牛の気持ちを想像すると、震災や原発事故の情報が入ってこなかった、自分たち子どもには知らされなかった状況が重なるように思われた。

「そのまま命を落とした動物たちは、人間を信じたままなんだろうか？　どうしても助からなかったとしたら、嫌な思いで終わるのかなって。私たち自身が原発問題の渦中で、今後どうなるのか不安で、もしも今自分たちがここで死ぬとしたら、大人に対する光、人間に対する光もなくて、ただ悔しいで終わっちゃうんじゃないか」。そう思ったからこそ、この作品は「バッドエンド」でなければならなかったと、荒さんは言う。

動物には放射能が「キラキラしたもの」に見えるという設定も、子牛の置かれた状況をなぞる過程で出たアイディアだ。「原発事故以前、中学校で学んだ教科書には「原発はよい、夢のエネルギーだ」と書かれていて、そこにはあの第一原発の名前もありました。福島は、あの地域は、原発は役立っていて素晴らしい、みたいな。社会の先生は授業の最後に「ホントはどうなんだろうね？」と締めていたけど、私はなんの疑問ももたなかった。だからこの作品の中でも、何も知らない動物たちが見ている放射能はドス黒いものではなく、あのときの私たちが見ていたように、キラキラしたものとして描こうと考えました」。

私がさらに目を開かれたのは、荒さんの「動物になる」表現が、幼少期から感じてきた動物への畏怖に根ざしており、これが大人や社会への抵抗感と表裏にあったということだ。彼女は、ワークショップで「動物の気持ちがわかると思った」のは、山と里の間を動物と人間が行き来するこの土地で、自身が育ったからではないかと推察する。「田んぼに(野生)動物が入ってきちゃうと、ものによっては殺しますが、山の方に逃がすこともある。そういうとき、祖母はずっとブツブツと(動物に)話しかけてるんですよね。「もう来るなよ」とか」。
実家のある地域では、猪などが害獣駆除されると、肉は食して、剥いだ毛付きの皮は仲間の動物への見せしめに、里との境域に引っ掛けておく習俗があった。「やっぱり、動物は人間の言葉がわかる。(人と動物は)互いに畏怖の対象なんです。近所の牛農家さんは常に牛に話しかけていて、私たちにはわからなくても、彼らはその子がどうしたいのか、どう考えているかがわかる。そうやって可愛がって育てたものの命が、食べるためじゃない、命がつながらない形で無駄に奪われる殺処分の判断を下すのは、本当に辛いことだと思います」と話してくれた。

本作の導入部の何気ない会話の中で、女子高生たちが「肉」を食べる喜びや、「ここの農場」と「あそこの農場」の別を語る意味は大きい。名の明かされないこの語り手の中には、荒さんもその一人であった、この地に生きるたくさんの子どもが入っている。彼女たちは動物を食べる。ただし、地域の中で人と固有の関係を結ぶ動物たちの「肉」は、東京で目にするようなはじめから食材化された肉とは違うと、荒さんは言う。「里に下りてきた猪を殺すのは、人も動物も他の大勢の命を救うための犠牲でもある。その命には他の命も入っているから、スーパーで売っているお肉とは全く違って、すごく重い気がします」。彼女の語りには、この地でともに生き、食べ物を分け合い、奪い合い、育み／育まれ、食べ／食べられてきた、人と動物の密接な関係が映されている。

ここから私が想起したのは、作家の内澤旬子が三匹の豚を飼い、つぶして、その肉を食べるまでの日々を記した『飼い喰い』(二〇一二)だ。赤坂憲雄はこの稀代のルポルタージュについて、内澤や周囲の養豚業者たちが「豚を飼うこと」の周辺に、豚の擬人化と人の擬豚化が表裏をなして転がっていると看取した(赤坂 二〇一三、三四六頁)。内澤自身は、彼女を母のように認識する豚、固有名で呼んで子のように育てた家畜たちを食す場面で、その甘い味わいの肉を口に入れた瞬間、三匹の豚がこの世から消えたのではなく、「私が死ぬまで私の中にずっと一緒にいてくれる」という「奇妙な感覚」に襲われたと綴っている(内澤 二〇一二、三〇〇～三〇一頁)。内澤のいうこの「奇妙な感覚」は、「食べること」による「変様《トランスフォーメーション》」を論じたE・コッチャの思想と結びあう。それによれば、私たちは異種の生き物たちの生を食べて日々「変様」し、自己の「固有の境界を侵犯」している。問題は私たちがそれを日常的に忘却していることだと、コッチャは主張する（コッチャ 二〇二二、九六〜一〇八頁）。

荒さんにとって「子牛になる」表現とは、動物という他者と自己を相対化する「境界体験」であると同時に、その先にある、一つの命の掠奪を超えた、人と動物の生のつながりや相互変成に気づく経験だったのではないか。《キレイになりたくて》はこうして、そのようなこの地にあった命の循環が、核災害によって動物も当の人間すら把捉できない外部で断たれていった、救いようのない「現実」を露わにする稀有な「虚構《フィクション》」となった(19)。

おわりに

ここまで、「取り残された動物」を描いた種々の表現をみてきた。生態観察的に「生きもの」を記録するドキュメンタリー映画。画家がこの地の被曝動物に共鳴し、その姿に太古から続く人間と自然や核をめぐる歴史を重ねて描いた「非核芸術」としての絵画。「他者」である動物を自己の身体でなぞる表現を通じ、動物と人間の視点の二重化やズレを引き起こす演劇的表現。そのいずれもが、核災害によって傷ついた動物と人間、両者の関係性を深い次元で捉えようとした貴重な表現の試みである。このことを確認した上で、最後に、それらと《キレイになりたくて》との違いを考えてみたい。私がこの作品に、それほどまでの衝撃を受けたのはなぜだったのか。

かつて身体をモルモットにされたと感じた少女が、警戒区域内に取り残された子牛になる。

この特異な作品の肝は、声による擬動物化の表現にあるのではないか。擬人化が人間の理解・共感できるキャラクターとして動物を人格化する手法だとすれば、荒さんたちの描き方にはその手前にとどまる慎重な手つきがある。彼女たちは動物に「シンパシーを感じる」が、人間の理解しやすい論理を被せようとはしない。そうすれば、大人たちが「福島の高校生」に希望ある「未来の子ども」のイメージをはめるのと同じになってしまう。動物に対する圧倒的なわからなさと向き合い、その生をなぞろうとする彼女たちの仕方は、擬動物化する宮沢賢治の文体を思わせる。

「まことに豚の心もちをわかるには、豚になって見るより致し方ない」。
賢治は「フランドン農学校の豚」(一九三四)の中でこう述べ、農学校で飼育されている豚が、自身の運命を徐々に知りながら、上質な肉となるべく無理やり口に大量の餌を流し込まれ、八頭分に屠られ吊し上げられる屠畜の過程を、恐怖と絶望に憂う豚になって描いてみせた。

私の見立てでは、荒さんたちと賢治、両者の相似の核心は、擬動物化する他者=動物の語りと、物語の作者である自己=人間の語り、二つの本来は異なる向きにあるはずの声が、分かたれることなくつながりゆく表現にある。賢治の物語では、死にゆく豚目線の切実な語りと、殺されてモノと化す豚を「あわれ過ぎる」と引きぎみに眺める地の文が、語り手もわからぬままに混在して読み手を困惑させる。音声作品である《キレイになりたくて》もまた、固有名のない人物と動物が、相異なる外貌を現すことなくシームレスに登場する。人間と動物の世界、隔たり並行するように見えて、その実は交差しつながり合う二つの物語が、ある一つの声で地続きに語られる。それは、一つであり複数の声でもある、摩訶不思議な語りである。

G・ドゥルーズは、『シネマ2』(二〇一五)の中でパゾリーニやルーシュらの映画や理論を引きながら、作者が作中人物の視点で語り思考し、同時に作中人物が作者の視点で語り思考する、異種混淆的なイメージの現れを「自由間接話法的なヴィジョン」と呼んだ[20]。彼の言葉を借りれば、作者による「カメラの観点からの間接的で客観的な物語」(間接話法)と、作中に登場する「人物の観点からの直接的で主観的な物語」(直接話法)とを乗り越えるその表現によって、主客のイメージの区別は失われ、間に生まれる新たな回路を通じて、つくる者とつくられる者が「伝染しあい、分離し、あるいは再結合する」(前掲書、二〇七~二〇八頁)。《キレイになりたくて》の表現の重要性は、これと類する表現をもって、動物と人間をめぐる既存の世界の見方を異化することにあったと、私は考える。私はそこに戸惑い、衝撃を受けたのではなかったか。

三・一一後の社会の断絶を寓話的な演劇に表してきた岡田利規は、この震災を経て、現実社会に対置され、現実を脅かすような「強いフィクション」が必要だと確信し、単なる「つくりごと」ではない「フィクション」としての演劇の有効性を説いた（岡田 二〇一三、二七〜二九頁）。荒さんたちが試行錯誤の中で生み出した《キレイになりたくて》もまた、「つくりごと」などではない。動物を食べる「女子高生」と、警戒区域に取り残され食べられることなく殺処分される「子牛」、大人たちにモルモットにされたと感じた「福島の子ども」。分かたれた三つの動物と人物が一つの声のうちに混淆する、その鮮烈で「強いフィクション」は、三者を切り離した「原発事故」や「殺処分」の語を知らぬ間に見慣れてしまった私たちの「現実」を異化し、その虚構性を剝き出しにする新たな回路となる。[21] 作り手が対抗的に示すのは、人間をそのうちに含む複数種の命がつながり合う別様の「現実」である。人間と動物・自然が非対称に隔てられる支配的な「現実」と、動物と人間が固有で密接な関係をもつこの地にあったはずの潜在的な「現実」。「キレイになりたい」子牛と少女をひと連なりに演じる声の表現に導かれ、私たちは、相異なる二つの「現実＝虚構《フィクション》」が衝突する切実な「現実《リアリティ》」として、今も続く核災害と出会い直すのである。[22]

【謝辞】本稿のためにインタビューに協力くださった方々、記録映像や作品の視聴をお許しくださった渡部義弘さん、「相馬クロニクル」オンライン上映会の対話の中で重要な示唆をくださった参加者の皆様に深く感謝いたします。

【付記】本研究は、JSPS科研費 JP23H03899、JP23K20554、JP22H00011 の助成を受けた。

参照文献

赤坂憲雄『奴隷と家畜――物語を食べる』青土社、二〇二三年。

石野由香里「他者を「なぞり」、境界に立つ――演劇・人類学・社会参加の境界に」川島裕子編『〈教師〉になる劇場――演劇的手法による学びとコミュニケーションのデザイン』フィルムアート社、二〇一七年。

犬猫みなしご救援隊『鼓動――感じて欲しい小さな命の重み。』書肆侃侃房、二〇一二年。

内澤旬子『飼い喰い――三匹の豚とわたし』角川文庫、二〇二一年。

岡田利規『遡行――変形していくための演劇論』河出書房新社、二〇一三年。

岡村幸宣『非核芸術案内――核はどう描かれてきたか』岩波ブックレット、二〇一三年。

岡本幸宣「綻びから放たれる光」山内若菜・岡本幸宣『山内若菜 はじまりのはじまり』展図録、原爆の図丸木美術館、二〇二一年、一〇～一一頁。

奥野克巳「序――人と動物の関係を地球規模で見てみる」奥野克巳・山口未花子・近藤祉秋編『人と動物の人類学』春風社、vi～xvi頁、二〇一二年。

コッチャ、エマヌエーレ（松葉類・宇佐美達朗訳）『メタモルフォーゼの哲学』勁草書房、二〇二二年。

眞並恭介『牛と土――福島、3.11その後。』集英社文庫、二〇一八年。

鈴木亘「ドゥルーズ映画論における自由間接話法の文学論的意義」『美学藝術学研究』四二、二〇二四年、一～二二頁。

知里幸惠編訳『アイヌ神謡集』岩波文庫、一九七八年。

ドゥルーズ、ジル（宇野邦一・石原陽一郎・江澤健一郎・大原理志・岡村民夫訳）『シネマ2＊時間イメージ』（第六刷）法政大学出版局、二〇一五年。

豊田直巳『フォト・ルポルタージュ 福島――人なき「復興」の一〇年』岩波ブックレット、二〇二二年。

藤木秀朗「アントロポセンの脱自然化――3.11原発災害後のドキュメンタリーによるランドスケープ、動物、場（所）」『JunCture: 超域的日本文化研究』八、二〇一七年、四八～六五頁。

宮沢賢治『宮沢賢治全集（七）』筑摩書房、一九八五年。

村上克尚「動物から世界へ――津島佑子「真昼へ」におけるアイヌの自然観との共鳴」鵜飼哲編『動物のまなざしのもとで――種と文化の境界を問い直す』勁草書房、二〇二二年、三～二四頁。

山内若菜「3・11とアート――牧場から飛び立つペガサス」『神奈川大学評論』九一、二〇一八年、七一～七九頁。

吉田茂一ほか「ファインダー越しの対話」是恒さくら・高倉浩樹編『災害ドキュメンタリー映画の扉――東日本大震災の記憶と記録の共有をめぐって』新泉社、二〇二一年、二〇一～二三五頁。

ランシエール、ジャック（梶田裕訳）『解放された観客』法政大学出版局、二〇一三年。

Blanchette, A., 2020, *Porkopolis: American Animality, Standardized Life, and the Factory Farm*, Duke University Press.

注

（1）ガラスバッジは、個人の積算被曝量を測定する線量計を指す。福島県では保護者同意のもと、二〇一一年の二学期から一五歳未満の小中学生を対象に、首から下げる形のガラスバッジが配布された。

(2)荒優香さんには二〇二四年五月八日と六月八日にオンライン上でお話を伺った。後節の彼女の語りもこれに基づく。

(3)福島県立相馬高校は福島第一原発から約四五キロに位置し、当時、津波や原発事故を含む被災経験、震災との距離もさまざまな生徒が通っていた。同校の放送局は国内七カ所を巡演した創作劇《今伝えたいこと(仮)》等の制作活動が評価され、二〇一三年に高校生で初めて日本ジャーナリスト会議のＪＣＪ特別賞に選出された。現在も現役部員によって、ＡＬＰＳ処理水の海洋放出等の終わりの見えない核災害の問題を掘り下げる作品が作られている。放送局の作品は、任意団体「相馬クロニクル」によって各地で上映が行われている。

(4)この状況下でも一部の住民や動物愛護団体は、監視の目を盗んでバリケードを超えて警戒区域内に侵入し、餌やりや保護活動を続けた。その決死の救援活動は、映画《ZONE 存在しなかった命》(二〇一三)等に記録されている。

(5)この数字には事故後に自然交配で生まれた子牛等も含まれるため、餓死・病死などの頭数は不明である。また、五月六日には福島県に残されていた約八六〇〇頭のうち、飯舘村など計画的避難区域内の肉牛・乳牛約二〇〇〇頭が県外移送されている(眞並 二〇一八、六四〜六五頁)。

(6)「特定復興再生拠点区域」は六町村(富岡町・大熊町・双葉町・浪江町・葛尾村・飯舘村)の帰還困難区域に設定され、二〇二三年までに避難指示が解除された。

(7)原発の時代を終わらせる未来のために「牛も生きるし、俺も生きる」(豊田 二〇二二)と語る吉沢さんは、最終的に牛を学術調査に提供し、放射能汚染の「生きた証人」とすることを、生かし続ける理由としている。

(8)これは、Ａ・ブランシェットが北米の養豚業の民族誌で論じたような、豚を無限に標準化でき、均質なブタ肉を生み出せる動物と化す、高度に分業化されたシステムとは異なるあり方だと言える(Blanchette, 2020)。

(9)奥野はこの四つの様態をそれぞれ、「行為主体性」「分離不能性」「境界性」「越境性」と言い換えている。

(10)藤木秀朗は、福島の原発事故後の「ノンヒューマン」を扱ったドキュメンタリー映画を比較し、「人間中心主義的」に動物を人間の生活空間を脅かす敵とみなす作品や、「動物福利主義的」に置き去りにされた動物の救援活動を描く他の作品とは異なり、《福島　生きものの記録》はあらゆる生き物に共有された「環境」を焦点化する「エコロジー的媒介」を特徴とすると指摘する(藤木 二〇一七)。

(11)舞香さんへのインタビューは、二〇二四年二月一〇日にオンラインで実施した。また、私自身は二〇二〇年一〇月に「相馬クロニクル」のオンライン上映会で初めて、本作の初演の記録映像を視聴した。

(12)本ワークショップで用いられた写真は、犬猫みなしご救援隊による写真エッセイ『鼓動』(二〇一二)に収められている。

(13)再演時は、学業のため参加できなくなったリナさんに代わり、舞香さんがハルとその他の動物の役を、ナレーションおよびハルを保護する人物の役を「救援隊」代表の中谷百里氏が演じた。その後《置き去りにされた命》は、猫のミケ、野良豚となったサクラを主人公とする作品を加えた三部作となり、現在も公演が続けられている。

(14)村上は、カムイ・ユカラには、自然のあらゆるものを主体とみなし、それらが結び合う関係性を尊重する多自然主義的な世界観が見出されると指摘する。

(15)二〇二四年五月七日に実施した藤岡由伊さんへのオンライン・インタビューに基づく。藤岡さんは、ハルの飼い主役の「必ず戻るよ」という台詞だけは気持ちを込めて言えたと回想する。

(16)二〇二〇年一〇月の「相馬クロニクル」オンライン上映会での発言より。彼女たちの作品制作における葛藤は、その過程を記録したNHKの番組(東北発☆未来塾「是枝監督×女子高生~震災3年 福島を描く~」、二〇一四年五月放送)の中で、「私はあなたになれないし、あなたは私にはなれない」という切実な言葉として語られている。

(17)荒さんたちの作品は、NHK杯全国高校放送コンテストの「音声ドラマ」部門の応募に向けて制作された。冒頭にこの女子高生の会話部分が置かれたのは、コンテストの応募規定に「高校生の目線で」とあるのを意識したからだという。

(18)《キレイになりたくて》の前年に制作された音声ドラマ《ボロボロな……》(二〇一三)では、置き去りにされた主人公の犬が牛舎などの凄惨な現実を見て、嘘をつく人間への不信感を募らせる。是枝監督はこの作品を聴き、主役が状況をわかっているよりも、わからない方がより切なさ、悲しみが伝わるのではないかと、進言したという。

(19)警戒区域の牛の殺処分に抗する牛飼いたちを取材した眞並(二〇一八)によれば、震災以前には、「土が育てた草を牛が食べ、牛が排出した糞が土に還る」「土が育てた稲を人と牛が分け合う」ような、循環的な関係があった。また牛飼いたちは、牛が屠畜場以外の病気や事故で死ぬと「弁当もってけ」と、ワラや草を下に敷いたり布団のように被せるなどして、手厚く葬ったという。

(20)「自由間接話法」とは、話し手の発話を直接記述する「直接話法」や、著者による他者の発話の引用を明示する「間接話法」とは異なり、引用符や接続詞を用いることなく、作中人物の思念や発話を地の文に埋め込む文体を指す。ドゥルーズの映画論における自由間接話法の意義については、鈴木(二〇二四)を参照。

(21)「現実」を「支配的なフィクション」と捉える思考は、J・ランシエールの感性論から着想した。彼は、支配的でコンセンサスに基づくフィクションは、自らを現実そのものなのだと思わせ、表象(再現)との間に分割線を引き、自らのフィクションとしての性格を否認すると述べ、芸術と政治は、別様の認識枠組みを滑り込ませて「現実」を(再)フィクション化する形式だと論じた(ランシエール 二〇一三、九六)。

(22)放送局の「動物」を描いた作品には他に、荒さんも制作に参加した映像ドキュメント《野馬追、その心》(二〇一五)がある。

野馬追が相馬地方で一〇〇〇年もの間継承され、発災からまもない二〇一一年夏にも敢行された意味を、「祈りとともにあった」という祭礼の発祥に遡り探っていく。避難生活中も馬に跨り「甲冑競馬」に参加する男性の語りや、絵馬の原型ともされる神馬の奉納行事「野馬懸」の記録等を連ねて本作が描くのは、「人と馬」が親密に関わり合う《キレイになりたくて》ともつながる）この地の「別様の現実」である。そもそも野馬追こそが、地域社会が長い時間をかけ育んできた「強いフィクション」であるのかもしれない。

コラム4

動物を踊る・動物で躍る

――バリ舞踊の表現をめぐって

吉田ゆか子

インドネシアのバリには、犬歯を削る通過儀式がある。人間のなかの動物性を除去し、十全な大人になるためのものであるといわれる。赤ん坊が這うことも、動物的であるから、と注意深く避けられる。このようにバリの日常において人間の内なる動物性は抑制され、取り除かれるべきものである。

他方で、バリ舞踊のなかには豊富な動物の表現がある。現在の代表的な演目のなかでは、ミツバチの求愛の踊り、極楽鳥チェンドラワシのつがいの踊り、うさぎの踊り、水鳥の踊り、金鹿の踊り等がある。不死鳥ガルーダ、聖獣バロン、白猿ハノマンなど、神話上、想像上の「動物」の踊りもある。

こうした動物の表現が豊富な理由の一つは、バリの神話・宗教世界のなかで、動物が重要な役割を果たしていることであろう。たとえばラーマーヤナ物語では、ラーマ王子に仕えるハノマンをはじめとする猿軍や、シータ姫を誘い出すため金の鹿に変身したマリチャ（魔王ラワナの手下）などが人気で、踊りの題材とされてきた。また、神話の舞台となる森などの自然を表現するなかで、鳥、水鳥、小動物が踊られるようにもなった。先行研究によると、それら動物役が人気を博し、物語から取り出され、独立した演目となったケースもある。もう一つの理由に、動物の姿やしぐさは理解しやすいという点があるだろう。バリの神話や宗教世界への造詣が深くない外国人や子どもたちにも理解が容易であるから、動物の演目は外国人観光客向けの芸能上演においても重宝される。

しかし、こうした「わかりやすい」動物の表現としてだけではなく、もっとミクロなレベルでバリの舞踊の振り付けに動物が関わっている。このことを知ったのは、私自身が踊りを習うようになってからである。あるとき私は、仮面舞踊劇トペンの冒頭部分にでてくる武将の踊りを習っていた。これは、王の軍の先頭に立つ勇ましい役だ。決まった振り付けはないが、基本的な構成上のルールがあり、その範囲内で基本姿勢と動きのいくつかを組み合わせながら即興的に踊る。初心者の私に稽古をつけてくれた故I・B・アノム氏は、振りの一つとして、前、横、前、と体の向きを変えながら、四歩のステップで横方向へと進む動きを見せてくれた。そのとき彼は、これは鳥が枝の上を移動する動きなのだ、と教えてくれた。猛々しい武将の踊りに小さな鳥の動きが入っていることが面白く思え、印象に残っている。それ以来、ときおり私はそのステップを踏みながら、鳥がチョンチョンと小枝を伝って移動する様を思い浮かべる。

バリの踊り手たちとのインタビューで話をするうちに、武将の仮面舞踊に限らず、バリ舞踊の動きには、このように動物の名前のついた動作がいくつもあることを知った。それは目の動きから足運びまで様々である。

左右の眉を小刻みに持ち上げる「サルのムクジット」(ムクジット＝眉を上げるバリの挨拶)、目を見開いて斜め上から正面へと黒目を素早く移動させる「トンボのソルデット」(ソルデット＝横を見てから正面に戻す目の動き)、大股で左右に体重をかけながらすり足気味に歩く「ワニが歩く」、片手を横に、もう片方の手を胸の前に持ってきて素早くステップを踏む動作を左右交互に繰り返す「トカゲが水を渡る」、片腕の肘をまっすぐに固定しながら肩を回す「翼の動かせない鳩」、顔の横をパタパタと両手で扇ぐ「鹿が虫を追い払う」等々。武将の踊りに鳥のステップが入っていたように、これらが表現する動物と、その動きが一部となってつくられた踊りの主題には、関係がない場合がほとんどである。「サルのムクジット」は、クビャール・ドゥドゥックという華やかかつ中性的な男性の踊りのなかで、微笑みをたたえた口とともに用いられ、相手を誘惑する青年のしぐさとなる。「鹿が虫を追い払う」は、宮廷舞踊レゴンに用いられ、女官役が王宮にて忙しく働く様を表現する動作の一部となっている。なお、同じ名の動作が魔物ジャウックの舞踊では、よりリアルに、耳元にたかる虫を追い払うようなしぐさとなる。このように、同じ名前のついた動きが、複数の踊りの中で、(少々、ときに大幅に)異なる形で用いられていることもある。

そもそも動物の動きにインスピレーションをうけてこれらの振りがつくられたのか、あるいはすでにある舞踊の振りのなかに人々が動物のしぐさとの類似を見出して、動きをそう名付け説明するようになったのか。それを明らかにするにはさらなる調査が必要であるが、おそらく両方のケースがあるであろう。いずれにしても、バリ舞踊には(人間や神々や魔物の役どころでさえも)多様な動物の躍動がちりばめられており、またそのベースには人びとの動物の動きに対する関心や微細な観察があったといえよう。水中の爬虫類の機敏な動き、大型動物のゆったりとした身のこなし、鳥の飛翔の優雅なカーブ、小動物の身軽な跳躍、等々。動物のからだの躍動は人を魅了する。これをここでは「躍り」と呼んでみよう。(1) バリの人々は動物のしぐさや動きに躍りを見出し、人間の舞踊のなかに動物の躍りを見出す。バリ舞踊という営みに見て取れるのは、動物の躍りが人間のそれと交わるような瞬間であるといえよう。

なお、今回のインタビューでは、動きを説明する踊り手たちが皆とても楽しそうだったことが印象的であった。サルや鳥やワニやトカゲのしぐさを実際に踊ってくれ、舞踊との関係について説明してくれた。笑いが絶えないその時間を通して、動物を模倣するということ自体に特有の楽しさがあるように感じた。それは、動物の動きのイメージに触発されながら、バリの社会生活のなかで普段抑制されている人間の動物性を引っ張りだし、それで遊ぶような時間だったのかもしれない。

注

(1)「躍り」という表記は、聾《ろう》の子どもたちの「おしゃべり」に、気ままなダンスとの共通点を見出した『いつも躍っている子供たち――聾・身体・ケニア』(吉田優貴 二〇一八)より着想を得た。

4 狩られる動物を想う
――子どもの絵からグイ・ブッシュマンの語りまで

菅原和孝

言語という魔物に抗して――はじめに

「動物をえがく」という主題はわたしが今まで拠りどころにしてきた思考の習性に棘のように挿しこまれる。もどかしさを掻きたてるこの異物の正体を探りあててみたい。

青年期以降のわたしの生の中心を占めてきたのは、グイ(glúi)と自称する南部アフリカの狩猟採集民ブッシュマンの一言語集団をホストとするフィールドワークだった。それは田中二郎をリーダーとする共同研究の一環としてなされた。(1) 現地で共に滞在したチーム・メンバーとときたま印象ぶかい議論を交わしたが、ずっと内奥に突き刺さったままのことばが出発点になる。「スガワラさんは言語という魔物に取り憑かれているだけなんですよ」。この肺腑をえぐるようなことばを発した人は、グイの女たちの採集活動への参与観察から出発し、その後、この社会の隅ずみにまで滲透している儀礼実践(そのかなりの部分はバントゥー系農牧民カラハリ族から由来する)の探究へと歩を進めた(今村 二〇一〇)。

彼女の批判はなかばあたっていた。わたしは最初の調査を始めてから一二年のちにグイの年長者の生活史の語りを収録することに没入し、いまも主要な部分を語りだけで構成する民族誌を完成することに悪戦苦闘している(菅原 n.d.)。グイの男たちの「狩り狩られる経験」については公表済みだが(菅原 二〇一五)、本章では、前著で主題化されなかった観察者の情動の揺れうごきに注目する。そこへ至る不可欠な道のりとして「言語という魔物に取り憑かれる」以前に動物はどのように立ち現れていたのかをたぐりよせる必要がある。

グイの居住域である中央カラハリの乾燥サバンナには大きな岩山が存在しないので、岩壁画の伝統は完全に欠落している。この偶発的な否定条件は本論の主題を展開することにとってなんら制約ではないが、ラスコーやアルタミラを連想させるようなブッシュマンの描画の偉大な伝統がこの思考の道ゆきにとってまったく無関係というわけではない。何よりも手ばなしてはならない導きの糸は表現への欲望である。

子どもという他者

幼少期から「ぼく」は動物に魅せられてきたが、文字に滲透される前の自分に動物がどう現前したのかを想起する手がかりを持ちあわせない。文字の滲透以降でもっとも古い記録は、母がとってあった小学一年の夏休みの絵日記である。七月二二日（日）から八月二五日（土）まで毎日つけた日記三三日（八月五日と二三日は記載なし）のうち八日（二四・二パーセント）に動物に関わる図像が描かれている。[2] 直接引用はすべて日記のママとし「　」で括る。

【絵日記】（一九五六年）

（i）七月二二日　「きょうはぼくははやくおきておとうさんとおねえさんとめいじじんぐうへいきました。かえりにせみのからをみつけましたとってもたのしかった」

（ii）七月三〇日　亀を「さんぽ」させていたら逃げられた。

（iii）八月一日　「きょうはぼくはみんなで大《だい》ひょうげんというえいがをみにいきました〔ルビは原文のまま〕。ぼくはうちへかえるとすぐとなかいやいぬぞりのえをかきました」〔傍点は現在の筆者、以下同じ〕。描かれているのは一五頭のトナカイの群れだ。そのうち六頭はサイズが小さく枝角をもたない。

(iv)翌八月二日「ぼくはもうひとついぬぞりのえをかきました。たくさんのいぬがそりをひっぱているところをかきました。ちいさいのでよくかけません」
(v)八月一〇日「きょうはとなりのひろこねえちゃんがきました。そして〔彼女が撮影した？〕たくさんのしゃしんをみましたそして「のへじ」でうつしたライオンのしゃしんがでてきました。ぼくは大よろこびです」
(vi)八月一一日　隣に住む父方の伯母〔「ひろこねえちゃん」の母親〕が蜂の巣を拾ってきて、見せてくれた。
(vii)八月一四日　父が旅行から帰ってきた。お土産に〔陶器の？〕狸の中に入ったお酒を買ってきた。
(viii)八月二四日「おとうさんやおねえさんとサーカスをみにいきました。おっとせいのきょくげいやぞうのきょくげいもうまのダンスもありました」

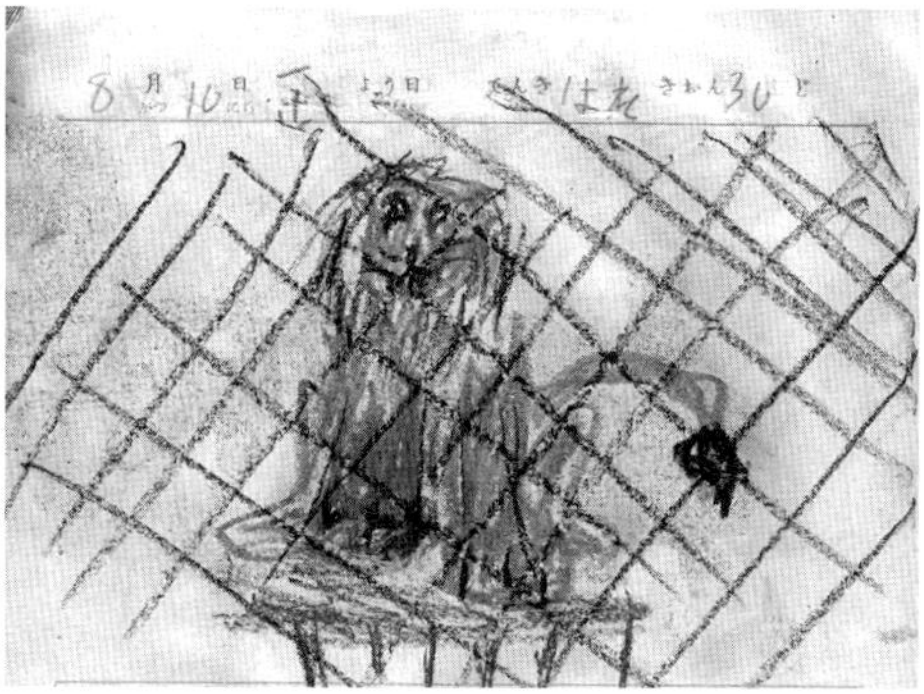
図4-1　小学1年生の少年が夏休みの絵日記に描いた動物園のライオン

(iii)と(iv)にはこの子に形成されはじめていたハビトゥスが映しだされている。彼は印象的な動物形象に出会うとすぐさまそれを描こうとする性向を持っていた。(v)の傍点部から推測するにライオンは彼にとって特別な存在だったようだ(「のへじ」は母の出身地青森県野辺地町のことで、前年の小学校入学前に一家で旅行した)。台の上に坐るショボい鬣《たてがみ》をもった雄ライオンの上に檻の金網を表す斜めの格子縞が描きなぐられている(図4-1)。動物の姿という本質を摑みだすのではなく、夾雑物にすぎない金網を画面いっぱいに描いてしまう。子どもの心性に取り憑いた〈ありのままに写しとらねばならない〉という強迫が透けてみえる。(vii)画面の中央に横向きの狸が立っている。その頭に斜め後ろにかしいでいる帽子のようなものは盃を模した形象のようだ。

文字で説明すると何百字も要することを、絵は一瞬にして現前させ、〈連続変化〉(後述)の切断面に永遠の現在を凝結させる。こんな凝結をやすやすと行う子どもは一人の謎めいた他者である。精神分析学はこの他者の無意識を解き明かそうとしたが、わたしは人類学というべつの道をたどることによって異なる生活世界に棲まう他者をわかろうとした。どんな学問分野であれ、〈認識の徒〉たらんとする選択こそ〈言語という魔物〉が棲まう洞窟への危険な入口だ。わたしに挿しこまれた異物は、〈動物を描く〉ことに熱中する子どもの欲望が魔物の呪縛を内破《インプロード》する契機たりうるのかという問いへ変身する。

画家——空想のなかの天職

認識の専門家である哲学者でさえ、その限界を超人のように跨ぎこすことはできない。もっとも厄介な壁が「時間」である。この語を使ったとたん、わたしはこのうえなく恐ろしい魔物に拝跪せざるをえない。われわれの社会で「時間」という観念こそもっとも鞏固な制度化を体現するからだ。計時装置によって規格化された単一の「時間」が生の全局面を支配する。真の民衆革命が起きれば、蜂起した民はまっさきに街じゅうのすべての時計塔を打ち壊すだろう。[3]「時間」という語をいっさい使わずにグイの〈現在〉を〈語りで構成する〉ことはできるのか。いまわたしはその実験をしている最中である(菅原 n.d.)。この無謀な企てはひとえにグイは「時間」という語も概念ももたないという事実にもとづく。では、この根元の謎をなんと呼ぼうか。「流転」は魅力的な語だが、川のないカラハリ砂漠において「流」は不適切な隠喩だ。[4] たどたどしいけれど〈連続変化〉(continuous change)と呼んでみよう。〈連続変化〉は認識を超える。認識の本体は意識であり、それ自体が〈連続変化〉しているからである。

しかし子どもはまだそのことを知らない。動物とは「動くモノ」にほかならないのに、描画によってそれを我有化《サプロプリエ》(*s'approprier*)できると錯覚している。[5] 我有化の欲望は当初の無邪気な喜びから虚しさや徒労感へ姿を変えてゆく。そのことを鮮やかに写しとった作品を思春期のわたしはバイブルにした。作中の少年は、絵が上手なことを褒められ、ある放課後に「憤《いきどお》ろしさにちかい感情」に衝きうごかされ、図画教室に忍びこむ。その午後に美術の時間があったので、百合の花をさした花瓶が置かれたままだった。

　気ままにかなり無雑作に、ぼくはやわらかいパステルをあやつった。白くぬられた花弁を爪《つめ》でひとところぐっとこすると、にぶい光沢がうまれてきた。[…]熟れきった花粉嚢《かふんのう》を描いたころから、ぼくは次第に我をわすれた。[…]たかぶったやるせない努力はいつになっても終りがなかった。ときどき訪れる呪縛《じゅばく》から解きはなされたひとときに、ぼくは自分の絵が、台のうえの百合とはまるきり異なった、妖しい歪められたものになってゆくのを見た。[…]ふと放心から覚めてみると、教室のなかはすっかり暗くなっていた。[…]空虚な後味がしきりにした。[…]ぎしぎしときしむ階段をおりてゆきながらも、ふしぎな悔いが身をせめたてた。[…]「つまらないことだ。益のないことだ。絵なんか、もう嫌《きら》いになれ」（北　一九五四／一九六五、九五〜九七頁）

「我をわすれ」て対象を描くことは、だれもに与えられたわけではない天分である。モノを見ると同時に手と腕を動かしそのかたちを平面上に写しとる——すなわち視覚と上肢の骨格筋とのあいだで〈意味の統一〉を成しとげる（メルロ＝ポンティ　一九六四、二五三頁）。それが限られた人だけがやすやすと行使できる力能《ピュイサンス》であればこそ、岩壁画を描く男をブッシュマンの先祖たちは「巧みだ《ニャーハ》（ŋǂijā-hà）」「達人だ《キューラ》（cóō-rà）」ともてはやしただろう。(6) 商品化が優占する社会では「巧みな人」は選別に曝される。内翻足のコンプレックスをかかえるイギリスの青年は画家になることを夢見てパリに遊学し美術学校に所属するが行き詰まりを感じ、ある午後、街角でばったり出会った指導担当の画家を下宿《アパルトマン》に招きいれ、書き溜めた油彩画を見てもらう。画家は「べつの途を歩んだほうがよい」と忠告する（モーム　二〇一二）。このシーンほど、青春期の苦い断念を直截に描いたものを、わたしは知らない。

　少年の空想のなかで画家はもうひとつの天職だった。家にあった普及版の世界美術全集を舐めるように見つめた。いまもわたしから切り離せない特別な形象がピカソの「雄鶏《おんどり》を抱く少女」だ。解説には「異常な緊迫感と幻想をともなった作品。鶏のふしぎな生命感や衝動性が画面に烈しく描き出されている」と書かれていた。これこそ核心的な洞察である（植村 一九六三、図版61解説）。わたしの実家がなくなったとき、この少年の夢想の糧も失われた。だから、この絵のことを思いおこすたびに「今にも少女の手から逃れようとしている鶏の内的エネルギー」という似ても似つかないフレーズが心のなかに閃いていた。本章の執筆が終わりかけるころやっとこの「座右宝」を古書として手に入れ、正確な解説文を復元することができたのである。

行動・メロディ・投射

「動物学者になってアフリカに行くんだ」という子どもっぽい夢に取り憑かれた少年は、「動物学」という認識の方法がどんな生を強いるのか何も知らなかった。それが「動物を描く」行為と密接に結びついているだろうという見当ちがいの期待だけがあった。中学の生物部では顕微鏡のプレパラートに封印されたゾウリムシを点描でスケッチすることを顧問の教師から教わった。もっとも大切にした本『積みすぎた箱舟』の動物挿画もすべて点描で描かれていた（ダレル 一九六〇）。何年ものちに英語で読んだ大著『社会生物学』の挿画もそうだった（Wilson, 1975）。自然には輪郭や陰翳を表示する〈線〉など存在しない。線を引いた瞬間に自然からの途方もない離脱が始まる。線描は静止のなかに同時性と運動を内封しそれを〈永遠〉の相のもとに置く。これこそ言語との絶対的差異である。

ひたすらニホンザルとヒヒを見つめていた霊長類学徒としてのわたしは、まだ言語という魔物から自由であった。行動記述の拠りどころとなるのは、行動学者がエソグラムと呼ぶ安定した要素すなわち完結性をもった行動パターンである。それらの相互連関をクラスター分析とか継起分析といった手法を用いて処理すれば、ともあれ相互行為という〈連続変化〉をプログラムに凝結させることができる（Sugawara, 1988）。この手口は、新しく出会うできごとをバウト（bout）として切りだし、その単独性《シンギュラリティ》（かけがえのなさ）を予測可能な反復へと凝固させる。そのとき失われるものこそ、束縛から逃れようともがく雄鶏にみなぎる内的エネルギーである。それらを認識に繰りこもうとするなら、未来

〈無〉をめざす志向性を手がかりにして〈連続変化〉に向きあわねばならない。

メルロ＝ポンティがユクスキュルから継承した革命的な洞察は〈行動とはメロディである〉ということだった（メルロ＝ポンティ 一九六四、ユクスキュル 二〇一二）。メロディの終末は遡ってその発端を規定する。非可逆的な因果系列によってはこのことをけっして理解できない。しかし、ヒトの種特異的な行動であるパロール（話しことば）はこの謎をそれ自体の生命の源泉にしている。会話分析のもっとも深遠な着想は、発話の本質を「可能な完結性の投射」に定めたことである（Sacks et al., 1974）。物理的な現象としての言語音を発する短いバウトに、未来へ向かう内的運動が折りたたまれている。ヒトのいっさいの言語行為が〈問いかけ〉〈依頼〉〈差しだし（勧め）〉〈命令〉といった発語内行為《イロキューショナリィ・アクト》（オースティン 一九七八）だけだったら、言語はそのつど〈場〉の内部に閉じた〈はなし〉にとどまっただろう。[7]〈陳述《コンスタティション》〉という独特な発語内行為によってはじめてヒトは人間になった。それは行為者が棲みこんでいる環境のかたわらに虚環境を拓く。環境と虚環境のあいだには境界がはしっている（菅原 二〇一五）。もしなんの境界もなければ、われわれは夢想と現実の区別がつかず、正気《セイン》ではない成員として社会から排除され隔離されるだろう。この境界はモザイク状をなし、人間はその上を歩いているので、二つの環境への／から、の出入りをめまぐるしく経験する。以下では、〈陳述〉の一タイプである〈語り〉に焦点を絞ろう。

狩りの語り

小論が主題化するのは〈狩猟の語り〉である。狩猟にこそヒトと動物とのあいだの権力関係に内在する落差が凝縮されている。狡知こそがヒトの制覇を支える権能である。

【語り1a】（ツートゥマ［一九三四？―二〇二〇］、一九九四年九月一〇日収録）エランドを射ったら、毒矢がバシッと当たった。やつはぴょんぴょん跳びまわったが、射あてられたことをすぐ忘れ、群れの若い連中と合流した。／はるか遠くにいるキリンの前肢の下に射あてると、足踏みし蹴りあげ、しばらく歩き続けてから、立ちどまった。翌朝追跡すると、そいつは「横たわり坐ってはまた歩き、前肢を引きずり、坐ってはまた出た」。

【語り1b】（ギナシエ［一九三三？―二〇〇二］、二〇〇〇年九月一五日収録）ゴーン（g!ùũ：アカシアの一種、喬木）の木の隙間でモノがかすかに動いたので、「アイッ！　なんだ、あそこのは？　なんの鳥が通ってチラッと見えて消えたのだ？」木の後ろにまわりこんで覗き見るとツォー（ǀχóò：ゲムズボック、サーベル状の角をもち、弓矢猟ではもっとも高頻度で捕獲される）の尻が山のように聳え、シッポを振っていた。おれは四つんばいですばやく忍びより、矢を狩猟袋から落とした。袋は押しのけて矢を摑み、やつに向かって走り走り走ると、すぐ近くにいた。やつが草を嚙みちぎっているあいだに、おれは膝を砂につけて近づき、蹲《うずくま》った。矢を射るとやつのチンボの先を〈鞭打った〉（矢を掠らせた）。やつはジタバタ走って行き、すぐに止まった。胴と首をねじ曲げ、自分を苦しめるものを見ようと探したので、おれは狩猟袋のところへ引きかえしもう一本の矢を取った。まだ首をねじ曲げて立っていたので、矢をはなった。それはまっすぐやつに向かって飛んだ。腰骨のところをヒュッと通って（胃の内部で未消化の）草の中に入った。やつはものすごい勢いで突進し、止まり、わけがわからず途方にくれた。それから両耳を伏せ、ヴァー（glàà：シクンシ科の灌木、葉があくぬきに使われる）の木のほうへ向かってゆっくり歩き、木の下に入った。止まってあたりをぐるぐると見まわし、どすんと蹲った。

ハンター自身によって事こまかに描写される、毒矢を射あてられたエランドやキリンの途まどいがわたしの胸をかきむしる。だが、獲物を殺すことは本源的に歓ばしい経験のはずだ。肉を食うことが彼の悦楽に閉じるのではなく、社会へ開かれているからである。大きな獲物《コーホ》（qχʼóō-χò 原義は「食うもの」：六種の大型偶蹄類をさす）であれば、キャンプに暮らす仲間たちみんなの〈心が良くなる《タオ・エ・カエン》〉（ǂáó ʔé !ãĩ）。肉を共に食うことこそ、そのつど鮮やかな出来事《イベント》であり、

〈わかちあい《シェアリング》〉の原型なのである。実際、獲物の解体現場で嬉々としてカメラのシャッターを押し続けていたかつてのわたしは、胸の痛みなどとは無縁だった。

動物を人間と対等な他者として描ききる執筆の日々を経て「ひとつの素朴な情動反応が芽ばえ、［…］わたしを励ましつづけた。それは単純にいえば〈生きている〉ことに対する圧倒的な肯定感であり、もっと理論的にいえば、すべての動物たちがみずからのオイケイオーシス[8]を追求し必死で努力していることを、この世界に満ちる価値の根源として捉える身がまえであった」(菅原 二〇一七、六八六頁)。メルロ＝ポンティはみずからが追求する思考を、「自分で自分の道を作り、［…］道を作りながら道が作られうることを証明するような思考」と規定した。そうした思考は「その産出の運動に巻き添えにされている」(メルロ＝ポンティ 一九八九、一二七頁)。わたしは『動物の境界』を書くという困難な道ひらきによって自分がそれに「巻き添えにされている」ことに気づいたのである。

身体——フィールドワークの原基

フィールドワークの初発の動機づけとは、言語という魔物が全的には支配しえない〈身体の経験〉に導かれて他者たちが棲まう世界を直接的に感受したいという欲望である。調査チームの同僚がわたしをなじったのは、語りの分析に没入することがこうした感受性を鈍らせることを嗅ぎつけたからだろう。実際、そのときもわたしは両耳をイアフォーンで塞いで、録音された語りを文字転写することに没頭していた。彼女が指摘したように、テーブルの周囲ではあどけない子どもたちが遊びまわっていたのに、わたしは目を向けようともしなかった。言語はなぜ魔物になりうるのか。そやつは人間の目を曇らせ、子どもが(彼の力能の限界内で)やすやすと行っていた直接感受の力を痩せほそらせるからだ。

いつのころからか、フィールドでは日曜をオフ日にして、調査助手に「ホリディーをつくらせ」た。人気のないキャンプでぼんやり空を見あげ、昼間から缶ビールをあおっていると、きまってこんな詩句を思いだした。「一杯の冷たい麦酒と、雲を見ている自由の時間！　昔の日から今日の日まで、私の求めたものはそれだけだった」（萩原　一九五六）。身体としてフィールドにいつづける。それは、実存が主体的にひきうけた、言語に還元できない状況にほかならない。他者の傍に茫然と身をおくことが、数えきれないささやかな理解を備給しつづける。その理解は禁欲的な調査者が直接利用しうるデータにはなりえないかもしれない。今までどこにも書いた記憶がないひとつの情景が蘇る。最初の調査のとき、わたしはキャンプ内での近接や接触といった人びとの身体の関わりを定量的に解明するという退屈な作業をみずからに課した（菅原　一九九三）。だからみんなが採集に出はらってしまうと、なにもやることがなかった。わたしが坐っているのとはべつの日蔭で、たった一人居のこったツートゥマが延々と作業をしていた。長くまっすぐな丸太のような棒の端を大きな平たい石に繰り返し叩きつけている。やがてわたしは気づいた。彼は地中の浅いところから伐りだしてきたゴーンのまっすぐな根を根気よく石に打ちつけていたのだ。「慣性の法則」によって、根をつつむ表皮がじわじわと芯からせりあがり、最後には中身のない長い筒ができる。彼は新しい矢筒を作ろうとしていたのだ。住人のなすことをぼんやり見るなかで、わたしは動物にはまねできない人間のはるか先への投射を実感した。

パースペクティヴの地すべり的な転移

絵日記（viii）「サーカス」にふたたび注目して、幼い自己が描いた動物とはどのような存在だったのかを考えなおそう。少年は「ぞうのきょくげい」や「うまのダンス」を無視して「おっとせいのきょくげい」だけを描いた。右向きに二頭、左向きに二頭の「おっとせい」（アシカかもしれない）が向かいあい、うち三頭は茶色い台に乗っている。「おっとせい」のほうはもっと濃い焦茶色に塗られている。左端と右端の二頭はそれぞれ下半身が画面からはみ出している。左から二頭目の個体はひときわ大きく、上方に突きたてた吻部のてっぺんに、三色（橙、赤、青）の縦縞で塗られたボールを載せている。小ぶりの三頭が大きな仲間の鼻先のボールを見あげているかのように見えるところが微笑ましい。

「おっとせい」(アシカ?)たちの上、画面の三分の一ぐらいには黒い不規則な楕円がいくつも乱暴に書きなぐられている。観客のたくさんの頭を描いたものらしい(図4-2)。

ここにパースペクティヴの地すべり的な転移が内封されている。客たちの頭の向こうで遠くに煌々と照明をあびている半円形のステージが絵の背後に潜伏している。そこに豆つぶのような四頭の黒っぽい動物が身をくねらせている。逆に、調教者の指示にけなげに応えようとしている(「もうすぐアジが貰えるかしら」)「おっとせい」の眼には、戦後の貧しさのなかでつかのまの晴れやかさを楽しんでいる庶民たちの笑顔が映っている……。動物をえがくとは、パースペクティヴ転移の可能性を召喚することである。そのすぐ先には人間が動物に〈見つめられる〉──すなわち〈対他存在〉に変容する可能性が開かれている。

図4-2　小学1年生の少年が夏休みの絵日記に描いたサーカスの「おっとせい」

【語り2】(RとTは調査助手キレーホ[一九六一?─　]とタブーカ[一九六五─二〇一七]、二〇〇八年八月六日収録)「タラタラ……」「タララララタッタッタ」はいずれもホロ《ツ》ホロ《ア》チョウ《ネ》(ǀχání：ニワトリ大のキジ科の鳥で食用になる)の鳴き声。

R：「タラタラタラタラ……」

T：けれどそいつは降りた。おれは「アッ!」と思い、身をかがめた。静かに身をかがめた。そいつらはじっとしていておれを見た。おれはこんなふうな(額に角状の飾りが張りだした)ガエン(g!ãĩ：スティーンボック、罠にもっともよくかかる小型羚羊)の皮の帽子をかぶっていた。そいつらはおれを見ながら歩いた。あっちのほうを通った。立ちどまり、おれの顔を見た。それからおれの両眼を見た

〔帽子が角に見えたので、ツァネはTを人間とは思わなかった〕。立ちどまり、おれを見ていた。おれは思った。「アエ、おまえは笑いそうだ。ン〜ン、そいつらはそうしたらわかるぞ。笑うな」。そいつらは「タラララタッタッタ」と言った。〔枝の〕隙間から覗きこんでおれを見た。やつ〔雌〕は「タラララタッタッタッ」。おれは思った。「てめえら！　おまえは笑っちゃうぞ。おまえはどうしたらいい？」笑いをこらえた。そいつらは、不安になったらしく、歩いて行った。

【語り3】（Gは騎馬猟の名手ギュベ〔ガナ人：一九四一？—　〕、二〇〇八年八月二六日収録）一九五一年にボツワナで大流行した天然痘《ホレタ》（xòrētá）の惨禍について語っている。

G：むごたらしく神霊《ガマ》（g||àmá：超越者、造物主、悪霊）はただ呼んだ。だからあの男はすっぽり剝かれる。ただスポッ（qχ'ȍʔp̀）と言って。蛇が脱皮するみたいに人は皮が剝ける。おまえの手の指、それら《女性形複数》は取れる。

R：父さんが話した。あの男、ヤギの持ち主からそいつ〔雌ヤギ〕はいつも逸れた（G：笑）。まさにその男を怖がったのだって（G：笑）。ボツボツの斑模様だったから！〔ヤギの持ち主が天然痘にかかり回復すると、自分の飼い主の体が斑模様になっているのをヤギたちは見て、「ヒョウだ」と思って、逸れて通り過ぎた〕。

G：エー、人は醜かった！「ツィッ、ツィッ、ツィッ」〔と鳴いた〕〔ヤギがクシャミする音〕。

R：彼を怖がり逃げる。持ち主は坐ってそいつら〔複数の雌〕を見る。そいつ〔天然痘〕は彼をすっぽり剝いて模様をつくっている。体じゅうに、背中じゅうに模様が出ている。彼が皮を剝いても、あれらの傷ども《女性形複数》はまだ治っていないから、彼は模様持ちだ。生き延びたしるしだけど、ヒョウの模様みたいだから、彼が坐っている様子にヤギどもはクシャミする（笑）。逃げてゆく。

文字なき社会においては、パロールは生まれるはじから消え失せる一回きりのできごとである。テープレコーダーという文明の利器に頼らなければ、観察者はそれを繰りかえし反復可能なデータとすることができない。文字転写を経てはじめて〈連続変化〉を単語／文といった安定した単位へ分節化することができる。〈動物の姿をえがく〉というお題は、わたしのこれまでの本業とのあいだに深い断絶を生じさせる。けれど、右の語りはそんな断絶を跨ぎこす潜勢力をかいまみさせる。パースペクティヴの転移は笑いという身体の顕著なふるまいと織りなされあっている。笑いあう語り手と聞き手はともに言語という魔物には制覇できない振動へ開かれている。さらに、民話や神話にまで視野を広げれば、それぞれに完結性をおびた個々の物語が、融通無碍な参照を通じてたがいに呼びかけあう。

【語り4a】(語り手はR、一九九七年七月二八日収録)(以下に登場するガマネ g!āmānē(ハヤシヤブヒバリ)は、地味な褐色をしたヒバリの仲間である。灌木のてっぺんに一羽でとまり「チュルチュクル……」「ピョキョピョキョ……」などと聞こえる複雑な囀りを発する。ムーキャドリ ʔm̄m̄cà-glȍlì(シロボシサケイ)を含むサケイ科は日本にはいない。ライチョウに似た姿をしているが、分類学的にはハト科に近い。ピーシツォワゴ |pīsi-|úágù は神霊《ガマ》が神話のなかでトリックスターとして活躍するときの愛称)ガマネとムーキャドリは、ピーシツォワゴがダチョウの卵をかついで通りかかったらそれを奪おうとしめしあわせた。ガマネは木の上に登ることが得意なので、木の上から見張った。ムーキャドリは木に登れないので、砂の上に身をひそめた。ピーシツォワゴが来ると、ガマネは「ツォルルツォツォクツォルルツォツォク」(人が早口で喋るような声)と鳴いて教えた。ムーキャドリは、走って先まわりし、ピーシツォワゴの足もとで「グーウ、ペペペペ！」と鳴いた。ピーシツォワゴは驚き、卵を捨てて逃げて行った。彼ら二人は卵を取って食べた。

【語り4b】(語り手はカンタ[一九五五?―　]、二〇一三年九月三日収録)人びとは生でカン(qáȁ：棘のあるメロンで強いアクがあり生で食べると腹をこわす)を食べていた。ある日、ピーシツォワゴは採集しに行きコム(qχ'úm̄：シナノキ科の灌木で雨季に甘い実をつける)がたくさん熟しているのを見た。摘んで食べていると、ダチョウの足跡を見つけた。さらに、灰焼きされたカン（前出）の皮に気づいた。彼はいつもカンを生で食べていたから羨ましかった。ダチョウの住むキャンプに着いて挨拶を交わし、翌日、二人で熟したコムの実を採集しようと誘った。帰途につく途中でカウキャカバ（qχ'áū-cà-ǁàbà：ライオンゴロシという和名をもつ鋭い棘を突きだした平たい実）を集め、ほうぼうに置いた。翌朝早く出かけ、約束どおりダチョウと二人で甘いコムを摘んでは食べた。木の上のほうにだけコムが残った。ダチョウは背が高く、ピーシツォワゴは背が低い。それで彼に言った。「アエ、あんたは背が高いんだから、枝を引きよせてくれ」。ダチョウが腕をもちあげた隙に腋の下に隠しもっていた火熾し棒をひったくって逃げた。ダチョウはピーシツォワゴを追い、カウキャカバを踏んづけた。足が裂け、指はとれて二本になった。ピーシツォワゴは走り続け、はるか遠くで、奪いとった火熾し棒をさまざまな種類の木の根もとに投げつけ呪文を唱えると、それらの木すべてが火を熾す力をもつようになった。彼はふりかえって言った。「おれは今、火を取ったぞ。明日の朝、おれを呼ぶがいい。おれにおまえの卵を取らせろ」。彼は家に着きカンを灰焼きし、煮えたカンを飲んだ。それまでピーシツォワゴはカンを生で食べていたから、彼の肛門は傷だらけだった。けれど、毎日煮えたカンを飲んでいたら、肛門は治った。

二〇一三年に神話語りをビデオに収録しているとき初めて知ったのだが、【語り4a】は【4b】の続きだった。火熾し棒を盗られて悔しがってしきりと吼えるダチョウに向かってピーシツォワゴは、「明日はおまえの卵を取りに行くぞ」とうそぶき、実際に翌日たくさんの卵を取ってしまう。その帰り道でガマネとムーキャドリの共謀のえじきになったのだ。これらの神話群がたがいに呼びかけあうことが、そのままパースペクティヴのめくるめくような転移を体現している。そうだとすれば、動物を描くことと語ることとのあいだにわたしが最初に感知した溝を跨ぎこすことはたやすい。子どもの夏休みの絵日記のあるページに惹きつけられることと、ピカソの雄鶏に取り憑かれることとのあいだには、共通した情動が通底している。その情動と、語りにみなぎる情動との距離は、最初にわたしが異物感をおぼえたほどには隔たっていない。さらに、それは動物を素材にした詩がかきたてる情動と共通の根っこをもっている。往年の高校生が偏愛した作品を引こう（改行は省略）――『おわあ、こんばんは』『おわあ、こんばんは』『おぎやあ、おぎやあ、おぎやあ』『おわああ、ここの家の主人は病気です』（「猫」、萩原 一九五六、二二一～二二三頁）。

なんと目のくらむようなパースペクティヴの転移であろう。どうしてこんなことが可能なのか。描かれる雄鶏も猫も、モノ（即自）ではなく、動物と呼ばれる他者だからである。モームの主人公は「才能がない」と断じられて失意をあじわうが、われわれは、一人の男が巧みに描く犀やエランドの姿に魅了される太古のブッシュマンのように、天分を与えられた仲間と共に生きていることを寿《ことほ》ぐのである。そのとき、もはや〈美〉は、そしてもちろん言語も、魔物ではない。メルロ＝ポンティが繰りかえし書いたように世界を直接に感受していることそれ自体が祝福なのである。本稿を書きはじめるとき、もっともやっかいな異物がわたしに挿しこまれた。「フィールドから退役した老人の感傷を書くのはイヤだなあ」。だが、書くこともまたみずからの「産出の運動に巻き添えにされ」ることなのだ。メルロ＝ポンティにしては奇妙なまでに錯綜したエッセイ「セザンヌの疑惑」の冒頭では、セザンヌの書簡が引用されている。「頭の状態がめちゃめちゃ」で「まったくひどい状態」なのだが、「今では［…］前より正しい見通しがついているようです。［…］長いあいだ追い続けてきた目標に行きつけるのでしょうか？ 相変らず自然にもとづいた仕事をやっています。少しずつ進歩しているようですよ」（メルロ＝ポンティ 一九八三、九頁、傍点は引用者）。これが彼の死（享年六七歳）のわずか一カ月まえに書かれたという事実がわたしを深く驚かせる。

最後にあの夏休みの絵日記にひそむもっとも大きな祝福について書こう。それは第一日目にこの子が見つけた〈せみのから〉である。のちに小学生になってから「ぼく」はきれいな蝉の脱け殻を見つけ、近所のお祭りの出店などで買いもとめた陶器製のミニチュア動物とともに並べていた。そのコレクションは実家の消滅とともに失われたが、〈せみのから〉が「ぼく」の大切な宝ものであった記憶はいまなお生鮮性を失わない。たえまなく〈連続変化〉する動物の生が、持続する痕跡をのこす。この殻の背にあいた割れ目から飛びたったいのちを「ぼく」はあかず夢みる。自然そのものが無数の似姿《シミュラクル》で溢れている。その似姿に魅惑されることこそ、少年にも画家にも狩人にも共通して賦与された力能《ピュイサンス》である。

参考文献

今村薫『砂漠に生きる女たち――カラハリ狩猟採集民の日常と儀礼』どうぶつ社、二〇一〇年。

植村鷹千代「ピカソ」座右宝刊行会編『ピカソ *Picasso*』(世界の美術23)図版61解説文、河出書房、一九六三年。

オースティン、J・L(坂本百大訳)『言語と行為』大修館書店、一九七八年。

北杜夫『幽霊――或る幼年と青春の物語』文芸首都社、一九五四年(自費出版)/新潮文庫、一九六五年。

木村重信『はじめにイメージありき――原始美術の諸相』岩波新書、一九七一年。

坂部恵『かたり』弘文堂、一九九〇年。

サルトル、ジャン＝ポール(松浪信三郎訳)『存在と無――現象学的存在論の試み Ⅱ』(サルトル全集19巻)人文書院、一九五八年。

サルトル、ジャン＝ポール(松浪信三郎訳)『存在と無――現象学的存在論の試み Ⅲ』(サルトル全集20巻)人文書院、一九六〇年。

菅原和孝『身体の人類学――カラハリ狩猟採集民グウィの日常行動』河出書房新社、一九九三年。

菅原和孝『狩り狩られる経験の現象学――ブッシュマンの感応と変身』京都大学学術出版会、二〇一五年。

菅原和孝『動物の境界――現象学から展成の自然誌へ』弘文堂、二〇一七年。

菅原和孝『原野の人生――ブッシュマン自身が語る』n.d.(執筆中)。

田中二郎『アフリカ文化探検――半世紀の歴史から未来へ』京都大学学術出版会、二〇一七年。

ダレル、ジェラルド(浦松佐美太郎訳)『積みすぎた箱舟』暮しの手帖社、一九六〇年。

萩原朔太郎(伊藤信吉編)『萩原朔太郎詩集』角川文庫、一九五六年。

フォントネ、エリザベート・ド(石田和男・小幡谷友二・早川文敏訳)『動物たちの沈黙――《動物性》をめぐる哲学試論』彩流社、二〇〇八年。

丸谷才一『たった一人の反乱』講談社、一九七二年/講談社文庫、一九八二年。

メルロ＝ポンティ、モーリス(滝浦静雄・木田元訳)『行動の構造』みすず書房、一九六四年。

メルロ＝ポンティ、モーリス（滝浦静雄・粟津則雄・木田元・海老坂武訳）『意味と無意味』みすず書房、一九八三年。

メルロ＝ポンティ、モーリス（滝浦静雄・木田元訳）『見えるものと見えないもの』みすず書房、一九八九年。

モーム、サマセット（金原瑞人訳）『人間の絆』（上）新潮文庫、二〇二一年。

ユクスキュル、ヤーコプ・フォン（前野佳彦訳）『動物の環境と内的世界』みすず書房、二〇一二年。

Lakoff, George & Johnson, Mark. 1999, *Philosophy in the Flesh: The Embodied Mind and Its Challenge to Western Thought*. Basic Books.（レイコフ、ジョージ＋ジョンソン、マーク〔計見一雄訳〕『肉中の哲学——肉体を具有したマインドが西洋の思考に挑戦する』哲学書房、二〇〇四年）

Nakagawa, H. 2006, *Aspects of the Phonetic and Phonological Structure of the G|ui Language*. [PhD thesis]. Witwatersrand University.

Sacks, H., Emanuel A. S., & Gail J. 1974, "A Simplest Systematics for the Organization of Turn-taking System for Conversation", *Language*, vol. 50(4), pp. 696–735.

Sugawara, K. 1988, "Ethological Study of the Social Behavior of Hybrid Baboons between Papio anubis and P.hamadryas in Free-ranging Groups", *Primates*, vol. 29(4), pp. 429-448.

Wilson, E. O. 1975, *Sociobiology: The New Synthesis*, Harvard University Press.

注

（1）日本のブッシュマン調査の全貌は田中二郎の大著に詳しく書かれている（田中 二〇一七）。グイの近縁集団ガナ（gǁáná）も調査対象である。

（2）絵はパステルで一ページの上半分に描かれ、下半分は七字×八列の枡目に一日ぶんの文章が詰めこまれている。

（3）丸谷才一の小説にこれに類したことが書かれている。都市の時計塔を占拠して大時計を狂わせる者が出ればそれは市民社会への反逆となる（丸谷 一九七二／一九八二）。

（4）「時が流れる」は時間を空間的な動きとして捉えるメタファーである（Lakoff & Johnson, 1999）。

（5）J＝P・サルトルは心身二元論を復興させたとして批判されるが、〈対他存在〉という独創的な概念を提示したことは評価すべきである（『存在と無』Ⅱ）。同書Ⅲ（第四部「「持つ」「為す」「ある」」）で、雪原をスキーで滑走することを我有化の例に挙げていることは、示唆的である。

（6）グイ語の音韻論と文法論は共同研究者の中川裕によって解明された。以下、国際音声字母〔International Phonetic Alphabet: IPA］の記号を用いる。クリック子音体系は、［ǀ］（歯音）、［ǂ］（硬口蓋音）、［!］（歯茎音）、［ǁ］（側音）が音素的に区別されるのに加えて、これら四種類に、［g］（軟口蓋有声）、［ʰ］（軟口蓋有気）、［h］（声門摩擦）、［ŋ］（鼻音性）、［ʔ］（声門閉鎖）、［ʼ］（放出）、［qʼ］（口蓋垂放出）、［qχʼ］（口蓋垂破擦放出）、［χ］（口蓋垂摩擦）、［qʰ］（口蓋垂有気）、［q］（口蓋垂無声）、［ɢ］（口蓋垂有声）のいずれかが伴われることにより、4×13＝52種類のクリック子音が音韻的に対立する（Nakagawa, 2006）。

ブッシュマンの岩壁画については、美術学者の木村重信が先駆的な調査を行った（木村、一九七一）。この祖先たちがどんな言語を話していたかは不明だが、グイ語を用いると身近に感じる。

（7）坂部恵の有名な著作は〈はなし〉と〈かたり〉を別種の言語行為として明快に区別した点において、人類学的な言語論に絶大な影響をおよぼした（坂部　一九九〇）。

（8）オイケイオーシスは、動物のいのちを考えるうえでの鍵概念である。「自分自身との親近性／自分の特性の保存に役だつものとの親近性」を意味する（フォントネ　二〇〇八）。

コラム5

えがかれた動物としての私たち

——今貂子の舞踏

ケイトリン・コーカー

舞踏という身体的なパフォーマンスは、一九五〇年代日本発祥の前衛的な舞台芸術である「暗黒舞踏」に由来する。今貂子《いまてんこ》氏は八〇年に舞踏集団白虎社に入団し、九四年の解散以降も舞踏の可能性を絶えず追求してきた。九九年には舞踏ワークショップを始め、翌二〇〇〇年に舞踏カンパニー倚羅座《きらざ》を立ち上げ、カンパニーの主宰者として次世代の舞踏家の育成に取り組みながら舞台を踏み続けた。二〇年のソロ公演「金剛石 -Diamond-」で文化庁芸術祭優秀賞を受賞した今氏は、舞踏の世界の引率者、そして芸術界の宝物と言える。

舞踏の踊りの基本には「何かになる」という方法論があるが、とくに動物になることが多い。これは暗黒舞踏の過去の振付、あるいは動物などの動きを真似ることに起因しているのではなく、外部からの刺激を契機に自らの身体的かつ内面的な状態が変容していった結果である。この点に関して今氏は「他の動物になることが、より人間そのものを理解することにつながるのではないか」という問いをもって踊っているそうである。

二〇二三年三月二日に行われたワークショップでは、動物になることを念頭に置きつつ、今氏の現在進行形の舞踏に重きを置いた。ワークショップの冒頭、今氏は舞踏のルーツを尊重しつつ、芸能史、そして芸能の根源にみられる「たまふり(命の活性化)の力」に肉迫して踊ることで、新しい体を獲得したと語った。

続いてワークショップの参加者に、自身の身体的な状態、例えば腕の重さや緊張具合など、特に骨盤と背骨を手で触って観察するように指示した(図a右)。参加者が今氏の体に触れている間、今氏は三木成夫の『胎児の世界——人類の生命記憶』(中公新書、一九八三年)に依拠し、胎児の発達段階は生物の進化過程を具現化する変身であると述べた。そう考えると、胎児のころの記憶は私たちの身体の中にあり、これが舞踏の踊りとして動物に変容するための資源となると説明した。

この後、今氏は参加者に簡単な体重移動やストレッチ、お互いをゆっくりと優しく動かすペア・ワークを教えたが、これは動物になるための新しい何かを身に付けるためではなく、体の中を観察・意識することが目的だったと考えられる。参加者の体の中にはすでに、動物になる可能性が潜

図ａ　2023年ワークショップ

んでおり、この可能性に気づくためのワークであるようだった。また、参加者は今氏の指示に従って動いている間、簡単で飾りのない動きなのに「すごっ！」や「おー！」と声を上げながら自らの動き方に感動をしていた。これは外部からの押し付けではなく、体に訊けば体そのものが教えるものだった。おそらく、今氏が踊って獲得した体は、自らの体という教本から教えてもらった生命力の具現化そのものである（xiiiページ、カラー図5）。この具現化は踊ること、つまり動くことによって、少しずつ肉体という物質が変容し、今氏、そして私たちそのものが生成変化し続けることである。

5 動物詩序説
——生命に直面する詩の問い

管啓次郎

まず、この詩から。

小さな牛たち　管啓次郎

動物という呼び方自体のことも考えておかなくてはならない
「動く物」とはあまりに即物的で
そこにはアニマをもつものがアニマルになる程度の
生気論すらないように思える
すると誰かがこう思い出させてくれた
日本語の「もの」にはそもそも物質を超えた次元がある、と
また「物」という漢字を見るとおもしろい
つくりの「勿」(ぶつ)は刃が欠けて切れなくなった刃のことで
切り分けられない牛のことを「物」と呼んだのだ

また別の説では（「切り分けられない」ことがさらに進んだのか）
物とは「さまざまな種類の牛たち」を意味するのだという
（個物の切り分けではなく種の切り分けか）

これはおもしろい、たちまち希望が湧いてきた
その当否はともかく物がさまざまな存在であり
その影にさまざまな牛たちが潜んでいると考えることには
何か非常におもしろみを感じる
愉快なイメージだ
あらゆる動物は小さな牛に動かされ
あらゆる植物も小さな小さな牛に動かされ
それで生きているとしたら？

それを言い出せばフランス語の chose（もの）だって
ずいぶんひろがりがある
物質的な物ばかりではない
ラテン語の causa に由来するとして causa は
理由、動機、動因、機会、条件、状況などの
すべてにまたがっている
ものに動かされ、ものに出会い

ものを見抜き、ものとともに生きる
そのすべての出来事と行動の陰に
さまざまな姿の小さな牛たちがいるとしたら？

これは文字の詩だが詩が文字に囚われる必要はまったくない。書かれる以前、声において詩ははじまっている。しかしここでは詩を文字に書かれた詩に限定して考える。それは音楽と踊りを除外するということになるかもしれないが、たとえ除外してもそれらとの潜在的な連続性まで切り離せるものではないだろう。いまは文字の沈黙、単なる視覚的パターンが、どんなふうに生命に接近するかを考えてみたい（そうできるなら）。

詩が書く／描く動物

動物詩という以上は詩が書く／描く、動物のことを考えようとしている。だが、詩に動物が実際に現れる、そんなことがあるだろうか？　動物が文字の影に姿を見せ、その声やざわめきが響くこと、臭いがたちこめることがあるだろうか？　物理的現実としてそれはないだろう、けれども詩を文字で読んでそこに動物が「現れた」という経験を自分はたしかにした、といいたくなる人はたくさんいるだろう。言語というからっぽなものが、肉をもった動物を作り出す。いったいなぜそんなことが起きうるのか。

言語はその発生以来、動植物に深く関わっていた。そのときその場にないものを不在において呼びさますのが言語の本質。名付けの対象も、初期の言語において、植物・動物・地形・気象の呼び名がとりわけ重要だったことは想像がつく。なぜそういえる？　生き延びるために必要だったから。ヒトは生きるためにそれらの名を呼び、それらがいまどんな状況にあるかをヒト同士で伝え合うことが必要だった。物質的現実に対して、その土地のまるごとの生命がどのように反応して生き方を作り出し、その生のメッシュワークにヒトがどのように参加しているか参加できるかを、かれらはつねに考えていた。そうしなければ生きられなかった。

もっともヒトの言語はヒトどうしでしか通じないし、ヒトどうしですらあまりにも不十分にしか通じない。言語とはものすごく、お話にならないくらい限定的なものだ。ヒトは自分が経験的に身につけた言語をもって世界を語り、その語りを気ままに外部に投射する。それで何かをいくらかは描写したり考えたりした気になる。でも言語を少しでも理解し有効化するためには、つねにその最初期の段階へとひきもどし、そこから体験しなおすことが必要だ。

たとえば森にいて森の動物たちが見えるようになるためには、言語に教えられることはあまりないだろう。物とことばがむすびついた最初の瞬間は、ただ現実の自然の configuration の中でのみ反復されている。自然状態で何かを見るためには、他人がそれを見ている、その場に居合わせることによって、まるごとの森を感知し、その濃密な図の中から小さな対象物を見分ける術をおのずから身につけるしかない。そのときはじめて見えるようになるのではないか。木々も草もきのこや粘菌も、鳥も獣も虫たちも、少しずつ見えるようになる。その名を覚え、それぞれの生き方を知るようになり、それら対象物を同化したり拒絶したりするようになる。

たとえば森で、現実の対象が見分けられるようになることと、言語というべったりとひろがる平面で、ある語がなまなましく際立ってくることには、何か類推的なところがあるのではないか。

経験は回想されてはじめて経験になる。回想の中でヒトは動物について語りはじめ、その語りが効果としてひきおこす情感に、やっとはじめて詩が宿る。便宜上、動物に話を限るが、対象となる自然物が植物でも菌類でも鉱物でもおなじことかもしれない。

詩は言語(と言語に由来する知識・記憶の複合体)のもっともポータブルなかたちなので、詩がはじまれば詩によってわれわれはある動物を覚えてゆくことになる、ともいえる。要するに、詩が動物を集約する。それはヒトにとってはかなり有効な実用的記憶術でもある。「狼」という語はその背後にあらゆる狼の記憶の群れをひきつれて、ニンゲンが共有する言語の海を放浪している。いわゆる詩において「狼」が現れるたび、じつはその背後のすべての集合的記憶の中の狼が、権利上そこに影のようにつれそっている。言語のこの性格が、詩がもちうる意味の層を分厚く支えている。つまり詩は最初から個人的な経験には還元できない。詩の体験は、そのつどそこにある言語の並びに潜っていくことであり、ただその先の「どこまで潜れるか」という深度において読み手それぞれの体験に差がつくことは避けられないだろう。しかも潜るための力は、言語そのものが貸してくれる。

ある語はその語がとりまとめる知識のかたまりの歴史的先端に位置する。それぞれの動植物名がひきつれる知識の総体を母体として、ヒトはヒト以外の動植物種との関係を調整しつつ生きていく、とともに、その関係がひきおこす物質的波乱をなだめその関係を情緒的にも納得しながら(泣いたり笑ったり)、生命の持続と更新が種をどんなふうに超えてつながっていくかをも学ぶ。種の名を学ぶとき、ただ語を言語として学ぶのではない。あくまでも、語がわれわれをまきこんでいる事態をまるごと受け入れ生きることを学んでいる。

もっともそれはことばをめぐる一般論。少し詩にむかって角度を変えよう。詩の体験の大部分が活字の黙読ではつまらない。けれども実際いまほとんどの読者は、そうして沈黙の活劇のような詩を体験していることだろう。いいこともある。詩は本質的には声だが文字は肉声から人を解放してくれるともいえる。あるいは別の声への「吹き替え」を許してくれるので、それだけ自由度が高い。声は時間に支配され後戻りもできない。文字はその場に受容時間の幅を作り出し、必要があれば瞬時に戻ったり先を見通したりもできる。つまり時間の拘束をわれわれのために少しだけゆるめてくれる。それでここではすべて文字で書かれた詩に話を限っている。詩の体験の大きな部分は、特に大量印刷の開始以来、文字の体験になっている。

そのようなものとしての詩について語ろうとしているので、ここでは絵もテクノ画像(機器による画像、つまり写真や動画一般)もいっさい使わない、使う必要がない。ことばだけ、書きことばだけを、読んで、考える。文字化されたことばがつくる世界だけを見ていく。主題ははっきりしている。詩(という言語芸術)は動物をどう扱うか。詩にはたして動物はいるのか。それを考えてみたい。そもそも「動物」ということばは何をいおうとしているのか。それを問おうとしているのが、冒頭に掲げた詩だった。先に進むまえに、もういちど読んでみてください。

詩は言語の配列にすぎないが、そこに動物が登場するとき動物はたしかにそこにいるのかもしれない。いるのは生身の動物ではなく想像の動物だが、それが指示・参照される実在の動物とまるで無関係になることはない。テディは熊であり、ナインチェは兎であり、フリッパーはいるかであり、犬は犬なのだ。詩の中で、あるときそういうものとして名指しされたら、ただちにそれら想像の存在の、半分は現実の存在に属している。表象の動物と現実の動物の混同は、結局は記号をめぐる混乱だが、この混乱のゾーンを通過しないかぎりそもそも人は動物たちに接近できない。

絵に描かれた動物を見るとき現実の動物が不在のままに到来するのとおなじく、ことばの中に言葉＝動物を見出すとき何らかの現実の（ただし透明なボディをもつ）動物が不意打ちとしてやってくる。

水仙に狐あそぶや宵月夜　蕪村

かわいらしい、いい句だと思う。花と狐が隣りあい、その上に両者を照らす月がある。そのような心の画像が瞬時に生まれる。しかし問題はその先にある。こんな疑問を考えてみよう。蕪村は想像上の趣向として水仙に狐を配しただけなのか。それとも現実に一瞬でも、水仙と狐がおなじ場にあることを体験し、それを思い出しつつこう記したのか。詩においてそんなことは問題にならない、といえばそれまでだが、みなさん、立ち止まって考えてみてください。ここに提示される図柄を、「ただの想像だよ」と聞かされるか「これは現実でした」と教えられるかで、きみの反応は変わらないか。現実にそんなことがあったのだと聞くとき、どこかドキドキさせられるものを感じないだろうか。水仙の花、月光の中の。それに戯れかかる狐。伝聞の事実性はやっかいな話だが（そして詩や散文といった水平方向のジャンル分けには関わらないが）、われわれの生活にはつねにそれがつきまとう。言語により不在物を語るようになって以来、つねにつきまとい、悩みの種にもなる。

狐はいたんですか？

ほんとうにいたんですか？

伝え聞いた情景や物語が現実の対応物をもったかもたなかったかは、聞き手（読み手）には判断できないことだ。けれどもそれが現実にあったことだと聞かされ、その現実性が信じられるものであるとき、言語が提示した何かが聞き手＝読み手にひきおこす情動的反応はがらりと変わるのではないか。この秘密は、動物をめぐることばには深く浸透しているのではないか。

言語はその性格上、不在物を語り、詩はいまここに物そのものを召喚することはできない。いいかえれば詩のことばは、つねにせいぜい伝聞というステータスにしか置けない。それについて指示対象の実在は問題にならない。そうだろうか？　事実性をたとえ判定できなくても、ただの作りごとではつまらない。作りごとなら作りごとでいいが、どこかぎゅっと凝集したところがあって「そういうことはあるね」と感じられるものであってほしい。軽いと思って手にした木の実が、思いがけないほどずっしりした重みを伝えてくるように。そうでなければ詩にならない。自然物を題材とした詩ならではの手応えをもたない。ぼくは言語の並びよりもむしろ言語が喚起する「ありうる事実」のほうに、より大きな／より強い詩情を感じることが多い。意表をついた配列がなしとげられ、世界の稀な瞬間がそこに提示され、読むたびに何度でもリプレイされるとき、詩は成功している。

釣り人は釣った魚を実物提示できる。釣り損ねた魚についてはどのようにでもホラ話ができる。信じるか信じないかは聞き手が決めること。つまりは言語がいったい何を（どんな現実を）置き換えているのかということだが、詩における動物は最初からそんな位置にいる。その動物はいわば透明なボディとしっかり充満したボディとに最初から二重化していて、両者がそれぞれに変容し絡みあいながら「現に存在するもの」と「存在可能なもの」を伝えてくる。

もういちどいおうか。

水仙に狐あそぶや宵月夜

だが詩として見るとき、このことばの並びに現実の水仙があるわけでも狐がいるわけでもないのだ。詩は狐の登場を報告するが、その狐がどんな狐かについては何も語らない。報告としては究極の省略形にすぎない何か、それは物の「名」だろう。だったら、この狐に名ありて姿なし。この水仙にも名ありて姿なし。姿はきみの心にしかない。きみは自分が経験的に獲得したイメージ群をもって、詩がしめそうとする何かを充満させる。ところがその何かとは結局はある「空虚」としか呼びようのないものなので、そこにふわりと現れるあなたの狐と私の狐はちがう。詩が語りしめすものの実在は、そんなにも不たしかであやふやだ。

ことばの弱さと強さ。ことばの不十分さとそれゆえの飛躍可能性。詩について話すときも、そのあたりが問題となるだろうか。ことばはかたちも色もしめせない。その名を呼べば後は人まかせ、犬と狼のちがいも、ジャッカルとハイエナのちがいも、すべてはただ「名」に還元され、その先は個々の受け手の側の知識と想像に委ねられる。したがって詩に動物はそのものとしては登場しない。ただ「名」をもって登場したと報告されるだけ。あるいは「名」を隠した上で、どこか動物めいた印象を与えるその印象が語られるだけ。

詩と擬人化

詩に動物が登場するとしたら、それはボディレスな言語的(言語だけの)存在にすぎない。動物そのものではなく、動物の名を借りた言語的存在、言語だけのうすっぺらい存在。そして言語が全面的に人間のものである以上、詩に現れる動物は最初から全面的に人間化されている。擬人も何も問題にならない。かれらは人間として提示されるわけではないが、あくまでも人間の刻印を強くおびた人間臭いものとしてしめされる。それ以外にありえない。人間のパースペクティヴがとらえたものとして、人間と実在するかれらの境界をなすスクリーンに映った存在として、そこに現れる。ニンゲンのひとり踊りはつづく。

ヒトの言語がその場にないものについて語るために発明されたのだとすれば、その最初期から植物と動物が言語の主要な関心だったろう。その場にない採集と狩猟の対象について情報を伝え、行動を調整し、記憶しておくために、言語は作られ、使われ、育てられた。それぞれのスタイルで生活が営まれるそれぞれの土地に埋めこまれたかたちで、植物と動物をめぐる言語はしだいに鍛えられ、育っていったことだろう。ある土地では人々は七八種の植物と三六種の動物の名を日常的に使っている(この数字は任意で妥当かどうかもわからないが許してください、いわんとすることはわかると思う)。それらの名は言語的描写をほどこされ、語りの中でふたたび生きてくる。かたちをなしてくるし、動きが出てくることもある。

くりかえすが、われわれにはどうもすべてを人間的フィルターで捉えたかたちで語る癖がある(というかそれ以外のことができない)。植物について語る、動物について語る、それはできる。植物と自分の関係を語る、動物と自分の関係を語る、それもできるだろう。だがしばしばわれわれは大胆にも植物になり代わって語る、動物になり代わって語る。このあたりで話が怪しくなってくる。ましてや山に代わり、空に代わり、川に代わり、海に代わって語りはじめることがあっては、天地《あめつち》の何も恐れぬ所業だといわざるをえない。

狩猟するにせよ飼育するにせよ、使役するにせよ愛玩するにせよ、ヒトはつねにヒト以外の動物たちとともにいた。顕微鏡的レベルからはじめるなら「動物」と呼ばれるものの幅はあまりに広いが、ヒトと比較的近い位置にいる、ある程度以上の大きさをもった動物が認識もしやすく話題として浮上しやすいことはあっただろう。また昆虫よりは魚類・爬虫類・両生類、それよりも鳥類(?)、それよりも哺乳類の獣を、ヒトが「近く」感じること自体はどうも如何ともしがたいように思う。そんなふうに「近く」にいる動物たちを狩り、狩られ、考え、探り、出し抜き、追われ、なつかせ、裏切り、かわいがり、殺し、他の種の動物たちとヒトの相互行為はどんなものでもありうるが、関係はつねに言語に裏打ちされていた。

くどいようだが、不在物を語るのが言語。するとその正確な裏面として、言語を使えばただちに不在が生じる。そういう作用がある。あるものを語るということは、そのものの不在を語ることに裏打ちされている。人間は状況をただその場のそのものとして受け取ることができない。いま目のまえにいるそのものの背後に、遠くにいるであろうそのもの、かつていたであろうそのもの、こうもありうるだろうそのものなどが、亡霊のようにつきまとっている。詩のはじまりは、たぶんそのあたりに大いに関係しているだろう。

作り手が死者を語りよみがえらせる、同時に読み手はその死者を奪い取り、別の死者を思い出す。作り手がある獣を語りその場に呼び出す、ただちに読み手はその獣を奪い取り、別の獣を思い出す。詩に記念という目的ないしは性格があることは否定しがたい。何かを思い出す＝覚えておくために、言語表現を定式化する。思い出す対象となるのは具体的なある存在、その存在と自分の関係、その存在と自分をかつて住まわせていた環境、のいずれでもありうるだろう。

詩にはほんとうは過去しか語ることができない。現在として語られているものは定式化を経て無時間化された過去であり、たとえ現在時ばかりのナレーションを試みても、文字がただちにそれを絶対的な過去に送りこむ。未来として語られるのは、すでにかたちができて未来に投影された過去でしかない。もっともそれを承知の上で、理想の未来を祈念するために過去から得たイメージを再構成するのはふつうのことかもしれない。詩に現れるすべては過去からの借り物、それが生きたり、死んだり、死後の生を生きたりする。

詩が動物を語るとき、詩は動物をそこに登場させることはできず、ただ言語により動物をしめすことしかできない。詩に動物は現れない。詩に現れるのは言語＝動物だけ。それでもいくつかの区別は可能だろう。外見については特別な指定がないかぎり無視していい。たとえば絵画なら「現実に存在するその動物の姿」「それが歪められた、現実には存在しない姿」「人間の側に寄せられて変形された姿」などは意図にしたがって描きわけることができる。言語にはそれはできない。言語は名を呼んで、ほぼそれでおしまい。名のむこうで言語にできるのは、ヒトが見たかれらの姿や行動の外面的描写、ヒトが想像するかれらの心、ヒトが想像により付与するかれらの人間言語の代弁、だけだろう。

言語がある動物を「名」によって呼ぶとき、その名にその動物をめぐるあらゆる回想と、経験的知識と、それらに匹敵する量のフィクション化がついてくる。ある詩は人間化＝人間言語化＝擬人化をためらわない。ある詩はそれらを徹底的に排除する。ある詩において動物は動物そのものとして観察される。ある詩において動物は動物にとどまってはいるが人間的に解釈される。ある詩では人間の言語と判断を与えられ、ただ動物の姿で提示される人間になってしまう。よくあること、よくあること……。

現実の作品においては、ひとつの詩の中でもこれらのモード間の移行が見られることもある。はじめは動物らしく現れていたものがいつしか人間として語りふるまう、といったように。メタモルフォシス、連続して。いつも揺れていて定まらない。言語はそれほどにも安易で容易で雑だ。

そもそも擬人化とは何？　日本語が「擬人化」と呼ぶものをふたつに大別しておこうか。ひとつは外面的な擬人化で anthropomorphism がそれにあたる。人間的な特徴を程度の差はあってもとりこんで、直立歩行するねずみになったり、猫耳の人間になったりする。もうひとつは内面的な擬人化で prosopopoeia と呼ぶべきか。話者がある動物の心情をそれになり代わって語る、あるいはその動物が人間の言語を使ってみずからの考えを述べる。

ここで外面と内面はそれぞれ独立したものでありうるだろう。ねずみの格好をしたまま自由にヒトの言語を話すものもいれば、ほとんど人間の姿を与えられながらヒトの言語が通じない場合もある。いずれにせよ外面的な擬人化については、言語にできることはごく限られている。どうがんばっても少しも姿を精密に表せない。言語作品で問題になるのはここでいう内面的な擬人化(＝言語能力の付与)だろう。ギリシャ語ラテン語の知識がなくてわからないが prosopopoeia とは prósopon すなわち「顔、人格」の創出のことか。つまりは「直接に語る」ということなのだろうか。そのものが直接に語っていることばを、登場する動物に付与する。もちろん人間がそのようにことばを与えているだけだから、登場する動物は結局は人間。ただし当の動物とのあいだに存在する中間的な人間＝動物だ。

動物たちの生と死

以上、ぐるぐると螺旋を描くように考えてきたことは前提。ここからは動物詩の実例を見ていきます。詩が動物を扱うとき、ひとつの軸としては、そんな人間言語の付与の有無を考えることができる。人間言語をしゃべる存在か、そんなことはまちがってもしない存在か。たとえばこの詩を読んでごらん。

猫　萩原朔太郎

まつくろけの猫が二疋、
なやましいよるの家根のうへで、
ぴんとたてた尻尾のさきから、
糸のやうなみかづきがかすんでゐる。
『おわあ、こんばんは』
『おわあ、こんばんは』
『おぎやあ、おぎやあ、おぎやあ』
『おわああ、ここの家の主人は病気です』

中学一年のとき、この詩を読んで、初めて詩に興味を覚えた。なんという楽しい世界だと笑った。わずか八行でそんな世界をつくれることに、おもしろみを感じたということだろう。だがこの猫たちのせりふはどんな現実性の水準に置かれるのか。キャラクター化（登場人物化）された二匹の猫のせりふというよりは、猫を見ている話者（その場への登場すら確定できないが作者とみなせる）が猫の鳴き声をその場でそう翻訳したものと考えていい。滑稽味にもアイロニーにもこと欠かない聞きなしだ。人間の情緒の世界にとりこまれた猫たちの、ユーモラスな存在ぶり。

犬はどうか。偉大な朔太郎が犬をやはりおなじような平面に置き、ただし人間言語をしゃべらせてはいない例を見る。

悲しい月夜　萩原朔太郎

ぬすつと犬めが、
くさつた波止場の月に吠えてゐる。
たましひが耳をすますと、
陰気くさい声をして、
黄いろい娘たちが合唱してゐる、
合唱してゐる、
波止場のくらい石垣で。
いつも、
なぜおれはこれなんだ、
犬よ、
青白いふしあはせの犬よ。

作品の現実平面においてたぶん「犬」「月」「石垣」は実在するとしていい。「黄いろい娘たち」はそれほどたしかでない。それは犬の吠え声が生んだ想像の合唱かもしれない。犬は話者から何を盗んだわけでもなさそうだが「ぬすつと」と呼ばれ、話者は想像により自分自身を不幸にしているだけなのに「青白いふしあはせ」の犬と呼ばれる。ああ、ああ、犬にしてみれば迷惑な話。この犬は擬人化されてはいないが、人間の感情をぺたんと貼りつけられている。動物が詩に現れるとき、そのような人間の情動の劇へのとりこみを免れることはほとんどなさそうだ。

それにしても朔太郎の天才に、いま改めて戦慄を覚える。いま見た例では猫は人語をしゃべり、犬はしゃべらないが人間の合唱を想像させた。朔太郎作品には、それもなくただ動物がそのものとして登場し、そのものとして殺される場合もある。

蛙の死　　萩原朔太郎

蛙が殺された、
子供がまるくなつて手をあげた、
みんないつしよに、
かわゆらしい、
血だらけの手をあげた、
月が出た、
丘の上に人が立つてゐる。
帽子の下に顔がある。

中心的な興味は人間世界だが、そこで残酷にも生きた小道具のように使われ殺される蛙のありふれた悲惨。まったく無駄に遊び殺しにされる蛙は、ただ詩人に陰惨な印象を残し、読者に人間の根本的な気味悪さを教えて終わる。無力で、無為に殺されることの多い存在、それが蛙たち。かれらの死を、草野心平ならこう書いた。

李太白と蛙　　草野心平

村の居酒屋から小用に出た李白は。
満月。
目前に変なものを見た。
人畜に殺される以外死骸をさらさないといわれる蛙のひからびた栗色の姿だった。
じっと見た。
居酒屋にもどった李白は。
錫の器に改めて特等の老酒《らおちゅう》を所望した。
そしてゆらゆら。死骸に注いだ。

うずまく龍の模様のある黒い衣裳。

月色の酒は。
粘土を流れた。

すでに死んでひからびて、これ以上なく死んでいることが明らかな蛙を、礼をつくして悼む。いったいなんのため？　蛙を信仰しているわけではないだろう。酔狂にはちがいないだろう。強いていえばそのようにつまらない死骸に、その死骸の主であったつまらない蛙の死後の生存に、ねぎらいというか感謝でもある気持ちをささげること自体がこの李白（草野がフィクション化した李白）にとっての詩的行為だったというしかない。そしてこの悼む気持ちをもしわれわれが共有するとしたら、それは結局は生命一般に対してわれわれがどこか「すまない」という気持ちをもっているからではないだろうか。

朔太郎に戻る。別の動物を別の位置において考えている例だ。

亀　　萩原朔太郎

林あり、
沼あり、
蒼天あり、
ひとの手にはおもみを感じ
しづかに純金の亀ねむる、
この光る、
寂しき自然のいたみにたへ、
ひとの心霊《こころ》にまさぐりしづむ、
亀は蒼天のふかみにしづむ。

この亀はいわば不動の体現者といえる。その重みをもってする、眠りの表現者。「純金」とは、ただ重みからみちびきだされた観念だろう。そして亀はここで一種の鉱物化作用をうけている。生じた重力の軸を使って上下が逆転させられる結末の二行には、感嘆するばかりだ。

いわゆる「動物」が描かれているのかいないのかすらわからない、次の詩を見ようか。どの動物だと確定できないまま「のようなもの」が、しかも埋もれ隠された姿でのみ、登場する。

春夜　萩原朔太郎

浅利のやうなもの、
蛤のやうなもの、
みぢんこのやうなもの、
それら生物の身体は砂にうもれ、
どこからともなく、
絹いとのやうな手が無数に生え、
手のほそい毛が浪のまにまにうごいてゐる。
あはれこの生あたたかい春の夜に、
そよそよと潮みづながれ、
生物の上にみづながれ、
貝るゐの舌も、ちらちらとしてもえ哀しげなるに、
とほく渚の方を見わたせば、

ぬれた渚路には、
腰から下のない病人の列があるいてゐる、
ふらりふらりと歩いてゐる。
ああ、それら人間の髪の毛にも、
春の夜のかすみいちめんにふかくかけ、
よせくる、よせくる、
このしろき浪の列はさざなみです。

種の区別を超えて、ただ不定型の生命のふんいきが一面にたちこめ、やがて幻影の人々を生む。そこに存在するかどうかが判断できない存在を仮に「ゆうれい」と呼ぶなら、われわれが生活の中で「ゆうれい」を見る(見えないが感じる)のと少なくともおなじ頻度で「ゆうれい」が詩にも現れていいだろう。それはいるともいないともいえないものだ。だが言語が呼び出すすべては、もともとその程度に「ゆうれい」的なものではないのか。

人間的な形状の特性を与えず、あくまでも動物としての輪郭がはっきりした動物を提示し、人間言語をしゃべらせることもせず、人間的に解釈することもしないためには、動物の死体を扱うのが確実だ。もう動かない。反応しない。かたちは壊れていく。失われていく。さきほどの草野心平の蛙をうけるかたちで読んでみよう。

ねずみ　　山之口貘

生死の生をほっぽり出して
ねずみが一匹浮彫みたいに

往来のまんなかにもりあがっていた
まもなくねずみはひらたくなった
いろんな
車輪が
すべって来ては
あいろんみたいにねずみをのした
ねずみはだんだんひらたくなった
ひらたくなるにしたがって
ねずみは
ねずみ一匹の
ねずみでもなければ一匹でもなくなって
その死の影すら消え果てた
ある日　往来に出て見ると
ひらたい物が一枚
陽にたたかれて反っていた

ただ単に物へと還元されたねずみ。この有名な詩は時代状況的寓意をもつという説もあるようだが、そうかもしれないが別になくてもいい。ただそこに書かれたとおりの物をめぐる詩として読むことができる。そしてその詩に表れたとおり、動物をただ単にそのものとして(個体でも群れでも)見るという視線が、山之口貘には、貘さんには、あるようだ(別に貘さんと知り合いだったわけではないが、そう呼びたくなる人だ)。

冷静な動画だけのような次の詩には、ことのほか注意をひかれる。

利根川　　山之口貘

水はすでにその流域の
田畑を犯して来たからなのであろう
あちらにかたまり
こちらにかたまりして
藁屑や塵芥がおしながされて来た
藁屑や塵芥にはおびただしいほどの
いなごの群がしがみついて来た
鉄橋はまるでその高さを失ってしまって
かれらの小さな三角頭でさえもが
いまにもあやうくぶつかりそうなのか
そこにさしかかっては
飛沫をあげるみたいに
いなごの群が一斉に舞いあがった

情緒を語る言葉は何もない。ただその一瞬の情景が提示される。判断が下されるわけでもない。だが現実に目撃された（と思われる）光景が、言語的報告によりそのまま読者に転送される。最終行では、ここにいなごあり群れあり、というまぎれもなさが出てくる。

愛玩動物、家畜、野生動物の場合

ところで死が詩によく描かれるのは、それが強い感情的モーメントであると同時に、存在が別の様態へと移行するときだからでもある。死体がそこに残されても、何かが去っている。動物の死をめぐるそんな詩は、どんな動物が死ぬかにより、まるで別の心の緯度において読まれるのかもしれない。愛玩動物、家畜、野生動物。その例をひとつずつ見ておこうか(以下、特記のないものは拙訳)。

犬の死　　ジョン・アップダイク

誰も見ていないところで蹴られたか車にはねられたのか。
幼くてまだよくわからないあの子は、ちょうど学びはじめたばかりだった、台所の床にひろげた新聞紙の上でちゃんとおしっこができたら褒められると。「いい子ね！　いい子だね！」

どうも元気がないのは注射の副作用だと思っていた。
解剖で肝臓破裂がわかった。
遊ばないの、と私たちが誘っているあいだにも皮下出血が溜まりあの子の心臓は永遠の休息を学びはじめていた。

月曜の朝、子供たちが大騒ぎしながら朝ごはんをすませ学校にむかって
出てゆくあいだ、あの子はいちばん下の子のベッドの下に潜りこんでいた。
見つけたときは、体をねじってぐったりしていたが、まだ生きていた。
獣医さんのところにむかう車で、ぼくの膝の上で

あの子はぼくを嚙むまねをしてから死んだ。あの子の温かい毛を
ぼくは撫で、妻は涙を押し殺した声で名前を呼んだ。
何とかして助けようとしていた愛につつまれたまま、
あの子は沈んでゆき、硬くなり、消えてしまった。

家に帰ってから、見つけたのは夜のあいだに
崩壊寸前のあの子の体が下痢を恥じるように
がんばって床をはってゆき、無造作におかれた
新聞紙までたどりついた跡。いい子だったね。

(John Updike, "Dog's Death.")

家畜を語る次の詩では、詩の現在時においては死体はなく、ただ生きている子牛が明日には死体になることが予告される。その先取りされた詩の悲痛さ。

二つ頭の子牛　ローラ・ギルピン

明日、牧場の青年たちがこの
自然が生んだ奇形児を見つけたら、かれらは
この体を新聞紙でつつんで博物館に運ぶだろう。

でも今夜、子牛は生きていて母親と
北の牧草地にいる。文句のつけようのない
夏の夜だ。月は果樹園の
上にのぼり、草が風にゆれ。そして
子牛が空を見上げると、そこには
ふだんの二倍の星がまたたいている。

(Laura Gilpin, "The Two-Headed Calf.")

家畜はまた死そのものを対象化し、観察可能なものにすることもある。

馬　画家　マリイ・ロオランサン（堀口大學訳）

傷ついた馬は声も立てずに死んで行く
やさしい馬よ

私はお前の死ぬのを見に来《こ》よう。

ペット、家畜の死と野生動物の死。それらはいったいどれだけ隔たっているのだろうか。エスノポエティクス(各地の土着の詩学の探究)の冒険の最大の目標は、ある範囲の土地が与えてくれるもので生きる狩猟採集的感受性の再発見ないしは再訓練だった。人類史の全体をその視点から見直し、土地という複合体に住みこんできた伝統をとりもどそうと試みる。それには想像力以外に手段がない。次の詩では、そこまではっきりとtribalな感覚が語られるのではないが、現代の猟師が自分が狩猟対象とする獣とどんな(霊的?)むすびつきを求めているのかが主題化される。

燃えている　8　ゲイリー・スナイダー

この詩は鹿のため

「わたしはすべての山々の上で踊る
五つの山々の上に　わたしは踊る場所をもっている
かれらがわたしを撃つとき　わたしは
わたしの五つの山々にむかって走る」

最後の一発をはずしてしまった
その雄鹿への。黄昏の光のなかで。
それでわれわれは冷たい松林の乾いた

松葉を滑って帰ってきた。
脅えた綿尾ウサギがとびだした
たちまちウィンチェスターをかまえ
そいつの頭をぶっとばした。
白いからだは転がりぴくぴく震えていた
暗い峡谷で
われわれが丘を下りきって車に帰り着くまで。
　　　　　　鹿は踊り岩屑を落とす

ピカソの鹿　一茶の鹿
鹿は秋の山の上にいる
賢者のように吠えている
固く軽快な跳躍で雪原をかけおりる
頭をのけぞらせ　前足をさしのべ
きんたまを強靱な毛皮の袋にしっかりと包み
人間の魂にまったく関心なく
　　　　秋の山の上で
日没間際の陽光の中に立ち　耳をひょいと振り
尾をひょいと振り　蠅たちの黄金の霧を
鼻孔から両目へと渦巻かせ。

夜までには家だ
　　酔った目も
まだ牡牛座を見出すことができる
星座は低く　しだいに高く昇ってゆく。
　　　　　　　　最高級の雄鹿が
ヘッドライトの光の中で踊っている
　　　　　　　　このさびしい路上で
水車用貯水地を1マイルすぎたところで
車を停め　撃ち倒してやったんだ
あの野生の　間抜けな　目の眩んだ獣を。
熱いはらわたを引きずり出す
　　　　　　　　固い裸の両手で
そうするあいだ夜の霜が舌を冷やし
　　　　　　　　眼を冷やし
冷たい角の骨を冷やしている。
狩人の高揚が
　　　　　　　　空のすぐ下まで舞い上がり
車のトランクには温かい血があふれる。
鹿の匂いに
　　　　　　　　ぐにゃぐにゃに酔った舌。

鹿はおれのために死にたくなんかない。
おれは海の水を飲み
雨に打たれて　浜辺の小石の上で眠ることにしよう
あの鹿が降りてきて　おれの痛みを哀れみ
そのために死んでくれるまで。

(Gary Snyder, "Burning," 8.)

狩猟者の感情はただ想像するだけだが、少なくともそこには野生動物に対する尊敬と信頼がある(「尊敬」「信頼」という言葉がふさわしいかどうかはわからない)。動物たちは大きな、小さくても巨大な存在だ。そして多くを知っている。動物が「知っていること」に対してヒトは謙虚にならなくてはならない。そんな呼びかけ。

ジャックラビット　　ゲイリー・スナイダー

ジャックラビット
しっぽの黒い野うさぎ
道ばたで
はねる、とまる。

大きな耳が輝く

きみは私を少し知っている。その少しは私が
きみについて知っている
ことよりはるかに大きい。

(Gary Snyder, "Jackrabbit.")

かれら野うさぎたちのパースペクティヴを想像することは、擬人化ではなく、人間への単なる引き寄せでもない。それはヒトと動物との距離を測りつつ、ヒトの側からの歩み寄りを試みることだ。すると、あるときヒトはヒト以外のものたちと自分を隔てる閾《しきい》のまさにその上に立ちつくして、かれらの目を借りてみずからを一瞥するかもしれない。そうできるかもしれない。たとえそれがヒトの思い込みにすぎなくても。その必要は予感されていた、あるいは、ヒトがかれらと別れて以来、つねに回顧されていた。

詩とは問いの場。動物たちがどのように生きどのように死ぬのか、その問いはつねにヒトの心の水面下にある。いつまた姿を見せても不思議ではない。直面することを避けたがる人もいるだろう。しかしそれを考えないかぎり、ヒトと動物の関係をよく見わたすことはできない。自分の生命についても、考えがまるで至らないまま日々をすごすことになる。詩の問いはいつも生命に直面している。

III

動物イメージの変容をえがく

6 「共異体」としてのキメラ

――人間と動物のあいだに

石倉敏明

「水の中」からの離脱

ヒトは他の動物と、どのような点で相似し、または相異しているのだろうか。例えば自然科学者は生命科学の立場において、動物はヒトという種を含む生物学的な集合であると考える。しかし、人文科学者はしばしばこれと反対の立場において、人間と動物の差異に注目しつつ、動物を非人間種の集合体として位置づけ、人間とは分離された生物として対象化する。動物は、論者の立場によってヒトを含む集合にも、含まない集合にもなり得るというわけだ。ヒトが動物を描くとき、こうしてヒトとの相似と相異の二重性は、常に付きまとうことになる。

この二重性を考える上で、哲学者のジョルジュ・バタイユによる動物についての考察は重要な手掛かりとなるかもしれない。バタイユはかつて「すべて動物は、世界の内にちょうど水の中に水があるように存在している」と書いた（バタイユ 二〇〇二、二一頁）。このときに哲学者の脳裏にあったのは、互いに同じ自然的世界の内にある非人間種の集合としての「動物」であり、さまざまな動物種が水の粒子のように渦を巻き、泡立ち、波打つイメージであっただろう。これに対して人間に特有の状況と考えられるのは、水を外から眺め、それを掬ったり、飲んだりできるような自然界に対する外在性である。動物は自然的世界に内在し、その直接性・無媒介性の中で絡まり合いながら「水の中に」存在している。これに対して、ヒトは紛れもない動物種でありながら、環境の外からそれを対象化し、媒介し、新たな人工的環境を生み出そうとする。このような媒介性の有無に、動物がそのなかに住まう一次的な自然環境と、人間が構築する二次的な人工環境の根本的な違いが存在している。

バタイユが強調した動物の無媒介で直接的な存在論は、溢れる記号によって間接的に媒介される人間社会の存在論と対比されている。この点は、例えば人間がフィクションや虚構のイメージによって新たな記号環境を創造することに関わる。歴史学者のユヴァル・ノア・ハラリ(二〇一六)によれば、人間は、さまざまな方法で虚構のイメージや仮想の物語といった記号環境を生産し、生の現実と同時にそのなかにも住まうことができる特性をもつという。たしかに、人間とそれ以外の動物を分ける基準があるとすれば、それは言語や記号を使って架空の物語をつくり、概念や視覚的イメージを思い描き、事実ではない冗談を言い、神や幽霊を信じ、さまざまな芸術を創造するところ、つまり虚構を操る技術にあるのだろう。

このような媒介的コミュニケーションの領域はヤーコプ・フォン・ユクスキュルが論じた具体的な「環世界」を離れ、広大な記号環境や感性的なイメージの領域を拡張する。動物が埋め込まれ、そのなかで自らを取り巻く万物と相互作用する生態学的な生活環境をユクスキュルは「環世界」と呼んだ(ユクスキュル 二〇一二、七二〜七八頁)。ところが、人間はこの環世界を超えて、人工的な記号のパターンや想像的なイメージによって新たな環境を構築し、そのなかで生きる。人類学者の菅原和孝の言葉を借りれば、この状況は「環境」と「虚環境」の二重化された存在論的条件として、ヒト=人間の根幹を形成している(菅原 二〇一七、三三八〜三四二頁)。

ここでいう「虚環境」とは、目の前に存在しないものを想像力によって呼び込み、さまざまな表象や記号の体系に接続しようとするものである。例えば認知科学者の齋藤亜矢によれば、不在のものを想像し、表象化して描く能力は、チンパンジーのような他の霊長類と現生人類を決定的に分かつ分水嶺であるという(齋藤 二〇一四)。ヒトの想像力は、今ここに存在しないものを補い、イメージを表象として現実化させる力をもつ。ヒトはさらに、イメージを対象化することに喜びを覚え、創作を遊びとして楽しむことができる。創作のなかで外化されたイメージは、脳の外に取り出された記憶装置にも、知覚できない現実を操作する政治的な手段にもなり得る。ヒトはその能力ゆえに、しばしば人間と動物の間に横たわる差異を超えて、動物を擬人化したり、人間を擬動物化したりしながら、両者の身体イメージが混ざり合ったキメラや獣人のイメージを創造する。

私たちがほかの動物と連続的な有機体の集合であり、同時に非連続的な超有機体でもあることは、人間という存在が常に「人間以上の諸存在」に向けて開かれたものであるという根本的な条件を基礎づけている(石倉・唐澤 二〇二一)。私たちの目の前に存在する種は、いつも具体的で、個別的な生物として立ち現れる。生物学的にみた動物とは、哺乳類・鳥類・爬虫類・両生類・魚類・貝類・昆虫類といった種の集合体(系統群)であり、それらに属する個体であるのだが、同時に「虚環境」の動物イメージや断片化された「表象スキーマ」の参照先でもあるのだ。

動物のイメージには、そうした動物の個別的な歴史が刻まれ、とりわけ規則化された形態や習性のパターンによって種の特性が表現されている。つまり動物のイメージは、個々の種と現存する個体を結ぶもっとも重要な手掛かりであり、それがあるからこそ、私たちは個々の動物を分類しその特性を理解するだけでなく、自分自身を含むカテゴリーとして動物という複数種の集合を想像することが可能になる。動物のイメージは、こうして現実に存在するさまざまな種の現実に立脚し、またときにそれを越境してキメラ化する。

想像された動物種イメージ

人間と動物の関係を再考する際に、私たちは世界を分類し、秩序づける科学的認識の特性に出会う。一八世紀の博物学者カール・フォン・リンネによれば、現存する世界の生物は界、門、綱、目、科、属、種という七つの階層によって分類され、整理され、命名しうるものとなるという。しかし、そのように分類できない奇怪な生物や怪物の類は「パラドクサ」と名付けられ、例外視された。リンネの分類学は、生物種はすべて創造主による被造物であるが故に不変であり、それぞれに異なる同一性をもつものだという堅い信念に基礎付けられていたのであるが、「パラドクサ」

という解明できない謎が、認識的秩序の外に据え置かれることになった。

それぞれの種が不変であるというリンネの前提は、種間の適応の変化と相互関係を長期的な時間軸のなかで理解し直そうとするチャールズ・ダーウィンの探究によって乗り越えられていった（ダーウィン 一九六三）。ダーウィンは生物進化論によって、ある生物種が他の生物種やそれらとの共通の環境との相互作用によって漸進的に変化し、より良い適応を成し遂げたものが存続しうるという自然界の法則を明らかにした。それは、神の創造した不変の秩序というそれまでの世界観の前提を塗り替え、キリスト教の神学を共有する社会に大きな動揺を生み出した。アリストテレス以来の古典的な分類学を更新し、私たちが知っている近代科学の礎石を築いたのは、まさに観察と分類による絶え間ない事象の理解であり、それこそがリンネからダーウィンに至る生物学的な分類の理解を支えていた(1)。

しかもこの理解は、ヨーロッパの外部における未知の生物の報告によって支えられていた。コロンブスの大陸発見以来繰り返されてきた「驚異の感覚」が他者の世界を占有する植民地主義への根拠を与え、ヨーロッパの世界支配に寄与したというグリーンブラットの指摘を忘れるわけにはいかない（グリーンブラット 一九九四、一三二～一三四頁）。聖書において最初の人間であるアダムが動物に名前を与えたように、新大陸の発見者たちとその代理人は、先住民たちがもっていた動物に対する知識や名前を奪い、消去し、代わりに新たな名と位置付けを与えようとした。「科学的な動物名」は自明のカテゴリーではなく、書き換えられた名前なのである。

他方、直接的な観察の及ばない領域においては、リンネが「パラドクサ」として例外化したように「分類を超える生物」という神話的なカテゴリーが、想像界において繁茂し続けることになる。ある種の虚環境を棲家とする動物のイメージは、文化的な環境のなかに自らの居場所を得てきた。例えばギリシア・ローマ神話を題材とするアレッツォのキメラ（Iozzo, 2009; Rizaliti & Zucchi, 2017）やギリシア・エジプト神話に登場するスフィンクスは、そうした分類学的な範疇の古典的な侵犯を表現している。こうした合成動物は、人間と動物を階層化する認識論的な秩序を攪乱しつつ、複数種の特徴を一つの身体に縮約しようとする。例えば前者はライオンとヤギの頭部にヘビの胴体を合成し、後者はライオンの胴体と人間の頭部に鳥類の翼を合成することで、いずれも異形の象徴的イメージを生み出している。

　想像界に生まれるこのような合成動物のイメージは、地球上のあらゆる地域に存在している。そして、その越境的性質故に、記号的な生態系において一定の役割を果たしている。例えばポール・シェパードが主張するように、一角獣、グリフィン、ドラゴンといったファンタジーに登場する動物たちは「不吉で、奇怪で、不思議な気持ちを抱かせる」ものだが、それによって「われわれの思考を混乱させ、そしてわれわれが見て考えることを強制する。これらの合成生物たちは分類を拒むか、あるいはそれに橋渡しをする。彼らは新しい秩序あるいは新しい混沌を意味するようでいながら、常に解釈を要求し、謎に満ちている」(シェパード 一九九一、一一一頁)。

　シェパードはここで、人間の思考や動物の素材として、動物というカテゴリーがきわめて豊かなイメージの貯蔵庫を形成していることを説いている。人間は動物を思考し、そのイメージを描くだけではない。動物は、ある独立した種の集合体であるだけではなく、想像の世界のなかで種を解体し、私たちがもっているさまざまな種の「認知スキーマ」にしたがってそれらを再編する手がかりとしても役立てられるのだ。

　動物はシェパードのいう「思考を解体するための成熟した道具」として意味体系を変形し、実在する自然界の秩序から、実在を超えた領域へと再配置される。合成動物の場合も、それらは記号生態系のなかでは必ずしも架空のキャラクターとして去勢されるのではなく、記号と実在を架橋する生きた指標となり、実在する動物と同様の記号生態学的な位置を獲得することがある。例えば林俊雄の研究によれば、ライオンや鷲を組み合わせたグリフィンのイメージは、発祥地のメソポタミアからヨーロッパへ伝わり、アジアでは唐や日本の獅子や鳳凰のイメージを生み出す資源になっていったという(林 二〇〇六)。東アジア世界においては、吉祥の象徴として麒麟や竜といった神獣が現れるという信念も共有されている(張 二〇〇二)。

　私たちが一生のうちに直接観察しうる動物の数は限られているが、間接的には物語・絵画・彫刻・写真・アニメーション映像など、伝聞や表象によって媒介された膨大な動物の記号や複製されたイメージに触れ続けることになる。

この事実こそ、想像界の動物イメージがある種の現実性を伴って繁茂する最大の根拠であろう。直接見たことのない動物を、人は直観と類推によって分類する。ここから「実在する動物を想像種化すること」や、「想像された動物を実在する種として扱うこと」というパラドックスが発生する。本書第8章で齋藤が論じているように、こうした想像力のパラドックスを孕むキメラ的な合成生物の表現は、人類の芸術表現のもっとも早い段階である旧石器時代に、すでに産声をあげていた。

しかしながら、いくつかの動物の要素を組み合わせた「合成」によって想像的動物が盛んに描かれるようになるのは、今から数千年前の大文明期に文字や記録媒体の使用が拡大し、複製的なイメージが量産されるようになってからのことである。考古学者のデイヴィッド・ウェングロウの研究によれば、石器の代わりに銅器や青銅器、鉄器といった道具が使われるようになり、メソポタミアやエジプトといった地域で農耕や牧畜を生産基盤とする大規模な都市文明圏が拡張したことと、複製されたイメージと認識のパターンのなかで合成動物的な「怪物」が現れる現象の間には、明確な相関関係があるという(Wengrow, 2014)。例えば、古代ギリシアにおいては既にこのような怪物イメージに一定の神話的地位が与えられていた(ボードマン 二〇一〇)。

アナロジズムと周縁性

動物を記号化するヒトの認知能力からキメラのイメージが発生するとすれば、それはどのように人類学的な議論に結びつけられるだろうか。例えば、人類学者フィリップ・デスコラが行ったように、複数の動物種の身体を組み合わせるキメラ的なイメージの合成を「アナロジズム」という存在論の特性に結びつけ、内面的にも外面的にも非連続な対象同士の、あらかじめ脱主体化された再接続の様式として理解し直すことができるかもしれない。

デスコラが関与した、ケ・ブランリ美術館での『イメージの創生場』展では、アニミズム(「いのちある世界」)、トーテミズム(「細分化された世界」)、アナロジズム(「絡み合う世界」)、ナチュラリズム(「客観的な世界」)という四つの世界分類の一つとしてアナロジズムの芸術が紹介された(Descola, 2021)。デスコラは例えば、古代アステカのケツァルコアトルのような複合的な動物身体のイメージを伴うキメラ的なイメージのなかに、断片化された内面性と再配置された分類体系の痕跡を伴う「アナロジズム」の特徴を見出している。彼は二〇一八年に発表された論文で、次のように説明している。

アナロジズムが内面性の断片化を強調し、多様な物理的メディアにおけるそれらの再分割を強調する限りにおいて、人はまず、人間と人間以外の内面性を脱主体化しなければならないだろう。そうすることで、後者は分散され、同じく分散された身体性と結合することになる(Descola, 2018: 123-124 引用者訳)。

キメラ的な合成生物のイメージは、このように「脱主体化された内面性」と「分散された身体性」の異種結合モデルとして理解することができる。また、ウェングロウが述べたように、キメラのイメージはそれぞれの異なった種の属性や身体の一部を分解しつつ、それらを「合成(再結合)」することで媒介し、一つの図像のなかに最も効率的なやり方で埋め込もうとする。図像としてのキメラは、「合成」によって再創造された動物イメージなのだ。

キメラのイメージは、さらにその一つの項に人間を含むとき、人間社会を超越論的な視点から相対化する混淆的《こんこうてき》な身体次元に置かれることになる。例えば狼人間、犬人間、人魚、ケンタウルス、メデューサ、有翼の天使といった西洋神話のイメージは、動物の身体の一部と人間の身体を掛け合わせることである種の超越的なキャラクターを自立させる。一般に怪物的な想像力を忌避しようとするキリスト教世界においてすら、この種のキメラ的キャラクターは、怪物や守護聖人の伝承として想像の領域に生き残ってきた。例えば正教会に伝わる北アフリカ出身の聖者、聖クリストフォロス伝説のある異伝によれば、彼は犬頭人として生まれながらもキリスト教に改宗し、異教徒の手で殺されるまで忠実な信仰者として一生を過ごしたという(2)。

例えば犬と人間という二つの範疇だけを見るならば、犬頭の怪物と聖人は、どちらも同じコインの表裏に位置している。結局のところ、それは犬という現実に存在する動物の特性を解釈し、象徴化した上でその体をバラバラにして、さらに頭部の器官によってその全体性を表現するものとして理解できる。しかし、現実に生まれるキメラの表象は、決して実際にそこに描かれた種間の関係として完結していない。デイヴィッド・ゴードン・ホワイトの『犬人怪物の神話』(二〇〇一)が示すように、どうやらそこには狼という隠された第三項が潜んでいるらしい。つまり、野生種の狼と家畜種の犬という対立が、怪物と聖人という別の対立を二重化し、それぞれ野生的なものに対する飼い慣らされたもの、そしてネガティブな異形性に対するポジティブな超越性という別の認識論的な体系へと私たちの理解をスライドさせていくのである。

犬人の神話的イメージは「犬の頭」という換喩的な記号を用いて、人間とイヌ科動物という複数種の集合を接合するだけでなく、その結果合成された新たな変異系のイメージを人間と動物が分類されている記号生態系のなかに放り込んだものだ。人類が生み出したイヌ科動物のイメージは、当然のことながらそれらの動物が実際に背負ってきた種の歴史的現実と密接に関係している。人類学者のパット・シップマンによれば、原初の犬は旧石器時代の人間がタイリクオオカミを飼い慣らして制作した「生きた道具」であり、その特性は狩猟犬や牧羊犬といった人間の生業の同伴者としての機能にも刻み込まれている(シップマン 二〇一三)。犬は、すなわち人間が狩猟や牧畜をはじめとする様々な活動のパートナーとして選び、共進化してきた伴侶種だが、その来歴にはすでに狼という第三の種が含まれている。ここから動物種が決して固定したものではなく、異種や環境との関係において生成変化するリアルな生物であり、同時に記号や道具でもあるという二重の特性が、その後の大文明圏(ヨーロッパ、中東、インド、中国等)の周縁における狼と犬の際立った対立を生み出すことになった、と想定できるだろう。

例えばキリスト教世界における犬頭人や狼人間のイメージ、インドや中国における犬食い民族や犬祖伝説・狼祖伝説の背景には、現実のイヌ科動物たちの生態の歴史が、遠い木霊のように反響している。ホワイトが説いているように、これらの神話的イメージによれば「犬は夜と昼の間、家の内と外の間の敷居にじっとしていたり、野生の肉食獣（多くの場合、犬の親戚である狼）や人間の家畜泥棒から家畜の群れを護りながら、家畜を囲い込む動く境界線となっていたり、あるいは自分の吠え声を頼りに狩りをする主人の前を走りながら獣を追いつつ、自然と文化の間の動く地平線をなしていたりする」（ホワイト 二〇〇一、三二頁）。犬頭の聖人という獣人的な視覚的イメージは、無意識の次元ではオオカミのような危険な野生動物との対立軸を含みながら、人間と神を中心として構成されるコスモロジーを補完し、さらに犬という人間社会の周縁的な領域に位置づけられた他者性を神聖化することに成功している(3)。

キメラとしての「驚異」と「怪異」

ホワイトによる獣頭人イメージの分析は、歴史上の大文明圏において、いずれも犬と狼のイメージが人間を中心とする文明にとっての辺境のイメージと結びついていることを明らかにしている。そこには特定のイメージを創造した人間の意図だけでなく、現実に存在する犬や狼の来歴にも深く関係する生物記号論的な「神話」の生成過程が含まれているのである。

こうした合成生物のイメージは、他の想像された怪物と同様、ヨーロッパの歴史を通じて「驚異」という感覚を組織し、アナロジカルな視覚的表現の次元を開いてきたものだ。例えば尾形希和子が述べるように、キリスト教圏における「驚異」の感覚は六〜七世紀のセビリヤの司教イシドールスからその一世紀後に成立したとされる『怪物の書』に至るまで、ヨーロッパ世界にとって重要な通底意識となって鳴り響いているという（尾形 二〇一三）。

こうした汎ヨーロッパ世界の「驚異」の感覚を、山中由里子はイスラーム世界を含むより広大な文脈に位置付け直し、中世一神教的な世界認識に基づく歴史的展望を開いている（山中編 二〇一五）。山中らはさらに、この「驚異」という概念を、東アジアをはじめとする東方の文明圏で頻出する「怪異」という別の概念と対比させることで、ユーラシア大陸の西方と東方の文化圏に人間ならざるものたちをめぐる異なる心性が受け継がれてきたことを鮮やかにしめした(山中 二〇一九、四〜一六頁)。山中によれば、一神教的な世界観における「驚異」とは「時間的・地理的・心理的に遠い未知の(その原因が合理的に説明できない未知の)事象」であり、これに対して東アジアの「怪異」とは「身近なところでも起こり得る、あるいは見慣れた日常の何かがずれるからこそ異常性が際立つ、常ならざる存在・現象」(同書、八頁)であるという。東アジアではしばしば、こうした異和的なイメージが自然と超自然の分割に先立って認識論的な体系に位置付けられる(4)。

このような心性の差異は現代のさまざまな想像界における分類にも生き続けている。ヨーロッパの「驚異」は想像的な次元から離陸し、近代科学の礎となるリンネやダーウィンの生物学を生み出した。他方、東アジアの「怪異」は近代科学の普遍主義と頻繁に干渉しながらも、民衆的な文化のなかでは想像的な次元を切り離すことなく物語や絵画として表現され続けてきた。ブリュノ・ラトゥールのいう「純化」(ラトゥール 二〇〇八)の働きによって人間と自然の説明原理が分離される事態が「近代憲法」であるならば、確かにヨーロッパを起源とする合理主義は効率的に自然を動員し、人間の問題をそこから分離することに役立てられてきたのかもしれない(5)。

しかし、「驚異の感覚」は必ずしも科学の専売特許になったわけではなく、むしろ文学や視覚芸術、音楽、演劇、映画といった芸術表現の分野で膨大な作品に結びついて、科学を包含しながら展開される。例えば広義の自然文学からファンタジー文学に至るまで、西洋の文学的想像力は実在的な自然をめぐる観察に立脚しながら、その背後にある未知なる現実に「驚異」の感覚を紐付け、さらにはこれを崇高性と関連づけてきた。とりわけファンタジー文学やSF文学の領域においては、想像界におけるキメラ的表象が繁茂し、人間と動物だけではなくそこに機械や人工知能さえも包含するようなハイブリッドなイメージが増殖する。

異種の生物との共生を人工的な科学技術の産物との共存の原理と接続するダナ・ハラウェイの「サイボーグ」という概念は、こうしたヨーロッパを起源とするキメラ的存在論の系譜を科学技術の時代に更新し、非西洋を含む現代人の生きる多様な存在論に接続する(ハラウェイ 二〇〇〇)。こうした系譜から人間と動物のハイブリッドな状況とサイ

図6-1　Patricia Piccinini, 《Nature's Little Helpers — Surrogate (for the Northern Hairy Nosed Wombat)》, 2004 silicon, fibreglass, leather, plywood, human hair (Kirksey, 2014: v)

ボーグ的な技術文化による媒介性(6)を描く視覚芸術としては、ハラウェイ自身が参照しているオーストラリアの作家、パトリシア・ピッチニーニの生み出す未知の生物イメージを参照する必要があるだろう。ピッチニーニは決して科学的な知見を否定することなく、思弁的な方法論を深めることによって「SF的」とも言える奔放な想像力を用いて未知の動物たちの生態を描き、そこに種を超えた親密さや愛の感情を描き出そうとしてきた。ハラウェイによればこうした思弁的な実験に科学技術的存在論とアートを結び、新たな自然文化の様態を組織化する重要なヒントが含まれている(Haraway, 2014)(図6－1)。

それでは、例えば東アジアの一隅に存在する日本列島において「怪異の感覚」はどのようなキメラ的イメージと結びついてきたのだろうか。日本の民間伝承をたどれば、例えば特定の池・沼・岩・山といった空間に結びつきこれを表象する「ヌシ」という存在(伊藤 二〇二一)、あるいは想像的な非人間種のカテゴリーとして伝承されてきた「妖怪」といった表象群(廣田 二〇二二)の多くは、実在する動物をはじめ地形や気象といった非生物的な景観の聖性を基盤としながら人間と人間ならざるものの混成的なイメージを生み出してきた。こうしたハイブリッドなイメージを、デスコラが分析したようなアナロジズムの表現の一つとして分析し、歴史的なイメージの特性を理解することは重要であろう。中世の絵巻物から現代のマンガやアニメに至るさまざまな表現のなかで妖怪やキメラを描いてきた日本の芸術史は、まさに実在性をもった怪異の文化として近代の原理に拮抗し、科学的知識の断片と民衆的な想像力を架橋してきたのである。

キメラの共異身体

しかしながら、世界中の表象文化が混ざり合い、影響を与え合う(受け合う)現代芸術の領域では、ヨーロッパ的な「驚異」の心性と東アジア的な「怪異」の心性をアナロジズムにおける類型的な事例として対照的に扱うことは、もはや難しくなってきているようだ。

例えば日本の現代作家である鴻池朋子が特徴的な動物イメージを描くとき、それはもはやヨーロッパ的な文脈や日本的な文脈といった特定の地域的類型を抜け出して、惑星的とも言える新たな文脈を複数のルーツから汲み出そうとしている。同様に、根本裕子が陶芸によってつくり出すオオカミやイヌの彫刻は、もはや特定の地域を超えてある場所を占有することや他者を追い出すこと、迫害することと迫害されることを包含する動物的な生のイメージとして生々しい現実性を獲得している。大小島真木がマルチスピーシーズ人類学を参照しながら創作するキメラの彫像・絵画・映像は、もはやアナロジズムの範疇を超えてアニミズムやトーテミズム、ナチュラリズムといった複数の存在論を攪乱し、越境する。彼女たちの芸術は、キメラという次元そのものをアナロジズムの視覚的統一性の制約から解放し、自然物と人工物が混ざり合い、複数の存在論が越境的に配分される「超文化的」なハイブリッドの次元を創造的に描き出しているようだ。

それでは、こうした現代芸術におけるキメラとは何を意味するのだろうか。先述したように、デスコラによれば諸集団が生み出したキメラのイメージはアナロジズムによる記号操作によって構成されるという。つまり、それは動物と人間の身体的な分離を前提とした上で、その部位を混ぜ合わせ、類推的に再配置した合成の産物である。例えば爬虫類、両生類、魚類、鳥類、哺乳類といった集合に属する「生物身体」のバラバラに解体された形態的特性と、生命活動がもたらす内的な感覚のさまざまな様態を混ぜ合わせ、再配置したものが、キメラ表象に特徴的な自然界の種の秩序から逸脱したイメージを形成することになる。

デスコラによるアナロジズム的なキメラ論は、人間の地理的・歴史的想像力の可能性を探る上で、極めて重要な貢献であるだろう。しかし、キメラは必ずしもデスコラが想定しているような神・怪物・精霊・動物といった諸存在の視覚的な表現の様式にとどまらない。現代のアーティストの作例に見られるように、現代のキメラはむしろ、グラフィック技術によるアニミズム的変身の過程、トーテミズム的擬人化や脱擬人化の方法、さらにはナチュラリズム的バイオ工学による移植医療技術やバイオ兵器の開発(アンテス 二〇一六)に至るまで、実際には異なる存在論的カテゴリーを越境し、世界中に新たな変種を生み出し続けている。

キメラ表象の図像表現にとってアナロジズムの要素が強いことが確かであるとしても、それはすべての合成動物の表現が四つの類型化された存在論に分類されることを意味していない。哲学者のミシェル・セールが述べているように、むしろ私たちは異なる存在の様式を越境し、接続し、旅する存在であり、あらゆる芸術や宗教の遺産はその越境的な旅のなかで、異種交配的に生み出されるからだ。セールはそうした形而下と形而上をまたぐ越境的な創造を、デスコラが述べるような諸器官の部分的な合成ではなく、幹細胞レベルでの共異性の総合というユニークなイメージによって描き出している(セール 二〇一六、一六一〜一六六頁)。

セールの哲学が描いた詩的なキメラのヴィジョンは、単なる夢想ではない。それは新たな普遍的な要請に根ざしたものであり、デスコラ以後の人類学者によっても共有される、新たなキメラ論を彷彿とさせるものである。例えばカルロ・セヴェーリはアビ・ヴァールブルグの業績に依拠しながら、意図的に曖昧さを残して多重的な読み取りを許すような簡素化された絵文字的なイメージにおけるキメラ性を強調する。セヴェーリによれば、雷と蛇を共に想起させるような、あえて簡略化された記号イメージを描くことにより、平原インディアンたちはその抽象性においてはじめて生物種と気象現象を貫く原理を表現することが可能になる。セヴェーリの「キマイラ(キメラ)の原理」とは、こうして「雷鳴としての蛇」「蛇としての鳥」といった多義的な表象を成立させる集合的な記憶媒体の成立要件となる(セヴェーリ 二〇一七)。

近藤祉秋《しあき》もまた、デネ系の先住民社会の神話的な世界観のなかに、特定の動物種の器官と結び付けられた「共異身体」の複合イメージが生成する様子を論じている。筆者は、異なる属性をもったものたちが互いの異質性を解消しないまま共存する集まりの様式を「共異体」として論じたことがあるが、近藤はこのイメージを北方狩猟民の身体宇宙論によみかえ、異なる種の関係のなかに、種の共同体を超える「共異体」としての身体（「共異身体」）を発見した。このような「共異身体」の概念的イメージとして、私たちは例えばジミー・ダーラムの有名なキメラ彫像作品を付け加えることができるかもしれない。アメリカ先住民運動の指導者の一人であり、現代芸術の代表的な作家でもあるダーラムの作品は、まさに動物身体の物質的イメージを異素材や道具の組み合わせとして表現したキメラ的＝共異身体的な表現である（図6－2）。

　自然界に実在する動物の分類からキメラのような非実在の怪物的キャラクターが生成してくるのは「驚異」や「怪異」といったローカルな心性が継承され、しかもその心性の文脈が既に物質と記号の境界を超えたハイブリッドとして増殖している現実の証であると言えるかもしれない。[7] 例えば世界中に仮面や彫像といったマテリアルとしてのキメラ像が溢れ、神話的な物語だけではなく絵画的・演劇的・映画的イメージにまでその混淆的な存在が描かれる背景には、人間性の基盤が揺動し、動物というカテゴリーとのあいだにある境界領域が改めて問われている現実の反映でもある。動物は言うまでもなく、同時代の地表空間に暮らしている私たち複数種社会の一員であり、同時に私たちは動物という「人間以上」の範疇の一員でもあるのだ（石倉・唐澤 二〇二一）。

図6-2　ヴェネチア・ビエンナーレ 2019の期間中，アルセナーレ会場に展示されたジミー・ダーラムによる彫刻作品のひとつ（撮影：石倉敏明）

境界をひらくキメラ

こうして人間と動物の境界が不安定に揺れ動く状況の下、両者に共通する生命を、生物進化の時間のなかで理解し直そうとする哲学者エマヌエーレ・コッチャの思考は興味深い。コッチャは人間存在の条件を聖書的な人間例外主義から切り離し、地球という惑星の歴史に内在する生物進化の過程において必然的に発生する異種の遺伝子交換という現象によって説明する。この地上に生命が発生して以来、生物は各地の環境に適応しながら種として分岐し、内在的に進化を遂げながら生殖と遺伝を通して生命を継承してきた、ということを彼は直視する。

コッチャによれば、あらゆる生物種は、この「たった一つの生」を共有財産として継承し、それぞれの場面において実現しようとしてきた複数種の遺伝学的キメラである（コッチャ 二〇二二）。ヒトという種もまた、原生生物から昆虫類、魚類、両生類、爬虫類、鳥類、哺乳類等へといった進化の分岐を繰り返すなかで、先行する種が獲得した潜在的な遺伝形質を継承してきた複数種の末裔であり(8)、その意味において、あらゆる生物種の精神と身体は先行する他者の遺伝子のパッチワークとしてのみ、存在すると考える。

動物は人間にとって、宇宙や地球の壮大な歴史と私たち一人ひとりの生命を結ぶ種的な根拠であり、また同時に、進化の時間を共に並走し、地球上に生きる他種の歴史をしめす祖先的または類縁的存在でもある。動物の歴史は、人間にとっての他種＝他者の歴史であり、これまでに発生し滅びた生物の痕跡やこれから生まれてくる未知の生命の可能性を含み、そして同時代の地球上に生きる複数種社会の来歴とその複雑さを教えるものでもある。要するにそれは、私たちの祖先や子孫の属する系譜的な歴史、そして私たちの近縁種から疎遠で奇怪なものたちに至る無数の進化論的変異形から、現生人類を含む複数種間の新たな類縁性を開示する存在であり続けている。動物こそが人間集団がもつ「私たち」という集合的な範疇に生物としての基盤を供給し、人類の独自性についての種的な自覚と責任を目覚めさせる他者性の根拠を提供しているのだ。

最後に、近代日本を代表するユニークな博物学者、南方熊楠が数回にわたって雑誌『ネイチャー』に発表した奇怪

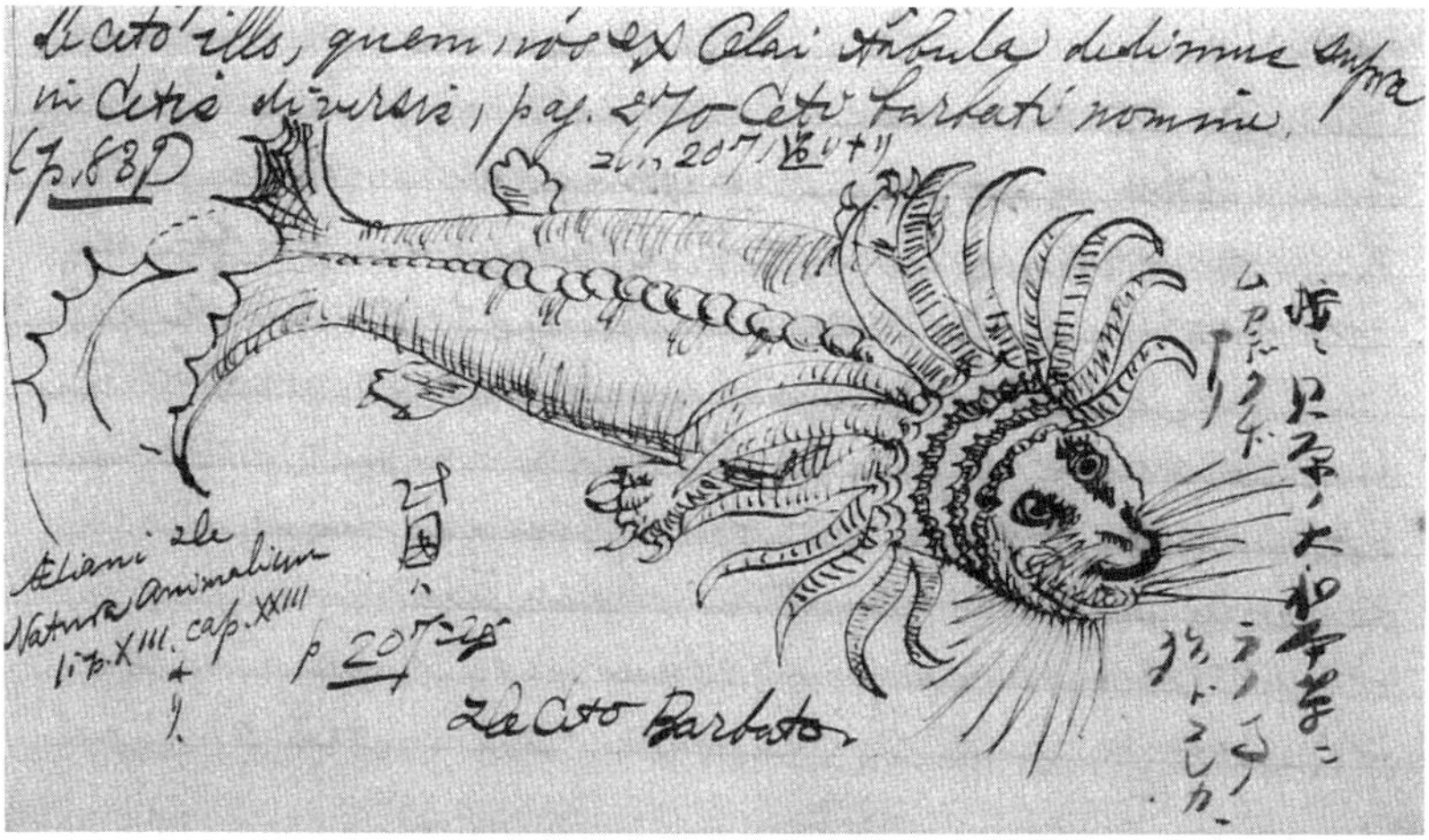

図6-3　南方熊楠「ムカデクジラ The Centipide-Whale」(南方 2005, p. 234 より).ゲスナー『動物誌』の引用するオラウス・マグヌスの「髭のあるクジラ」を熊楠が筆写したもの.「ロンドン抜書」巻24.『ネイチャー』1897年9月9日56巻1454号掲載記事に詳しい考察がある

な動物伝承「ムカデクジラ」を紹介することで本稿を閉じたいと思う。熊楠は古代ギリシアのアイリアノスや江戸時代の貝原益軒など、時代と空間を超えた思想家が夢想したこのキメラ的な生物をゲスナーの図版から書写しつつ、その特性を論じたのだった。

熊楠が論じ、描いた「ムカデクジラ」(図6-3)は、種の分類を超える想像物であり、あらゆる境界を超える広義のキメラである。それは、地上の節足動物であるムカデと海中に棲む巨大な哺乳類であるクジラの要素が混じり合うだけではなく、例えば太平洋戦争の後に水爆実験の影響で生まれたという有名な怪獣「ゴジラ」のように、ある種の聖性をもった想像種の形態的な魅力を宿している。こうしたキメラ的な生物種は、セールやコッチャの哲学がしめすように、もはや類型論的なアナロジズムの創作回路を超えて、生命現象の根幹と複数の世界像に関わるキメラ的な共異性のゆくえを示唆しているようだ。それは熊楠が「観察と分類」「直感と類推」という複論理の回路を通して見出した「粘菌」というキメラ同様、私たちを分断する境界を開き、共通世界の未来を照らす重要なイメージとして、古ぼけた博物誌の片隅に異様な光芒を放っている。

参考文献

アンテス、エミリー（西田美緒子訳）『サイボーグ化する動物たち――ペットのクローンから昆虫のドローンまで』白揚社、二〇一六年。

石倉敏明・唐澤太輔「外臓と共異体の人類学」奥野克巳・近藤祉秋・ファイン、ナターシャ編『モア・ザン・ヒューマン――マルチスピーシーズ人類学と環境人文学』以文社、二〇二一年。

伊藤龍平『ヌシ――神か妖怪か』笠間書院、二〇二一年。

今西錦司『生物の世界』講談社文庫、一九七二年。

尾形希和子『教会の怪物たち――ロマネスクの図像学』講談社選書メチエ、二〇一三年。

グリーンブラット、スティーブン（荒木正純訳）『驚異と占有――新世界の驚き』みすず書房、一九九四年。

香原志勢『人体に秘められた動物』NHKブックス、一九八一年。

コッチャ、エマヌエーレ（松葉類・宇佐美達朗訳）『メタモルフォーゼの哲学』勁草書房、二〇二二年。

ホワイト、デイヴィッド・ゴードン（金利光訳）『犬人怪物の神話――西欧、インド、中国文化圏におけるドッグマン伝承』工作舎、二〇〇一年。

近藤祉秋『犬に話しかけてはいけない――内陸アラスカのマルチスピーシーズ民族誌』慶應義塾大学出版会、二〇二二年。

齋藤亜矢『ヒトはなぜ絵を描くのか――芸術認知科学への招待』岩波書店、二〇一四年。

シェパード、ポール（寺田鴻訳）『動物論――思考と文化の起源について』どうぶつ社、一九九一年。

シップマン、パット（河合信和訳）『アニマル・コネクション――人間を進化させたもの』同成社、二〇一三年。

菅原和孝『動物の境界――現象学から展成の自然誌へ』弘文堂、二〇一七年。

セヴェーリ、カルロ（水野千依訳）『キマイラの原理――記憶の人類学』白水社、二〇一七年。

セール、ミシェル（清水高志訳）『作家、学者、哲学者は世界を旅する《人類学の転回》』水声社、二〇一六年。

ダーウィン、チャールズ（八杉龍一訳）『種の起源（上）』岩波文庫、一九六三年。

張競『天翔るシンボルたち――幻想動物の文化誌（図説中国文化百華　第二巻）』農山漁村文化協会、二〇〇二年。

デスコラ、フィリップ（小林徹訳）『自然と文化を越えて』水声社、二〇二〇年。

中村禎里『日本人の動物観――変身譚の歴史』海鳴社、一九八四年。

中村禎里『日本動物民俗誌』海鳴社、一九八七年。

バタイユ、ジョルジュ(湯浅博雄訳)『宗教の理論』ちくま学芸文庫、二〇〇二年。

林俊雄『グリフィンの飛翔――聖獣からみた文化交流』雄山閣、二〇〇六年。

ハラウェイ、ダナ(高橋さきの訳)『猿と女とサイボーグ――自然の再発明』青土社、二〇〇〇年。

ハラリ、ユヴァル・ノア(柴田裕之訳)『サピエンス全史(上・下)』河出書房新社、二〇一六年。

廣田龍平『妖怪の誕生――超自然と怪奇的自然の存在論的歴史人類学』青弓社、二〇二二年。

廣田龍平『〈怪奇的で不思議なもの〉の人類学――妖怪研究の存在論的転回』青土社、二〇二三年。

ボードマン、ジョン(西山伸一訳)『ノスタルジアの考古学』国書刊行会、二〇一〇年。

南方熊楠(飯倉照平監修、松居竜五・田村義也・中西須美訳)『南方熊楠英文論考［ネイチャー］誌篇』集英社、二〇〇五年。

マーカタンテ、アンソニー・S(中村保男訳)『空想動物園――神話・伝説・寓話の中の動物たち』法政大学出版局、一九八八年。

箭内匡『イメージの人類学』せりか書房、二〇一八年。

山中由里子編『〈驚異〉の文化史――中東とヨーロッパを中心に』名古屋大学出版会、二〇一五年。

山中由里子「自然界と想像界のあわいにある驚異と怪異」山中由里子・山田仁史編『この世のキワ――〈自然〉の内と外』(アジア遊学239)勉誠出版所収、二〇一九年、四～一六頁。

ユクスキュル、ヤーコプ・フォン(前野佳彦訳)『動物の環境と内的世界』みすず書房、二〇一二年。

ラトゥール、ブルーノ(ブリュノ)(川村久美子訳・解題)『虚構の「近代」――科学人類学は警告する』新評論、二〇〇八年。

Descola, Philippe, 2018, "The Making of Images", in Fillitz, Thomas & van der Grijp, Paul (eds.), *An Anthropology of Contemporary Art: practices, markets, and collectors*, Bloomsbury, pp. 25-40.

Descola, Philippe, 2021, *Les formes du visible*, éditions du Seuil.

Iozzo, Mario, 2009, *The Chimaera of Arezzo*, Edizioni Polistampa.

Kirksey, Eben(ed.), 2014, *The Multispecies Salon*, Duke University Press.

Musharbash, Yasumine & Prestrudsuen, Geir Henning, 2020, *Monster Anthropology: Ethnographic Explortioms of Transforming Social Worlds Through Monsters*, Routledge.

Haraway, Donna J., 2014, "Speculative Fabulations for Technoculture's Generations: Taking Care of Unexpected Country", in Kirksey, Eben(ed.) *The Multispecies Salon*, Duke University Press, pp. 242-261.

Haraway, Donna J., 2016, *Staying with the Trouble: Making Kin in the Chthulucene*, Duke University Press.

Rizaliti, Sergio & Zucchi, Valentina, 2017, *Chimera Relocated: Vanquishing the Monster*, Officina Libralia.
Sax, Boria, 2013, *Imaginary Animals: The Monstrous, the Wondrous and the Human*, Reaktion Books.
Wengrow, David, 2014, *The Origins of Monsters*, Princeton University Press.

注

(1)「観察と分類」に基づく近代的な生物学の方法論に対して、日本の生物哲学者である今西錦司は「直感と類推」によって複数種の間にある「類縁的遠近」をとらえようとした。動物を「擬物化」「自動機械化」「無生物化」して純粋な観察の対象に還元しようとする近代科学に対する今西の批判は現代においても重要である。今西(一九七二、一六〜二六頁)を参照。

(2)正教会における犬頭の聖人イメージは、人間社会にとって比較的親密な動物の範疇である犬と人との合成を許容することで、神と人間を中心とする人間の社会の周辺部を守る異形性を表現し、同時にキリスト教世界における異教徒の文明化を暗示する。

(3)ホワイトはさらにこの問題を、コスモロジーの境界性に関わる動物の象徴性に結びつけて論じている。「象徴的にいえば、犬は人間宇宙の回転軸であり、野生・馴化という両極の間の敷居に潜んでいる。犬のなかに多くのヒトらしさが潜み、ヒトのなかに多くの犬らしさが潜み、そしていずれにも多くの狼らしさが潜む。そして、神のなかにもまた、いくらかのドッグマン(犬人間)らしさが潜んでいる」(ホワイト 二〇〇一、三一頁)。ここには純粋に象徴的な論理操作があるのではなく、じっさいには動物と人間、そして神のような超越者の関係を背景にした、現実界・想像界・象徴界という次元をつらぬく三つ巴のダイナミックな精神現象が介在していることがわかる。

(4)したがって、日本の民俗分類では例えばイヌ・ネコ的な中型動物、ウシ・ウマ的な大型動物、ネズミ的な小型動物のほか、地を這うもの、空を飛ぶもの、水中を泳ぐものという鳥獣虫魚の群れの民俗分類法に、河童やツチノコといった怪異的な存在のイメージが含まれ、実在するものと非実在的なものが曼荼羅のように混在する、独特な博物学的世界観が形成されることになる。中村(一九八四、一九八七)を参照。

(5)ラトゥールは世界的なベストセラーとなった著書『虚構の近代』(二〇〇八)のなかで人間(文化)と非人間(自然)を分離し、同時にその分離を隠蔽する装置としての「近代憲法」について論じている。このような分離と隠蔽の水面下において、ハイブリッド(異種混交)が増殖するとラトゥールは説く。

(6)アンテス(二〇一六)は機械的な身体と有機的身体とを媒介するナチュラリズム的なキメラ(サイボーグ)の実例を考察する。また、現代の漫画表現における同様の領域の探究として、五十嵐大介による『ディザインズ』や『ウムヴェルト』といった作品群は特筆すべき次元に到達している。

(7)ムシャルバシュとプラストゥルストゥンは「怪物(Monster)」という半ば無自覚に用いられてきた通文化的な概念を再検討することで、このような物質記号論的な想像力の射程を確認している(Musharbash & Prestrudsuen, 2020)。

(8)同様の論点から、香原(一九八一)はアドルフ・ポルトマンらの生物形態学を発展させつつ、「人体に秘められた動物」という異種間の遺伝的相互関係を論じている。

コラム6

間《ま》にて真《ま》を眼《まな》ざせば

——真似《まね》び、学び、愛《まな》む、ミメーシスとしての制作行為

大小島真木

私は普段アーティストとして絵を描き、毛皮や布や糸、焼成した陶器を使って立体作品をつくり、そのうえで、映像や人工知能なども使用している。その過程で、さまざまな種類の生物を観察し、感じ、考え、想像し、感応する。それは決してある動物を冷徹な眼ざしでとらえ、主体と客体をはっきりと分離してゆくような態度ではない。むしろ私は見ること、描くこと、つくることによって動物を自らの臓腑において理解し、その存在に近づいていくことができるように感じている。

動物を描くことは、私には動物の身体の輪郭線を通してその生命を再び生きることに似ていると感じる。動物のフォルムを深く意識し、その線を辿ることによって、世界の解像度は変容する。描くことによって世界をとらえる知覚が変容するのだ。蝿の眼球はどこまで世界を見渡せるのだろう？　四つ足の生き物はどんな身体の軸をもっているのだろう？　どんなふうに音や匂いを知覚し、四肢や羽を動かしているのだろう？　進化の過程でつくり出されてきた動物の形はどれもとても複雑で、それこそが私にとっては美しい。それは柳宗悦が民藝の道具に「用の美」を認めたように、生物が環境に適応し、生存するために編み出した形態や機能の美しさにあらためて目を向けることでもある。私にとって制作行為とは、種の狭間においてその美を見据え、それを翻訳し、新しいイメージを再創造することでもある。

この再創造は、ある意味では狩猟の行為にも似ているかもしれない。何かを描くとき、自分が人間ではないものに生成変化していくような感覚がある。例えば人類学者レーン・ウィラースレフの『ソウル・ハンターズ——シベリア・ユカギールのアニミズムの人類学』(亜紀書房)には、ユカギールの狩猟者が獲物となるエルクを想像し、エルクそのものになって狩猟行為を行うという興味深い記述がある。彼らは夢の中でエルクと性行為をし、そしてエルクの毛皮を着て、限りなくエルクの存在に近づいてゆく。エルクではない、人間のユカギールの狩猟者が、限りなくエルクに近づくことで、動物の生態を自らの身体で知覚できるようになる。しかし、完全にエルクになり切ってしまうことは、人間に戻ることができないというリスクを孕んでい

る。そこで、彼らは「エルクではなく、エルクではないというわけでもない」という不安定なポイント――「間」に立つことで、主体と客体の間を揺れ動く。相互に見つめ、見つめられ、眼ざしを交差させながら何度も対象をトレースすることで、世界に対する解像度を高めてゆく。「真」へと漸近していく。それは、ある意味では「見る／食べる主体」と「見られる／食べられる客体」のどちらにも安定しないことである。私にとって創作活動とは、そうした「間」において「真」を「眼ざ」し、主客の輪郭線の綻びを糸口に対象を真似び、学び、愛む、ミメーシス(模倣)の行為に近い(xiv・xvページ、カラー図6・7)。

こういった制作の感覚は、一つの世界をゼロから創造するという「神の視点」とはまったく異なる。大作を床の上で描くとき、私は大きなキャンバスの上で這いまわり、歩き、走り、あるいは踊らされながらつくっていくような感触があり、それは微生物や昆虫、小動物へと変身していく感覚に似ている。熱海では、毎日たくさんのフナムシたちと目を合わせながら絵を描いていた。四つん這いになって描いていると、自分が本当に人間ならざるものになっているのではないか、と思う瞬間がある。そこで、ときおり人間に戻るため、立ったり座ったりして、絵を少し俯瞰してみる。そして再び、私は巨大な絵の中に飛び込み、人間ならざる生物になってゆく。

科学探査船タラ号では、海洋学者や生物学者たちと知見を共有した。科学者のまなざしは、異なる生物のパースペクティブを理解するだけではなく、生物が腐敗し、消費され、エネルギーとして地球を循環してゆくことを可視化する。科学者もまたアーティストとは異なる仕方で、動物を描こうとしているのだと感じた。その意味において、私たちは誰しもが「制作」の徒なのかもしれない。

7 「驚異の部屋」の怪物たち

――不思議な生きものが生まれる現場

山中由里子

怪物の存在の物的証拠

人類は、心の眼で見た心的な像を、眼に見え、手で触れることができる物質で描くという能力を進化の過程で身につけ、この世のどこかにいるかもしれない、不可思議な生きものを視覚化してきた。キメラ、怪物、幻獣とも呼ばれる想像界の生きものたちは、物語や神話と結びついた儀礼や芸能の場に登場し、身に危険をおよぼす脅威や、抗うことのできない力に対する恐れや畏敬の念を対象化し、ときに操ろうとする行為とも深く結びついてきた。この世ならざる生きものの物質的な表象は、自然界には存在しない反直観的で抽象的なアイディアをダウンロードして保存し他者に伝えるための固定装置として(Mithen, 2007)、あるいは夢や幻視を具象化し空間的に留めるために創造されてきたといわれる(Lewis-Williams, 2002)。

しかし、怪物たちは寓意的・象徴的な存在として描かれてきただけではない。実際に存在するかもしれない珍しいものをこの目で見たい、所有したい、その特異な力にあやかりたいという願望に駆られ、人は、この世のキワにいるかもしれない、あるいは太古の世界にはいたかもしれない奇妙な生きものの存在の物的証拠を自然界に見出し、それを集めたり、崇めたり、薬として摂取してきた。

こうした行為の対象となったものの中には、自然物そのものが幻獣の遺物や痕跡に見立てられたものがある。よく知られている例としては、北極圏に生息する海棲哺乳類イッカク（ナルワル）がもつ一本の長い牙が、額に角の生えた馬、ユニコーンのものとしてヨーロッパで珍重されたことである。また、太古の巨大ザメであるメガロドンの歯の化石は、ヨーロッパでは「竜の歯」（図7-1）と呼ばれ（McNamara, 2020）、日本では「天狗の爪」と呼ばれた。マンモスなどの古生物の骨は、巨人がかつては実在した証拠とみなされた（山中 二〇二三）。

しかし、本章で注目したいのは、こうした自然物の中に見出された幻の生きものではなく、人の手によって巧みにつくられた標本である。ここでは、ヒュドラー、人魚、マンドラゴラの三つの事例を取り上げ、愛らしくも美しくもない、奇妙でグロテスクな怪物たちがどのような文脈でつくられ、流通し、受け止められたのかを探る。

見破られたヒュドラー

蛇のような、トカゲのような二本足の体に頭が七つの怪物。この絵は一八世紀、ドイツのハンブルクに実在した剝製を写したものである（図7-2）。アルベルトゥス・セバ（一六六五―一七三六）というオランダの博物学者がまとめた生物図鑑『自然の宝典』に大まじめに載っている（Seba, 1734: 158-160）。セバによると、スウェーデンの貴族ケーニヒスマルク伯爵の所蔵品だったものがハンブルクの商人の手に渡り、一万フローリン（ギルダーの旧名）という高値で売りに出ていると聞いて関心をもち、ハンブルクの薬屋であり珍物コレクター仲間であったヨハン・フリードリッヒ・ナトルプから実物大の彩色された絵を取り寄せたという。『自然の宝典』に描かれた七つ頭の怪物は「ヒュドラー」と呼ばれ、『ヨハネの黙示録』に登場する「黙示録の獣」が本当にいる証拠と考えられた。ナトルプもこれを見たとし、作り物ではなく、本当に自然のも

図7-1　竜の歯（17世紀後半．国立ブールハーフェ科学博物館蔵）．中央フランスの薬局にあったとされ，ヴェルヴェット張りの台に銀の装飾で固定されている

図7-2 『自然の宝典』第1巻に描かれたヒュドラー(Seba, 1734: t. 1 tab. CII)

のである、とセバに断言している。

実は、このハンブルクのヒュドラー以前にも竜のような怪物の剥製はヨーロッパに存在し、それが自然に実在するものなのか、人の手によってつくられたものなのかという議論が自然学者たちの間で起こっていた(Findlen, 2002; Marrache-Gouraud, 2013: 288-294; 307-320; Marrache-Gouraud, 2020: 367-376; Mason 2023: 133-135)。一五世紀以降の「大航海時代」にヨーロッパ人は五大陸を広く旅して、それまでは本の中だけで知られていた世界各地の珍しいモノの実物を収集し、貴族や富裕層の間ではそれらを城や館の陳列室に並べることが流行った。人々をあっと驚かし、自らの収集力と影響力を誇示するためのこうした空間は、「驚異の部屋 Wunderkammer」あるいは「珍奇のキャビネット Cabinet of curiosities」と呼ばれ、ヒュドラーや竜の剥製はこうしたコレクション用に高値で取引されたようである。

例えば、スイスの博物学者コンラート・ゲスナー(一五一六―一五六五)は一五五三年に刊行した『動物図譜』に、七つ頭のヒュドラーを挿絵入りで挙げている。ゲスナーは「いい加減で卑俗な刷り物」(いわゆる瓦版のようなもの)による情報とした上で、そのヒュドラーが一五三〇年にトルコからヴェネチアにもたらされ、その後フランス王フランソワ一世に捧げられたもので、評価価値が六〇〇〇ドゥカート金貨もしたと記している(Gessner, 1553: 362-363)[1]。ゲスナー自身は実物を見ておらず、挿絵も瓦版の絵がもとになっているようだが「耳、舌、鼻、顔は、あらゆる種の蛇の性質とも異なる。このような作り物の制作者が事物の本性について無知でなければ(奇形の怪物にしても、ほとんどの場合、無秩序に変質するわけではないのだから)、より優れた技で観る者を騙すことができたであろうに」と、少々回りくどい表現で、それがいかにも胡散臭いと評している。

イタリアの博物学者ウリッセ・アルドロヴァンディ(一五二二―一六〇五)も「ヴェネチアのヒュドラー」を見たようで、死後の一六四〇年に刊行された『蛇竜誌』のヒュドラーの章でそれに言及している(Aldrovandi, 1640: 386-401)。アルドロヴァンディは、フランス王に献上された標本が高値で再びヴェネチアに買い戻されたと書いているが、フォンテーヌブロー宮殿の司祭ピエール・ダンの証言によると、フランソワ一世がかつて同宮殿につくらせた珍品陳列室に、ネズミに喰われて頭をすべて失った哀れな姿のヒュドラーが、一六四二年の時点で放置されていたらしいので(Dan, 1642: 85)、アルドロヴァンディが見た「頭が七つ、爪のはえた足が二本で、鱗状」のヒュドラーは似ているが、別の標本であった可能性が高い。アルドロヴァンディはそれを次のように描写している。

それらの頭は驚くほど精緻な技で、胴体の幅の周りにつなげられている。胴体は横幅がとても広く、流浪のペテン師たち〔*Circumforanei*〕は、どうやら詩人たち〔が描くヒュドラー〕を模して、そこからいくつもの頭を洗練された技巧で生やしている(Aldrovandi, 1640: 387, 筆者訳)。

物語に登場する七つ頭の獣があたかも実在するかのような標本を、丹精込めてつくり出していたという*Circumforanei*とはいったい何者なのか、気になるところであるが、これについては後述する。ゲスナーやアルドロヴァンディのように自然誌の知識をもっている学者は、これらが作り物であることは見抜いていたわけであるが、この時代の多くの人はこのようなモンスターが、オスマントルコや、カトリック教会を脅かす改革派たちの脅威といった凶兆が、異形の獣として具現化したものだと信じた。ローマの科学アカデミー、アッカデーミア・デイ・リンチェイのパトロンでもあったフランチェスコ・バルベリーニ枢機卿のコレクションにあった「一角の小竜」*Dracunculus monoceros*の剝製は当時有名で、一六二八年に同アカデミーが刊行した『メキシコの動物』に、非常に詳細な描写が

図7-3　イエナ市博物館にある七つ頭の竜

挿絵とともに含まれている（Faber, 1628: 816–818）。メキシコ由来でも、実在の生きものでもないことを、著者の博物学者ヨハン・ファベール（一五七四―一六二九）は解剖学者でもあったので重々承知していたはずであるが、これが「ペテン師たち〔*circulatore*〕による作り物ではなく、まさに神と自然が生み出したものである」と記している。アカデミーのパトロンである枢機卿のお宝の正体をむやみに暴いてはいけないという、政治的な配慮がこの記述の背景にあると考えられている（Freedberg, 2002: 362–365）。

ハンブルクのヒュドラーに戻ろう。セバが取り寄せた絵から挿絵に描いたヒュドラーはその後、当時のハンブルク市長の自慢の珍物コレクションに入った。一七三五年の春に同市を訪れたスウェーデンの若き生物学者カール・フォン・リンネ（一七〇七―一七七八）もこの剥製を見せてもらうが、リンネはそれが実在する動物ではないことをすぐに見破ってしまう。リンネは同じ年に出版した『自然の体系』の「パラドクサ」（自然の分類体系に当てはまらない矛盾した動物）の項目で、ハンブルクのヒュドラーについてこう書いている。「自然は常に自らに忠実なので、一つの体に複数の頭を自ずからつくり出すことはない。私自身が見たところ、〔このヒュドラーは〕爬虫類のものではないイタチの歯をしていることから、ニセモノでつくりものであることは明らかである」（Linnaeus, 1735）。さすがは「分類学の父」リンネである。市長への気遣いのかけらもなく、容赦なくニセモノであると断言している。

ハンブルクのヒュドラーがその後どうなったかはわからない。ドイツの大学町イエナにあるイエナ市博物館には「七不思議」の一つに数えられる七つ頭の竜が所蔵・展示されている。しかし、剥製というより、いかにも張りぼてという感じである（図7-3）。

海を渡った人魚のミイラ(2)

七つ頭の怪物ヒュドラーの剝製が、生物学者のリンネによってニセモノであるとあばかれたことは、ヨーロッパにおける近代科学の成立をよく表す事件であった。言い換えれば、一八世紀半ばにもなると、珍しい怪物の標本の所有が、宗教的・政治的権威の象徴ではなくなってくることを示している。それまでは、「驚異の部屋」に集められた珍しい動植物の中に、ハンブルクのヒュドラーのような巧みにつくられた怪物の標本も含まれていたが、一八世紀後半頃からは、明らかにニセモノ(自然には存在しない作り物)とされるものの収集は行われなくなってゆく。リンネの『自然の体系』の第六版(一七四八年)から、人魚、竜などを含んだ「パラドクサ」の項目がなくなることとも並行している現象である。

それでも、怪物を見てみたい、集めてみたいという人々の好奇心はそう簡単に消えるものではなかった。一九世紀半ばにはヨーロッパとアメリカで、人魚のミイラが注目を集める。それは幕末に長崎の出島にいたオランダ人が日本から持ち出したものだった。

日本では、江戸時代後期に見世物の出し物として「人魚」の干物《ひもの》が人気を博していた。江戸時代の史料には「ミイラ」ではなく「干物」「乾物」「塩もの」あるいは「作り物」「細工」などと呼ばれて登場するが、ここでは「ミイラ」または「作り物」と総称することにする。当時は人魚を見ると厄除けになるという言い伝えがあり、多くの人はその見世物を本物の人魚と信じ、珍しくありがたいものとして見物した。実際にはサルなどの上半身と、魚の尾をつなげた作り物だったのであるが、オランダ商人たちは日本人が巧みにつくる珍しいものとして買い集めた。同じ頃に収集された竜や鬼のミイラとともに、人魚のミイラはオランダのライデン世界博物館に今でも残っている(図7-4)。

その干からびた姿は、グロテスクで怪しく、薄気味悪い。下半身部分の魚のひれや鱗、そして人型の上半身部分の小さな手の五本指、まばらに残る毛髪、笑っているのだか叫んでいるのだかわからない、口から覗く小粒な歯並び。

図 7-4　幕末に出島からオランダに輸出された人魚の作り物(ライデン世界博物館[旧ライデン国立民族学博物館]蔵)

かつて生命が宿った有機体であったことの証であるこれらの部位を目の前にすると、まがいモノであることはわかっていながら、その異様な存在感には、今見ても抗い難い磁力がある。

見世物としての人魚のミイラの最も早い記録は、安永六(一七七七)年に書かれた平賀源内の『放屁論後編』にある次の一節である。

当時諸方にて評判の品々は、飛んだ霊宝《レイホウ》珍《メヅラ》しき物、十《ト》月《ツキ》の胎内《タイナイ》千里《リ》の車《クルマ》、鹿《シカ》に両頭《トウ》あれば猿《サル》に曲馬《キョクバ》あり。(中略)大魚《タイ〈ギョ〉》出れば大蛇骨《ダイジャコツ》出(で)、硝子《ビイドロ》細工・牽絲傀儡《ナンキンアヤツリ》古《フルキ》を以て新《アタラ》しく田舎道者《イナカダウシャ》の目《メ》を悦《ヨロコバ》しめ、鳥娘《トリムスメ》は名にてくろめ、人魚《ニンギョ》は人をちやかすなり(平賀 一九六一、二四六〜二四七頁。原文は旧字)。

ここでいう「飛んだ霊宝」とは、この年に江戸の両国広小路で開かれるようになり、大評判になった細工見世物の興行のことである。寺社が秘仏を期間限定で開帳する際に、その近くで魚介の乾物や野菜で細工した寺社の宝物の作り物が、見世物として公開され、人びとはその素材の意外性と細工の巧みさに驚嘆し、パロディ性を楽しんだ。

源内の記述からは、仏像の細工物だけでなく、双頭(奇形)のシカ、猿回し、馬の曲芸、鳥娘といった様々な「珍しき物」もアトラクションとして出ていて、その中の一つが人魚だったことがわかる。「人魚は人をちやかす」、つまり人を誑《たぶら》かすような作り物だったというが、飛んだ霊宝自体が干物の魚介などを材料としていたらしいので、人魚も一部が魚の干物でつくられていた可能性は大いにあろう。

源内から半世紀ほど後には、人魚だけが独立した見世物として成立していたようである。尾張藩士であった画家、小田切春江（一八一〇―一八八八）の絵入り日記『名陽見聞図会』（東洋文庫蔵）には、人魚の見世物の様子が挿絵とともに描かれている。(3) 天保三（一八三二）年の八月に名古屋の「大須門前にて、人魚を見す。是ハおろしや国よりワたりたる物にて、尤、本生物《ほんしょうもの》なるよし。ほしかためし物也」とある。この記述から推測するに、小田切はこの人魚が細工ではなく、「おろしや国」（ロシア）から来た「本生物」、つまり生き物を干し固めたものだと信じていたようである。その次の頁には人魚の見世物の絵が挿入されている。この挿絵では、人魚が毛氈《もうせん》らしきものの敷かれた台の上に仰向きに横たわっており、そのふるさとである海に見立てた波図の屏風が後ろに立てられ、三方に載せられた神酒までが供えられている。詞書《ことばがき》には以下のように記されている。

> 人魚ハ折々見せ物等に出といへ共、いつとても、其形同じからず。多くハ美女のかたちにて、ひたいに角はへ、からだハ魚のごとくなる形多し。
> 此度見せる人魚ハ其かたち異にして、頭ハ猿の如く、尾の先いたって長く、手も二本あり。干《ほし》がためし物なれ共、生《しょう》の物なるよし。

ここでも、「干《ほし》がためし物なれ共、生《しょう》の物なるよし」と説明されており、人魚が作り物ではなく生き物である、と著者が信じていることがうかがわれる。

都市の知識階級の画家ですら「生の物」と思うほどの迫真性はどうやって生み出されていたのか。同時代の国学者、喜多村信節《のぶよ》（一七八三―一八五六）による随筆『ききのまにまに』では、天保元（一八三〇）年一一月頃に江戸で流行っていた「化物の細工」の作り方が明かされている。

> 大森村に化物の細工を観せ物とする茶店出たり、近時両国元町回向院門前に目吉といへる人形師有、化物咄をな

す、林屋庄蔵が小道具共を作れり、夫よりさまざまの細工して処々に見せ物とす、大森村なるも是が細工と見ゆ、これより已前ニ宇禰次と云細工人有て、種々奇怪の物を造れり、木彫のみならず、絹或は獣皮諸物を用ひて作る、一年茸屋町河岸に奇怪の物を数多見物に出せり、又其後浅草寺奥山に人魚の五尺ばかりなるを出す、是等ハ獣皮魚皮をあはせて作れり、其頃玄冶店に九屋九兵衛といふ道具中買する者、彼ふき屋町ニてみせ物としたる内の徳利子といへるをもて来て、余にみす、面部ハ薄き皮ニて張りて、内に牽糸を設て面皮伸び縮みをなす、生るが如し、髪ハ獣毛をさながら用たれば細工の跡しれず、俳優尾上松緑なども、これが細工を用ひけると也(三田村校訂一九二七、一八三〜一八四頁)。

「化物咄」の人形芝居の小道具としてつくられた、化物の細工をアトラクションとして出す茶店が江戸外れの大森村にできた、という話に続いて、それに先立って「種々奇怪の物」の細工を「絹或は獣皮諸物を用ひて作」っていた宇禰次《うねじ》という細工人について記述している。宇禰次は、芝居小屋が集中する葺屋町《ふきやちょう》で化物細工の興行をした後、江戸随一の興行街として賑わった浅草寺奥山に人魚の見世物を出したそうである。この人魚は「五尺ばかりなる」というので、人の背丈ほどで、動物や魚の皮を巧みに合わせることで本物らしさをつくりだしていた。

宇禰次の化物細工は歌舞伎の舞台でも使われたようで、先の一節の最後に名前が挙がっている「俳優尾上松緑」とは、鶴屋南北の怪談物の役者として名を馳せた初代尾上松助(一七四四―一八一五)のことであろう。松緑は鬘師《かずらし》とともに、羽二重の絹に植毛する技術を開発し、より自然な生え際の鬘を発明したことでも知られる。文化文政時代に花開いた江戸のエンターテインメント・ビジネスの一環として発達していった、こうした「特殊造形」の技術を背景に、おそらく人魚のミイラの製作技法も改良されていったのではないか。人魚の見世物はその珍しさだけでなく、巧妙な細工でつくられた「リアルなニセモノ」と対面する驚きを提供することで、人びとを惹きつけたのであろう。

出島のオランダ商人たちは、興行主がこのような珍品で人々を引きつけ、その絵を描いた擬似護符を売ることによって「厖大な報酬」を得ていることを観察し、投資的買い入れを思いつく。その経緯が、一八二〇年七月から一八二九年二月までオランダ商館に勤めていたファン・オーフルメール・フィッセルの『日本風俗備考』に記されている（フィッセル 一九七八）。一八一七年から一八二三年まで出島オランダ商館長であったヤン・コック・ブロンホフやフィッセルが買い付けた怪物のミイラたちは、オランダの王家がハーグに設立した王立珍品館（いわゆる「驚異の部屋」が近代的な博物館へ移行する時期につくられたコレクション）に納められた。その後、一八三七年に設立された民族学博物館に移され、今日もライデン世界博物館に収蔵されている。

正規ルートでオランダの王立コレクションに渡ったもの以外に、バタヴィアにもたらされ、イーズというアメリカ人の船長によってかなりの高値で買い取られた人魚もある、と先のフィッセルの『日本風俗備考』には書かれている。イーズ船長は会社の船とその積み荷を勝手に抵当に入れて人魚を購入し、ヨーロッパの諸都市で興行を企てた。が、後にロンドンでこの人魚の見世物が「フィジーの驚異」として評判になった際に船会社から横領で訴えられ、船長は人魚の所有権は認められたものの、借金を完済するまで無給とされ、彼が息子に遺した唯一の遺産がこの人魚となったという。気味の悪いミイラを持て余した息子は一八四二年に、ボストン博物館の設立者であるモーゼス・キンバルにそれを売却する。キンバルは、人魚のミイラをボストン博物館に収蔵せず、興行師フィニアス・テイラー・バーナムに貸し出す。一九世紀アメリカきってのペテン師ともいえるバーナムは、この「フィジーの人魚」の周りに、相当に手の込んだホラ話（hoax）を生み出し、新聞というメディアを巧みに利用しアメリカ中を誑かし「バーナムのアメリカ博物館」の集客に利用した。バーナムが一八四一年にブロードウェーに開いたアメリカ博物館とは、見世物小屋と動物園と自然史博物館を組み合わせたような、珍物の総合デパートのような施設であり、「驚異の部屋」のアメリカ商業主義的展開であるといえよう。「フィジーの人魚」を使って大衆の好奇心を刺激し、客を集める手練手管は見事なものなのだが、詳細は拙稿をご参照いただきたい（山中 二〇一七）。

いかさま師たちによる偽マンドラゴラづくり(4)

最後に、人の形をした根が、引き抜かれる際に凄まじい叫び声をあげ、それを聞いたものは死んでしまうという言い伝えのあるマンドラゴラを採りあげよう。ハリー・ポッターなどのファンタジー作品での描写を思い浮かべる方が多いだろうが、マンドラゴラは想像上の人間植物ではなく、古来、薬として珍重されてきた、実在する植物である。ディオスコリデス(四〇頃―九〇頃)や、イブン・スィーナー(九八〇―一〇三七)など、古代から中世の著名な医学者たちがその薬学的な効能について記してきたのは、現在マンドラゴラ・オフィキナルム(*Mandragora Officinarum*)という学名で呼ばれる地中海地域に自生するナス科の植物と同定されている。

そのヒト型に見えなくもない形の根と、摂取量によっては死にも至るアルカロイド由来の作用のため、その採集法や用途についてはヨーロッパや中東で様々な伝承が生まれ、開運招福、富貴繁栄の魔術的効果も見出されてきた。そして、こうした民間信仰での需要は、「擬《もど》き」の流通も促した。あるいは逆に、「擬き」の需要を高めるための言説がマンドラゴラをめぐる民間信仰の伝播につながった可能性もある。

中世のアラビア語文献には、別の植物の根を巧みにヒト型に細工したものを、まことしやかな口上とともに、霊験あらたかなマンドラゴラとして高値で売る輩《やから》が登場する。一三世紀前半にジャウバリーというシリア人が記した『秘密の暴露』は、バヌー・サーサーン(サーサーンの末裔)と呼ばれた流浪の詐欺師・物乞い集団が、大衆を誑かして日々の糧を得るその手口の数々を暴露している本である。そこには、シクラメンなどの根に目鼻口手足などの形になるよう切り込みを入れて土に埋め戻し、自然な感じにヒト型に育ったころを再度掘り出すという、ペテン師たちによる偽マンドラゴラの製造方法が詳細に記されている。さらに、一三世紀カイロのイブン・ダーニヤールが書いた影絵芝居の戯曲には、香具師に扮したバヌー・サーサーンが偽マンドラゴラを売る際の生き生きとした客寄せ口上が含まれている。その売り文句では、様々な病気に効く治癒薬であるだけでなく、媚薬でもあり、地位や名声を呼び寄せる効能があることも、まことしやかに述べ立てられる(山中 二〇二〇)。

占い、偽薬売り、大道芸、物乞いで生計をたて、社会の周縁部で差別や取り締まりにあいながらも、独自の言語と伝統を維持しながら流浪の生活をしていたこれらの人々は、一五～一六世紀ころにヨーロッパへ移動していった(Richardson, 2021)。その動きにともなって、偽マンドラゴラが近世ヨーロッパで流布し始めたようである。

それを示す証拠に、巷に出回っている偽マンドラゴラに注意するようにという警告が、一六世紀以降のヨーロッパの医学書に見られるようになる。例えば、イタリアの医師ピエトロ・アンドレア・マティオリが一五四四年にヴェネチアで刊行したディオスコリデスの『薬物誌』のイタリア語翻訳書・解説書には、*Ciurmadori*(術使い)や*Ceretani*(いかさま師)がブリオニア(ウリ科のつる草)などの根をヒト型に加工し、大麦の種を埋め込んで、そこから生えてくる細かい根が髪や髭に見えるように細工したものをマンドラゴラと偽って売り歩いていることが書かれている。マティオリ自身もローマで*Circonforanei*(流浪のペテン師)に、実際にマンドラゴラのつくり方を見せてもらったと証言している(Mattioli, 1544: 326)。素材とされた植物は違うようではあるが、偽マンドラゴラのつくり方自体は、先述のジャウバリーが暴露していた製造方法と非常に似ている。パリ、ローマ、ヴェネチアなどの都市の広場で客寄せをして、見世物的な口上で大衆に売りさばくという商売の手口も、一三世紀カイロの影絵芝居に描かれた香具師の話術と類似している。

一三世紀のアラビア語文献に登場するバヌー・サーサーンによる偽マンドラゴラ売りと、一六世紀以降のヨーロッパの医学書や博物誌が記録している「放浪の民」「いかさま師たち」の手によるマンドラゴラ擬きの生産と流通の間には、偶然とはいえない共通点が多い。ヨーロッパにおける偽マンドラゴラ売りの登場は、いわゆるロマと呼ばれる移動型民族が、北アフリカや中東からヨーロッパに移動していったことと関係があるという説を、筆者は立てている。先の七つ頭のヒュドラーの剥製を巧みにつくりだしたとされる人々も、アルドロヴァンディによる証言で、*Circumforanei*(流浪のペテン師)と呼ばれていたことを思い出してほしい。フランス王の手に渡ったというヒュドラーの剥製が、一五三〇年にトルコからヴェネチアにもたらされたものだとされていたことも特筆に値する。偽の竜の標本づく

図7-5　エッペンドルフのアルラウネ（ウィーン美術史美術館蔵. ©KHM-Museumsverband）

りに長けた人々と、マンドラゴラ擬きの製造者たちは、同じ時期に中東からヨーロッパに入ってきたのではないだろうか。

さて、このマンドラゴラの呪力には、民衆だけでなく、王侯貴族も魅せられた。かつて王室の著名なコレクションに入っていたマンドラゴラ擬きは、幸いなことに実物が散逸せずに、現在もヨーロッパの公的な博物館や図書館に残されている。中世の偽マンドラゴラの姿を想像するためにも参考になる貴重なモノ資料である。現存する偽マンドラゴラの中でも、最も由緒あるのは、その来歴を一五〜一六世紀頃まで辿ることができる、神聖ローマ皇帝ルドルフ二世（一五五二—一六一二）の「驚異の部屋」にあったという「エッペンドルフのアルラウネ（ドイツ語でマンドラゴラのこと）」と「マリオンとトルダキアス」であろう。

いわゆる「エッペンドルフのアルラウネ」はハンブルク近くのキャベツ畑から一四八〇年頃に掘り出されたという由来が伝わる。十字架にかけられたキリストのような姿をした根で、宗教改革派による聖画像破壊の際にも被害をまぬがれ、ハンブルクの僧院に大事に保管されていたのを、ルドルフ二世が粘り強い交渉の末に一六〇二年に入手したものである（図7-5）。目鼻口、胸、足の間の線が人工的な彫りこみであることは明らかであり、もともとはいかさま師たちの作り物だったのではないかと疑わざるを得ない。しかし、磔刑のキリスト像の形をしていたことから、決してまがいもの扱いはされずに「奇跡の根」として崇拝の対象とされ、ルドルフ二世のプラハのコレクションに入った後には、優美な真珠の冠で飾られた。ルドルフ二世の死後は、ウィーンに移った王宮の宝物庫にもたらされ、現在はウィーンの美術史美術館に、ハプスブルク王家旧蔵の教会宝物の一部として展示されている（展示室XXIVa/b/c）。

さらに、プラハにあったルドルフ二世の「驚異の部屋」には、後に「マリオンとトルダキアス」と呼ばれるようになる雌雄一対のマンドラゴラも所蔵されていた。ディオスコリデスの薬学書に、マンドラゴラには雄と雌の種類があるという記述があることにちなんでつくられたものであろう。こちらは少し製造法が異なるようで、ギョウジャニンニクの一種 *Allermannsharnisch* (*allium victorialis*) らしき繊維質な根をヒト型に組み立てたもので、毛むくじゃらの小さい人に見える(図7-6)。

これらは、もとはルドルフ二世の叔父のオーストリア大公フェルディナント二世(一五二九―一五九五)が集めたもので、大公が居城としたインスブルックのアンブラス城の驚異の部屋コレクションにあったもののようである。フェルディナント二世の死後、アンブラス城から収集品を動かすな、という叔父の遺言を無視して、ルドルフ二世は手元にどうしてもほしいものはプラハに移したようである。ルドルフ二世は芸術や学問の優れたパトロンで、科学との境界がまだまだ曖昧であった魔術や錬金術にも大いに関心をもっていた。特に呪力が強そうなものは身近に置いていたようで、その収蔵品目録の「アルラウン」(マンドラゴラ)の項目には「これは皇帝陛下のお手元にある *haben I. Mt.*」という欄外のメモが見られる(Haupt and Bauer, 1976: 19)。

　これらはルドルフの死後「エッペンドルフのアルラウネ」とは別ルートで一六六五年頃にウィーンに渡り、異国の珍しい写本などと一緒に王立図書館に収蔵されることと

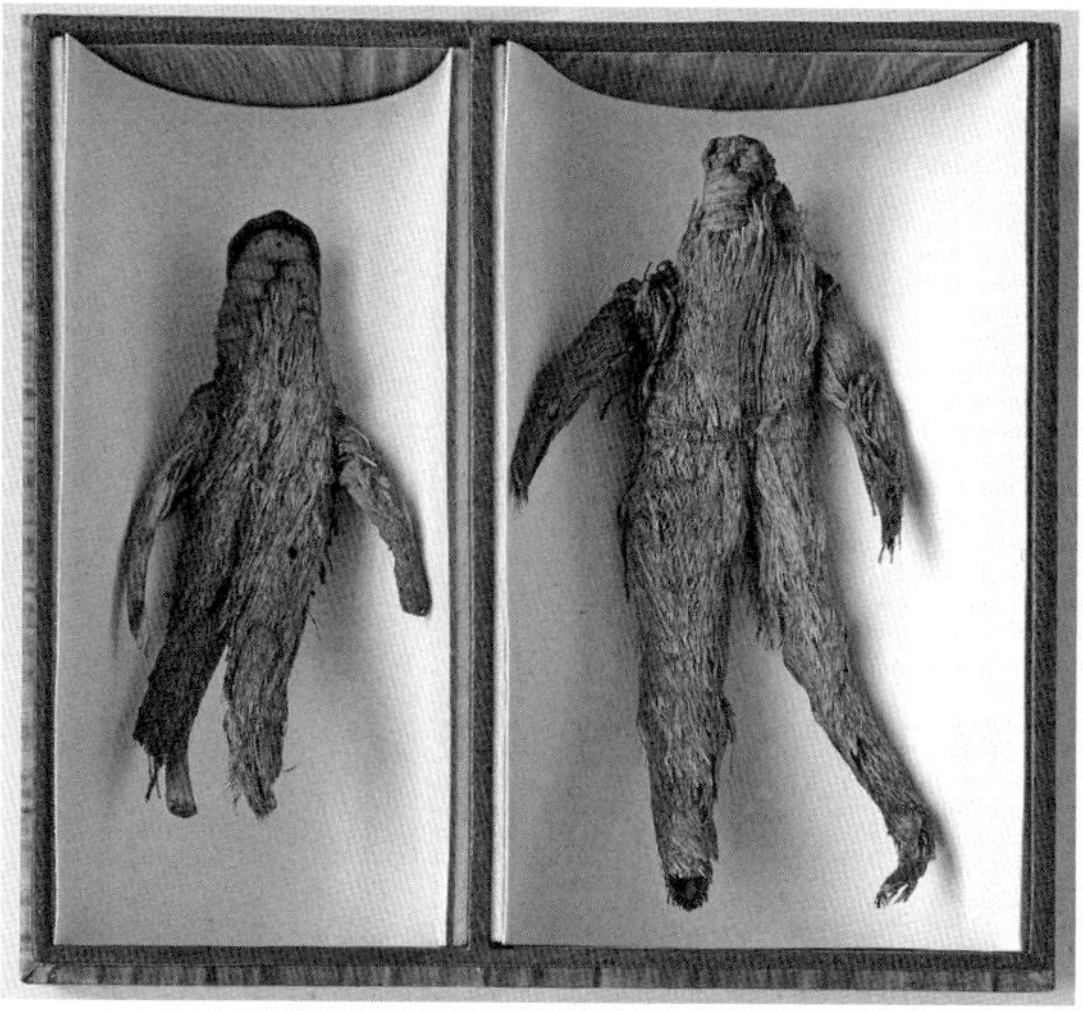

図7-6　ルドルフ二世旧蔵の「マリオンとトルダキアス」(オーストリア国立図書館蔵. http://data.onb.ac.at/rec/AC14385844)

なった。ペーター・ランベックという歴史家が一六七九年に記した蔵書解説書には、詳細な描写があり(Lambeck 1679: 647)、ランベックの後継者のネッセルはそれを挿絵入りで次のように引用している。

さて、ここに〔マンドラゴラの〕作り物、あるいはまがいものとも偽物ともいえる二点の品を、裸の状態と服を着た状態で挿絵にてご覧にいれよう。この類の代物《しろもの》はペテン師たちによって人を欺くためにつくられ、似非《えせ》科学や他の禁じられた妖術に使われている。前世紀には皇帝ルドルフ二世の自然誌コレクションの一部であったものを、数年前に幸運にも手に入れることができ、現在はその珍しさのためにウィーンのかくも偉大な王立図書館に保管されている。着せられている下着――*indusium* すなわち下衣とも呼ばれる――そして頭巾は、人間の胎児のごく薄い皮膚でできており、その上の長衣は黒い絹製である(Nessel 1690: Par. 7, 165, 筆者訳)。

本当だとしたら、なんとも薄気味悪い着せ替え人形である。現在は服を着ていない状態だが、当時の挿絵で、魔術師のローブのような服を着ていた姿を見ることができる。(5)

さらにその半世紀後、オットー・フォン・グラーベン・ツム・シュタインが一七三一年に公刊したドイツ語の説話集『霊界からの語り』の第二巻に、ウィーンの王立図書館長がこれらのマンドラゴラが保管されている暗い写本室で語ったという逸話として、ルドルフ二世の時代の雄雌マンドラゴラの呪術的用法が記されている。図書館長が語ったところによると、かつては、生《き》のままの葡萄酒風呂に入れるという怪しい行為がほどこされ「そうしなければ、生まれたばかりの赤ん坊のように泣き叫び始め、母の腹から出てきて初めて吸う外気に耐えられないかのように泣き止まなかった」そうである(Von Graben zum Stein, 1731: 287–288)。

この話には都市伝説的な誇張もかなりあるとはいえ、マンドラゴラを赤ん坊のように定期的に沐浴させ、服を着せかえれば、その呪力が強まり、厄除け・開運効果が維持できるという民間信仰は、実際に一六〜一七世紀のドイツ語圏では広く浸透していたようである。これも、偽マンドラゴラ売りを生業としていた「ペテン師たち」の一種のマーケティング戦略によるところが大きいのではないかと推察できる。しかし、戦争や疫病などの惨禍で多くを失った人々が、こうした呪物の力を信じ、心の支えにしていたことも、当時の手紙などの史料からうかがい知ることができる。また、ルドルフ二世にとっても、これらのマンドラゴラは単に珍品として「驚異の部屋」に陳列して眺めるだけのものではなかった。皇帝自らが、目に見えない威力を内包する物質に積極的に働きかけることによって、それらの神聖な力や魔力を都合のよいように操作し、政治的に利用しようとしたのかもしれない。

ニセモノの生きものに宿る技と力

好奇心、怖いものみたさ、収集欲、不思議な生きものがもつ呪力の恩恵に頼りたい……。こうした人間の心理につけ込み、怪物のニセモノを見世物にしたり、高値で取引したりして生計をたてるしたたかな連中が、時代を通して、中東にも、日本にも、欧米にもいたことは、ヒュドラー、人魚、マンドラゴラの標本の事例を通しておわかりいただけただろう。しかし、これらは、決してそこらのゴロツキが一儲けしようという思いつきで簡単につくり出せたものではないはずだ。

実際の動物や植物をブリコラージュ(寄せ集めて合成)することによって、これらの怪物の作り物にリアリティを与えるには、生きものに関する相当な知識と、自然物を巧みに加工する技が必要であった。日本の人魚の作り物の場合は、江戸の舞台芸術が培った職人技が背景にあったようであるし、偽マンドラゴラの加工の技術は、近世ヨーロッパを放浪したいかさま師たちから中世イスラーム世界のバヌー・サーサーンにまで遡ることができる驚異的に持続的なニッチ産業だったともいえるのである。

参考文献

国立民族学博物館監修、山中由里子編『驚異と怪異——想像界の生きものたち』河出書房新社、二〇一九年。

平賀源内『風来山人集』(日本古典文学大系五五)中村幸彦校注、岩波書店、一九六一年。

フィッセル、ファン・オーフェルメール(庄司三男・沼田次郎訳注)『日本風俗備考1・2』平凡社東洋文庫、一九七八年。

三田村鳶魚校訂『未刊随筆百種』第11巻、米山堂、一九二八年。

山中由里子「捏造された人魚——イカサマ商売とその源泉をさぐる」稲賀繁美編『海賊史観からみた世界史の再構築——交易と情報流通の現在を問い直す』思文閣、二〇一七年、一七〇〜一九五頁。

山中由里子「マンドレイクの採取法——ヨーロッパ・中東・中国における知識の往還」江川温ほか編『東西中世のさまざまな地平——フランスと日本の交差するまなざし』知泉書館、二〇二〇年、一五七〜一八八頁。

山中由里子「呪物としての偽マンドラゴラ」『怪と幽』一〇、二〇二二年、五二〜五五頁。

山中由里子「巨人の名残り——遺物をめぐる中世イスラーム世界の驚異譚と巨人」勝又悦子編『「巨人」の場《トポス》——古代オリエント・ユダヤ・イスラーム・ヨーロッパ文化圏における巨人表象の変遷』同志社大学一神教学際研究センター、二〇二三年、一一五〜一三八頁。

山中由里子編『〈驚異〉の文化史——中東とヨーロッパを中心に』名古屋大学出版会、二〇一五年。

Aldrovandi, U., 1640, *Serpentum, et draconum historiae*, C. Ferronium.

Atran, S., 1990, *Cognitive Foundations of Natural History: Towards an Anthropology of Science*, Cambridge University Press.

Dan, P., 1642, *Le tresor des merveilles de la maison royale de Fontainebleau*, Sebastien Cramoisy.

Faber, J., 1628, *Animalia Mexicana*, Rome.

Findlen, P., 2002, "Inventing Nature: Commerce, Art, and Science in the Early Modern Cabinet of Curiosities", in *Merchants & Marvels: Commerce, Science, and Art in Early Modern Europe*, P. H. Smith and P. Findlen (eds.), Routledge.

Freedberg, D., 2002, *The Eye of the Lynx: Galileo, His Friends, and the Beginnings of Modern Natural History*, University of Chicago Press.

Gessner, C., 1553, *Icones animalium*, C. Froschauer.

Haupt H. & Bauer, R., 1976, *Das Kunstkammerinventar Kaiser Rudolfs II., 1607–1611* (Jahrbuch der Kunsthistorischen Sammlungen in Wien 72), Schroll.

Lambeck, P., 1679, *Commentariorum de Augustissima Bibliotheca Caesarea Vindobonensi*, Liber 8, Wien.
Lewis-Williams, D., 2002, *The Mind in the Cave: Consciousness and the Origins of Art*, Thames & Hudson.
Linnaeus, C., 1735, *Systema Naturae*, Leiden.
Marrache-Gouraud, M., 2013, “Dragons d’apothicaires et bézoards de bazar”, in *La Licorne et le Bézoard, une histoire des cabinets de curiosités*, D. Moncond’huy and M. Marrache-Gouraud (eds.), pp. 285–295, 307–320 Gourcuff-Gradenigo.
Marrache-Gouraud, M., 2020, *La légende des objets: Le cabinet de curiosités réfléchi par son catalogue, Europe, xvie–xviie siècles*, Droz.
Mason, P., 2023, *Ulisse Aldrovandi: Naturalist and Collector*, Reaktion Books.
Mattioli, P. A., 1544, *Di Pedacio Dioscoride Anazarbeo Libri cinque della historia, et materia medicinale*, Bascarini.
McNamara, K., 2020, *Dragons’ Teeth and Thunderstones: The Quest for the Meaning of Fossils*, Reaktion Books.
Mithen, S., 2007, “Seven Steps in the Evolution of the Human Imagination”, in *Imaginative Minds* (Proceedings of the British Academy 147), I. Roth (ed.), Oxford University Press, pp. 3–30.
Nessel, D., 1690, *Catalogus, Sive Recensio Specialis omnium Codicum Manuscriptorum Graecorum, nec non Linguarum Orientalium, Augustissimae Bibliothecae Caesareae Vindobonensis*, Voigt.
Richardson, K., 2021, *Roma in the Medieval Islamic World: Literacy, Culture, and Migration*, I. B. Tauris.
Seba, A., 1734, *Locupletissimi rerum naturalium thesauri accurata descriptio, et iconibus artificiosissimis expressio, per universam physices historiam: opus, cui, in hoc rerum genere, nullum par exstitit*, t. 1, Jansson-Waesberg.
Von Graben zum Stein, O., 1731, *Unterredungen von dem Reiche der Geister*, Bd. 2, Benjamin Walther.
Yamanaka, Y., 2022, “How to Uproot a Mandrake: Reciprocity of Knowledge between Europe, the Middle East, and China”, Hanno Wijsman et al. (eds.), *Horizons médiévaux d’Orient et d’Occident: Regards croisés entre France et Japon*, Editions de la Sorbonne, pp. 169–195.

注

（1）https://cdm21057.contentdm.oclc.org/digital/collection/coll13/id/80516
（2）本項は拙論（山中 二〇一七）から一部抜粋し、本論用に改稿したものである。
（3）東洋文庫画像データベース『名陽見聞図会』巻二、カット12－13。

http://124.33.215.236/gazou/201212saisyokukaiga/show201212.php?booktitle=%E5%90%8D%E9%99%BD%E8%A6%8B%E8%81%9E%E5%9C%96%E6%9C%83%E4%BA%8C&pgtitle=%E6%9D%B1%E6%B4%8B%E6%96%87%E5%BA%AB%E7%94%BB%E5%83%8FDB&img=3-H-a-ho-27_02_013.jpg&mergefile=all.jpg&lstdir=%E4%B8%89-H-a-%E3%81%BB-27_2

（4）本項は拙論（山中 二〇一〇・山中 二〇一三）をもとに、本論用に改稿したものである。

（5）https://digital.onb.ac.at/OnbViewer/viewer.faces?doc=ABO_%2BZ152466105（Bild 1244）

8 ヒトはなぜ動物を描くのか
——人類進化とアートの起源

齋藤亜矢

動物を描くのは容易ではない。ふだん見慣れているイヌやネコでさえ「動く物」の瞬間をとらえるのはむずかしいし、近づいてじっくり見ることのできない野生動物ならなおさらだ。それにもかかわらず、人間は動物をよく描く。西洋画や日本画はもちろん、世界各地の民族アートから現代アートまで、文化や時代を超えて、動物は頻繁に表現のモチーフとされてきた。アートの起源とされる旧石器時代の洞窟壁画や岩絵にいたっては、モチーフのほとんどが動物である。

ヒトはなぜ動物を描くのか。この章では、進化と発達の視点から動物を描くこころとアートの起源について考えてみたい。

洞窟に描かれた動物

人類史のなかでアートの痕跡があらわれるのは、後期旧石器時代、現代人ホモ・サピエンスの誕生後のことである。発見されている最古の絵は、インドネシアのスラウェシ島の洞窟に描かれたヒゲイノシシなどの絵であり、約四万五〇〇〇年前のものと見つもられている。この時期以降、世界各地の洞窟や岩陰に絵や彫刻などがほどこされるようになり、ヨーロッパでは、約三万六〇〇〇年前のショーヴェ洞窟(フランス)をはじめ、ラスコー洞窟(フランス)、アルタミラ洞窟（スペイン）（xviiiページ、カラー図8）など有名な洞窟壁画が多く見つかっている。

いずれも圧倒的に多いモチーフは動物であり、イラスト風の線画や線刻から、木炭や二酸化マンガンの黒で陰影までとらえた写実的なデッサン、あるいは赤や黄色のオーカーなどの顔料による色彩豊かな表現もある。スペインのアルタミラを訪れたピカソが「一万五〇〇〇年間、われわれは何も新しいものを生み出していない」と言った。そんな逸話が残るほど、はっとする芸術的な表現も少なくない。

いっぽう、当時の絵や彫刻のなかで動物以外のモチーフはまれである。植物はほとんど描かれず、まれに人物が描かれているが、「棒人間」のように記号化されたものが多く、動物の写実的な描写とは対照的だ。またその多くが、体はヒトでも頭は動物という半人半獣（獣人）の姿で描かれている。動物の骨や角を削ってつくられた小型の彫刻の場合も、動物像が写実的に表現されるのに対して、人物像の多くが女性の身体をデフォルメしたヴィーナス像で、顔や頭部が省略されることも多い。

なぜ動物ばかりが描かれたのか。それにはまず、当時の人びとが動物とどのように関わりながら暮らしていたのか、というニッチを考慮に入れる必要がある。ニッチとは、どんな環境に暮らし、いつ活動し、なにを食べ、周囲にどんな捕食者や競争相手がいるのかなど、その生物が環境のなかで占める地位（生態的地位）のことである。

現代の日本で「動物」と聞いて多くの人が思い浮かべるのは、イヌやネコなどの「かわいい」ペット、ブタやウマなどの役に立つ家畜動物、あるいは野生動物といっても、動物園の檻の向こう側か写真や映像で見た「かっこいい」野生動物であることが多いのではないか。しかし、進化の歴史のなかで人類は被食者だった年月の方が圧倒的に長く、動物はまず「恐ろしい」存在であったはずだ。肉食がはじまるのは、ホモ・ハビリス（約二四〇万〜一六〇万年前）のころとされるが、当初は、肉食動物の食べ残した獲物の死肉をあさる程度だったという。生きた動物を獲物とする積極的な狩りがはじまるのは、ホモ・エレクトス（約一八〇万〜一七〇万年前）の時代以降のことになる。

そしてホモ・サピエンスが洞窟や岩陰に絵を描いたのは、氷河期のうちの低温期（氷期）のさなかだ。マンモスやケサイなど、いまは絶滅した巨大な哺乳類が闊歩するなか、人口はまだまだ少なく、わたしたちの祖先は季節移動をしながら狩猟採集をして暮らしていた。

そのため洞窟に絵が描かれた目的には、狩猟の成功を祈るための呪術的な行為だという説をはじめとして、シャーマニズムやトーテミズムに結びつける説、芸術のための芸術だとする説などがある。

実際に狩りのシーンが描かれることもあり、スラウェシ島の洞窟の絵でも、半人半獣が集団で狩りをする様子が描かれている。ヨーロッパの洞窟壁画でも、動物の腹に槍や矢を思わせる矢印のような記号が重ねられた絵が少なくない。また動物とともに描かれる記号が、月の満ち欠けで数えた交尾期や出産時期を示しているなど、何らかのカレンダー的記録ではないかという分析などもある(Bacon et al. 2023)。

では、どんな動物が描かれたのか。洞窟壁画の研究者である五十嵐ジャンヌによると、洞窟壁画の宝庫であるフランスとスペインの洞窟に描かれたモチーフの分析では、ウマとバイソンの数が圧倒的に多い(五十嵐 二〇二三)。いっぽうで、当時のおもな狩猟対象だったアカシカやトナカイはあまり描かれていない。危険な動物や、仲間と協力して狩りをする必要のある動物が多いことから、狩りをするための知識の共有や打ち合わせのために描かれた可能性も指摘されている(Mithen, 1988)。

ただし、描かれた動物種やその割合は、すべての洞窟に共通するわけではない。むしろ洞窟による多様性が大きく、ウマばかり、バイソンばかり、そもそも動物はあまり描かれずに手形ばかりが残るところなどもある。したがって、画一的な目的があったというよりも、それぞれの洞窟や絵によって異なる目的で描かれたのではないかというのが一般的な見解となっている。

描くこころと遊び

なぜホモ・サピエンスだけが絵を描くのか。直系の祖先ではないが、約四万年前まで共存していたネアンデルター

図8-1　絵を描くチンパンジーのアイ(齋藤, 2014)

ル人も顔料になるオーカーはつかっていたようだ。オーカーは酸化鉄の成分を含む土で、虫よけや皮なめしなどにもちいられるほか、赤や黄色の顔料として広くもちいられる。そのオーカーで彩色された貝殻や、洞窟の壁面に描かれた幾何学図形や点列などが発見され、年代から、ネアンデルタール人である可能性が指摘されている。しかし、そのなかにいわゆる絵と言えるような具象的な表現は見つかっていない。

では、具象的な表現をはじめたホモ・サピエンスと、それ以前の人類とを分かつ、こころのしくみとは何だろうか。

わたしたちは、いま生きているなかで、進化的にヒトにもっとも近縁なチンパンジーを比較対象とした研究をおこなってきた。約六〇〇万年前にヒトとの共通祖先から分かれたチンパンジーは、アフリカの森でさまざまな道具をあつかい、多様な音声やジェスチャーで仲間とコミュニケーションをするなど、高度な知性と社会性をもつことで知られる。野生のチンパンジーが絵を描いた例は報告されていないが、飼育下のチンパンジーに絵筆をわたすと、手に持って動かしているうちに、その先が紙に接して痕跡が残ることに気づく。やがて絵筆の動きと紙に現れる痕跡との関係を理解し、なぐりがきのような絵を描くことができるようになる。芸として学習させるのと違って、食べものによる報酬は必要ない。自分が絵筆を動かすと痕跡が変化すること、すなわち運動(出力)と感覚(入力)の関係を探索するプロセスが「おもしろい」ようで、自発的に描けるようになるのだ(齋藤 二〇一四)(図8-1)。その点で、観光地や動物園で芸として絵を描くゾウの例とは異なる。花やゾウなどの具象的な絵の完成度には驚かされるが、ゾウは、ゾウつかいの指示どおりに絵筆を動かせばサトウキビなどの報酬をもらえることを学習し、その報酬を得るために絵筆を動かしている。もっとも、自由に描いてもよい場面では、ゾウもみずから絵筆を動かして、抽象画風の作品を描くこともあるようだ。

運動（出力）と感覚（入力）の探索に報酬性があるということは、道具使用の発明や習得のための試行錯誤のプロセスとも共通する。たとえば、ギニアのボッソウの野生のチンパンジーが石でナッツを割って、中身を食べる道具使用が知られており、その習得には数年もかかる。実際には、道具使用を習得できなくても食料はあるので生きていける。でも、子どものチンパンジーは、まわりのおとなが石でナッツを割って食べるのを見て、あきらめずに何度も試行錯誤を重ねる（Hayashi & Matsuzawa, 2003; Inoue-Nakamura & Matsuzawa, 1997）。その背景には、石の組み合わせ方やふりおろし方を調整して、うまくいく方法を探索するプロセスに報酬性がある、つまり「おもしろい」という感覚が不可欠だ。ただし、何度も試行錯誤をして新しい技術を習得するのは、おもに子どもや若者のチンパンジーたちに限られる。それは、試行錯誤をして何かを習得するような学習のプロセスが「遊び」の範疇だからなのだろう。

哺乳類の多くは、子ども期のあいだは、よく遊ぶ。遊びをとおして、運動機能や認知機能を発達させ、社会的な行動を学ぶためだとされる。やがておとなになると遊ばなくなるのは、それらの基本スキルを習得済みで、むしろ生存に関わらない無駄なエネルギーを費やすことになるからだ。チンパンジーなどの大型類人猿ではおとなでも遊ぶことがあるが、生涯をとおして、ヒトほど遊び、学びつづける動物はほかにいない。

その背景に予想されるのが、ヒトの幼形進化（ペドモルフォーシス）の特性だ。丸みを帯びたヒトの頭蓋骨《とうがいこつ》は、顎が突出したチンパンジーのおとなよりも子どもによく似ている。ホモ・サピエンスにいたる進化の過程では、頭蓋骨の形態などの特徴が祖先種の子ども期の特徴に似る幼形進化が進んだとされる。さらに形態のみならず、脳の発達の特性や、好奇心が強いという性格、おとなになってからの遊びや学習期間の延長などの行動面にも、子どもっぽさに由来する特徴がある。

そしてこれらは、アートに欠かせない心の特性だ。アートの定義はむずかしいが、アートのためのアートという言葉があるように、ほかの特定の目的に直結しない、行為自体が目的であるというのが前提にあるからだ。したがって進化のプロセスのなかで、人類が、子どもっぽく遊び好きであるという点を土台として、認知機能の段階的な発達がおこり、アートの誕生をもたらしたのではないかと考える（齋藤 二〇二二）。

描くこころと想像するこころ

さて、チンパンジーが描く絵は、基本的にはなぐりがきだが、絵筆の扱いに慣れたおとなのチンパンジーの描く絵には、それぞれのスタイル（画風）がある。色ごとにぬりわけるのはチンパンジーのパン、画用紙全体をランダムな曲線で埋めるのはチンパンジーのアイなど、画風によって、だれが描いた絵かがわかるほどだ（齋藤 二〇一四）（xixページ、カラー図9）。

絵筆の扱いに慣れたおとなのチンパンジーの筆づかいは、ヒトの子どものたどたどしいなぐりがきよりも、抽象画家のこなれた筆づかいに近い印象もある。そこで大学のオンライン授業で、こんなアンケートをしてみた。チンパンジーの絵三枚と、ヒトの有名なアーティストの抽象絵画を一枚並べ、作者は知らせないまま、どの絵が好きかとたずねた。票が割れつつも、たいてい一番票が集まるのはチンパンジーのパンの作品だ。つづけて同じ絵のなかで「四枚のうち、人間が描いた絵が一枚だけあるが、どれだと思うか？」という質問をすると、たいていはチンパンジーのアイの絵に多くの票が集まる。もっとも、人間でなければＡＩ（人工知能）かと予想した人もいたようだが、先入観なしにチンパンジーの絵に魅力を感じたという声も多かった。

ただし、チンパンジーやほかの大型類人猿の絵が、ヒトの絵と大きく異なる点がある。それはかれらがいわゆる具象絵画、すなわち何を描いたかがわかる絵（表象）を描かないことだ。

その背景に何があるのかを検証するために、描画実験でヒトの子どもの発達過程と比較した（Saito et al. 2014）。顔の線画から目や口などの部位を部分的に消しておいて、チンパンジーやヒトの子どもが、その足りない部位を補って描くのかを調べた実験だ。たとえば右目がない顔の線画の場合、ヒトだと二歳前半ぐらいまでの子は、描かれた左目にしるしをつけるだけで、描かれていない右目には何もしなかった。しかし、二歳後半以上の子は「あ、おめめな

図8-2　チンパンジーの顔の輪郭だけを描いたイラストを用意すると，ヒトの3歳児は描かれていない顔の部位を補った(左)が，チンパンジーは，輪郭をなぞるほどの技術を見せても，顔の部位を補うことはなかった(右)(Saito, et al., 2014)

い」などと言って、足りない右目を補って描き入れた。いっぽうのチンパンジーは、描かれた左目をぬりつぶしたり、顔の輪郭を器用になぞったりしても、足りない右目を描き足すことはなかった(図8－2)。

縦線二本に短い横線を何本も交差させるだけで「せんろ」、丸をいくつか組み合わせるだけで「顔」。あらためて考えると、わたしたちが絵を描けるのは、描線にさまざまな物の形を見立てているからだ。この見立ての想像力「パレイドリア」がヒトで発達したおかげで、描くという行為が生まれた可能性が示唆された。

そして洞窟壁画のなかにも、当時の人びとがパレイドリアの特性をもっていた証拠がのこされている。岩の凹凸や亀裂などの自然の形状を活かして描かれた絵が少なからず見つかっているのだ。なかでも顕著なのは、スペインのアルタミラであり、岩の凹凸一つひとつにバイソンが描かれ、自然の亀裂をその輪郭の一部として活かし、足りない部分に加筆するように描かれたものも多い(ベルトラン二〇〇〇)。

そのため、動物が多く描かれた背景には、岩の形状から動物のイメージが想起されやすいということが関わっているのではないかと考えている。

冒頭でも述べたように、当時の人びとにとって、動物は、まず危険な捕食者であり、ついで食料となる獲物でもあった。だから、視界のなかにいち早く動物を察知し、危険な動物ならどのように逃げるべきかを判断する。あるいは狩りの対象になる動物なら、どのような方法で捕らえるべきかを判断する。そのために動物種を見わけることは、生存のために、きわめて重要だったはずだ。

心理学者の高橋康介が紹介しているように、実験心理学の研究でも、ヒトが環境のなかで動物を察知しやすい特性をもつことを示す例がいくつかある（高橋 二〇二三）。たとえば、風景写真をほんの一瞬（〇・〇二秒）だけ見せて、そのなかに動物が含まれているかどうかを判断する課題では、平均約九四％という高い正答率で動物を発見できる（Thorpe et al. 1996）。あるいは変化盲（チェンジ・ブラインドネス）をつかった研究もある（New et al. 2007）。変化盲は、ゆっくりと変化していく映像のなかで、物が消えたり現れたりするような大胆な変化がおこっても、案外気づきにくいという現象だ。このとき風景のなかで動物や人物が消えたり現れたりする場合は、それ以外の物体の場合と比べてすばやく変化を見つけやすく、動物や人物が変化する場合は三秒程度、道具、家具、乗り物の場合には五秒程度の時間を要したという。このことは、わたしたちがいち早く動物の存在を察知する能力をいまでももっていることを示している。

岩でも木の影でも、疑わしきはまず動物ととらえて、適切な行動をとるために瞬時に備える方が、より適応的だったのだろう。その特性がパレイドリアの傾向にも関わり、洞窟壁画に動物が多く描かれた一因になったのではないかと予想している。まして石灰岩質の洞窟のなかで、絵が描かれているのは比較的なめらかな岩面のところが多い。暗闇のなかで、獣脂のランプのわずかな灯りで照らしたとき、そのなめらかな曲線に、動物の姿が見えやすかったのではないだろうか。

描くこころと言葉

それでは、ヒトはなぜ二歳後半以上になると、ないものを想像し、足りない目を補って描くようになるのか。その背景にあるのが言葉の獲得だと考えている。発達の過程で、この時期に語彙の爆発的な増加がおこるからだ。それは、子どもが物には名前があるということを理解し、これは何、あれは何と、物の特徴と言葉を結びつけて世界を認識するようになる時期だとも言える。

「きのう崖の下でシカを見た」「じゃあ、明日そこにわなをしかけに行こう」など、言葉によって、わたしたちは情報を整理して記憶し、他者と共有することができる。だから言葉をおぼえると、ヒトは目に入ったモノを言葉でラベルづけ（符号化）して、世界を認知するようになる。まず網膜に届いた光の情報を段階的にまとまりとして処理して「知覚」する（ボトムアップ処理）に対して、その知覚情報を、既存の知識と照らしあわせて、これは何と「認知」することを意味処理（トップダウン処理）という。言葉をもったヒトはトップダウン処理が優位であるために、雲の形や壁のしみの模様を見たときに、これは何に似ているという見立て、パレイドリアがおこるのだと考えられる。

たとえば「ネコ」とは、四つ足に長い尻尾、丸い顔に三角の耳が二つ、目は前に二つ並んで、ヒゲもある。このように対象について知っている特徴（知識）を表象スキーマという。意味処理をするときには、知覚した情報を表象スキーマと照らしあわせるので、雲の形に三角形が二つ並んでいるなどの部分的な要素を見つけると「ネコ」っぽい形の雲、という見立てにつながる。

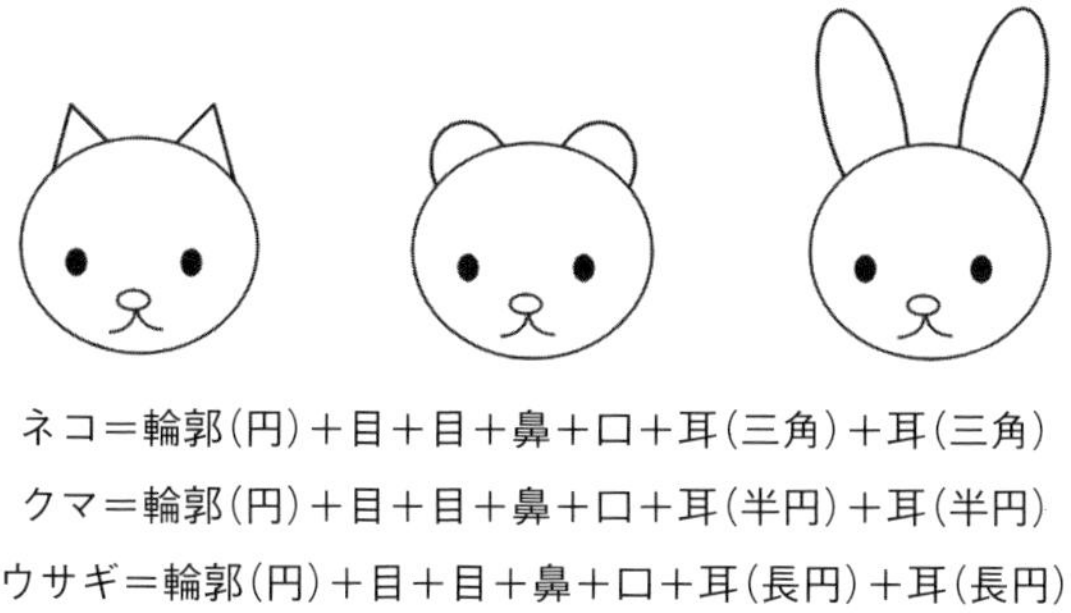
ネコ＝輪郭（円）＋目＋目＋鼻＋口＋耳（三角）＋耳（三角）
クマ＝輪郭（円）＋目＋目＋鼻＋口＋耳（半円）＋耳（半円）
ウサギ＝輪郭（円）＋目＋目＋鼻＋口＋耳（長円）＋耳（長円）

図8-3　絵に表出される表象スキーマの例（齋藤, 2022）

子どもが絵を描くときには、逆に、この表象スキーマを紙の上に描きおこしていく（齋藤 二〇二二）。子どもの絵を観察記録したことで知られるジョルジュ・アンリ・リュケが、子どもは、「見たもの」を描くのではなく「知っているもの」を描くと表現している（Luquet, 1927/2001）。この「知っているもの」が表象スキーマに相当し、たとえば「ネコってどんなもの？」と尋ねたときに答えられる特徴だともいえる。スキーマとは、本来が「図式」という意味だが「ネコ＝輪郭（円）＋目＋目＋鼻＋口＋耳（三角）＋耳（三角）」のように、式で表すことができる。このとき、ネコの特徴である三角の耳を丸い耳に変えればクマに、長丸の耳に変えればウサギになる（図8‐3）。いっぽうで、知らない要素、つまり言葉でも説明できない特徴は、描くこともできない。たとえばネコのヒゲが描かれても、触毛（眉毛）が描かれることはほとんどない。以前、NHKの「チコちゃんに叱られる！」という番組で「人間だけが絵を描くのはなぜ？」という問いの解説をしたとき、取材先の幼稚園の子どもたちがチコちゃんを描くシーンが放送された。そのとき「チコちゃんのキバ」と説明しながら、八重歯を描いている子が印象的だったが、その子の「チコちゃんスキーマ」のなかに「キバ」が含まれていたのだろう。

子どもの発達過程では、対象についての知識（スキーマ）が増えるにつれて、絵に描きこみも増えて、充実した絵になっていく。実際に対象を触ったり、じっくり観察したりすると、その効果は大きい。ただし、言葉で説明しにくい要素や形が不明瞭な要素は、なかなか絵に描かれにくい。三歳ごろの子どもがよく描く、頭に手足が直接生えた人物画「頭足人」がよい例だ。そこに描かれない「胴体」は、からだのどこからどこまでで、どんな形か、おとなでも説明しにくい。そのため、わかりやすい「顔」や「手足」に比べて、描かれるのが遅れるのだと理解できる。

また、子ども同士が一緒に絵を描く場面では、似た絵を描くことがよくある。たとえば、図8－4の三枚の絵は、幼稚園の同じクラスの仲の良い三人の子が描いた。いずれも、ピンクのワンピースを着た女の子であり、スキーマの構成も似ているが、それぞれの要素も似た形で描かれていることがわかる（Saito, 2021）。まねをして描くことによって新たなスキーマを獲得し、描けるものが増えていく。お手本は、きょうだいやともだちの絵だけでなく、絵本やアニメのキャラクターなどにも拡張する。なかでも子どもがよく描くアンパンマンは、丸などのシンプルなかたちを組み合わせた造形であるために、スキーマを理解しやすいのだろう。

では、絵画などの表象文化に触れずに育った子どもがはじめて絵を描く場合はどうか。G・W・パジェットは、世界各国の子どもの人物画を調べて、絵画に触れずに育った地域の子が、はじめて人物画を描いたときに、顔の輪郭がない絵や、目や口、胃などの部位を示した円を縦に並べた例を報告した（Paget, 1932）。人物にどのような要素が含まれているかを認識していても、その要素をどのような形で表して、どう配置するか、自力で描き方を見つけるのはむずかしい。また、この場合も顔の「輪郭」のような、言葉で説明しにくい部分が省略されやすいようだ。

しりとりを絵でおこなう「絵しりとり」という遊びがあるが、このとき、実物とかけ離れた奇妙な物体が生みだされるのも、スキーマの不完全さに要因がある。たとえばスズメとカラスを描きわけるには、違いを説明できなければ、絵に描くことはできない。そのことを「絵ごころがない」とされることがあるが、対象の形の特徴についての知識が整理されていない、すなわちスキーマが充実していないというべきだろう。いっぽうで、子どもに限らず「知っているもの」を描こうとしてしまうということを逆手にとれば、考古遺物などに表現された絵から、当時の人びとが、世界をどのように認識していたかを推察する手がかりにもなり得る（齋藤 二〇二二）。

そして「知っているもの（表象スキーマ）を描く」いわば記号的な絵を発展させたものが、マンガだ。手塚治虫は『手塚治虫のマンガの描き方』のなかで、目のいろいろ、鼻のいろいろ、口のいろいろ、として、それぞれの要素の多様な描き方の例を示している。素人が描くと、それぞれの要素をいつもおきまりの形で表し、似たような顔になりがちだが、日頃からさまざまな人物の顔を観察していると、多様な形で表現できる。その多様な形の組み合わせによ

図 8-4　幼稚園の同じクラスの仲の良い 3 人の女の子が描いた絵．子どもは，まねによって新たなスキーマを獲得するため，スキーマの構成やそれぞれの要素の形が似やすい (Saito, 2021)

って、人物の躍動的な個性が生まれる。

このとき顔の輪郭、目、鼻、口、などの要素を組み合わせることで、表現に無限の可能性が生まれる構造も、分節化した言語の構造と似ている。言語では、音韻を組み合わせて単語を、単語を組み合わせて文をつくることで、無限の意味を生みだすことができる。この構造には、複数の手順を組み合わせて石器をつくる道具製作のプロセスとの類似点もあり、進化の過程で、道具製作によって脳のなかに分節的なしくみができたことも示唆されている。脳の言語野として知られるブローカ野と石器製作との関連を示す研究(Stout & Chaminade, 2012)などもあり、物づくりによって発達した脳が、言語の分節化に関わっている可能性があるのだ。

言語の分節化によって、さらに物の見え方や記憶の符号化の方法が変わり、言葉で世界を分けてとらえるようになった。そのことが見立ての想像力を生み、絵画などの芸術が誕生したのではないかと考えている(齋藤 二〇二一)。すなわち、洞窟壁画のなかに岩の形状を動物に見立てた表現が多くあるということは、当時の人びとが、すでにわたしたちと同じような分節的言語をもち、あれは何、これは何と、言葉で世界を分けて認識しようとする癖をもっていたことを示唆する。

いっぽうで、デッサンや写生のように「見たもの」を描く場合は「知っているもの」を描く場合と、必要な認知過程に違いがある。写実的に描くのがむずかしいのは、むしろ言葉を得たことで変化したトップダウン優位の認知特性に原因がありそうだ(齋藤 二〇一四)。ふだんの生活のなかでは、その対象が何かという意味さえとらえられれば、詳細な特徴を把握する必要はない。そのためわたしたちは、見たものを言葉のラベルで分けて認識し、かなりおおざっぱにしか世界を見ていない。たとえば毎日見ている身近な人の顔を思い浮かべてもらうとわかるが、頭のなかでさえ詳細に思い描くことはむずかしいのではないか。

写実的に描こうとする場合は、そうしてふだん見落としている部分をいちいち確認してたしかめる必要がある。だからデッサンや写生は、ありのままの形をとらえ、対象をよく知ることにもつながる(齋藤 二〇一九)。したがって洞窟壁画に写実的な動物の表現があるということは、それを描いた人が、その動物についてよく見て知っていた、あるいは描くという行為によって、その動物についての知識を体系化した可能性も考えられる。

動物から想像物へ

人類史のなかで、農耕や牧畜がはじまると、ヒトと動物との関係は変わり、描写されるモチーフの傾向にも変化がおこる。

たとえば日本でも縄文時代と弥生時代では、絵や装飾に現れる動物が異なる。縄文時代の土偶や土器の装飾のモチーフに多い動物はイノシシで、同じく狩猟の対象だったシカはほとんど登場しない。いっぽう弥生時代には、土器や木製品、銅鐸などに記号的な絵が描かれることがあるが、圧倒的にシカが多く、イノシシの表現は少ない。考古学者の西本豊弘は、その背景に、弥生時代に農耕がはじまり、イノシシが家畜化されてブタとして飼われるようになったことが影響しているのではないかと指摘している(西本 一九九五)。他方で、シカは変わらず狩猟対象であるとともに、農作物を荒らす害獣にもなる。そのためシカが神格化されたのではないかという説だ。

洞窟壁画の動物も、現実の動物としてではなく、神聖な存在として描かれた可能性もあり、半人半獣も、あるいは神格化の表現かもしれない。たとえばラスコーに描かれた唯一の人物は、頭が鳥で体がヒトだ。ただし、それが精霊なのか、仮面や毛皮などで動物に仮装したシャーマンなどの人物なのか、文字記録がないので、たしかなことはわからない。

そのヒントがアボリジニの岩絵にある。人類は、アフリカを出たのち約五万年前にオーストラリア大陸に到達したとされ、中央オーストラリアのウルルという巨大な一枚岩のある地域には、約三万年前から人々の暮らした痕跡がある。ちょうど世界各地で人々が洞窟や岩陰に絵を描きだした時期だ。アボリジニの人々は、その当時からつい数世代前まで、伝統的な狩猟採集生活を営み、岩絵も受け継いできたという。生きた文化として、絵は新しく描きなおされ

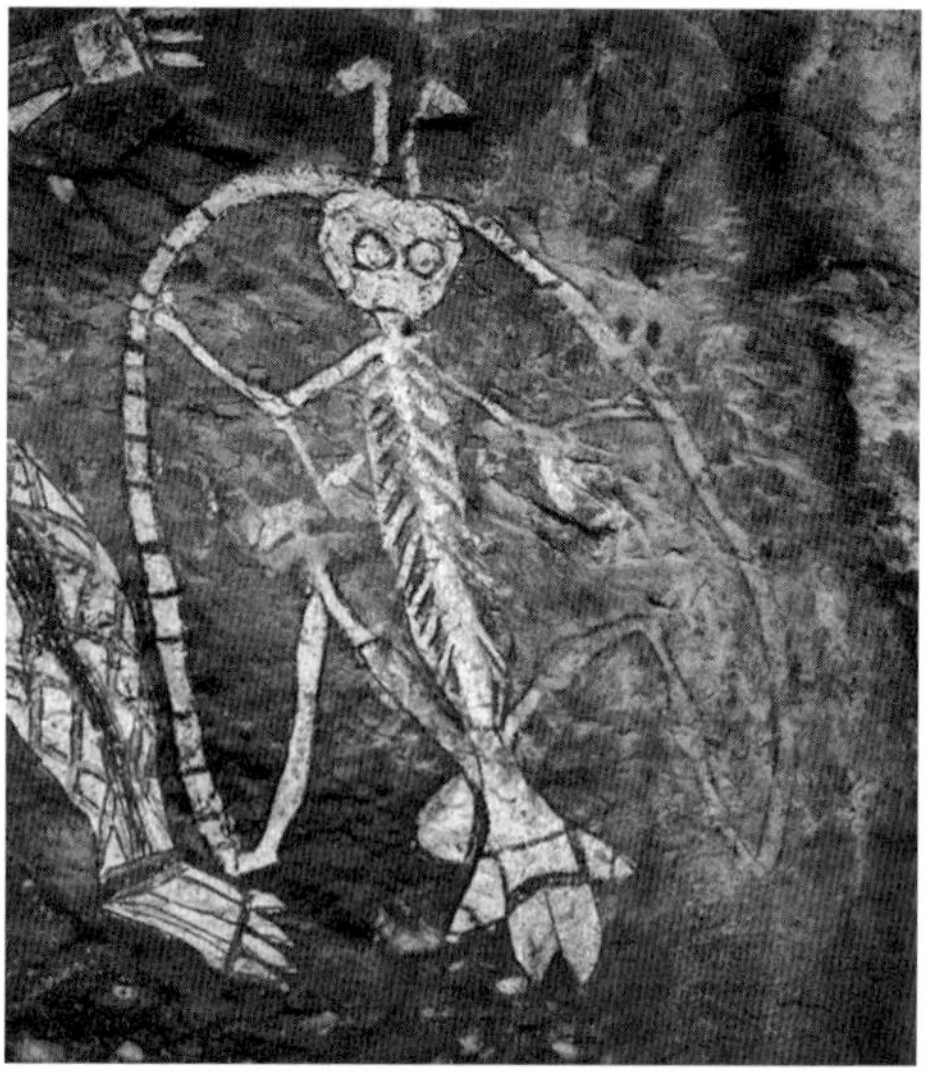

図8−5　アボリジニの岩絵の雷男（ノーランジーロック）．アリや魚，ヒトなどのスキーマがキメラ化されている

ることもあり、現在見られる絵が描かれた時期は正確にはわからない。しかし最近まで生きた文化だったからこそ、旧石器時代に絵が描かれた背景を探る参考になる。

アボリジニの岩絵には、カンガルーやニジヘビなどの動物も描かれているが、それは世界のはじまりの物語「ドリームタイム」に登場する動物の姿をした精霊である。カカドゥ国立公園内のノーランジーロックに描かれた「雷男」のように、頭が昆虫で体が魚、手足は人間など、異なる動物のスキーマをキメラ化して組み合わせる方法で表現されたものも少なくない（図8−5）。アボリジニの文化には文字がなく、その土地で生きるための方法やルール、水や食料のありか、世界の起源のことまで、さまざまな知識は口承の物語をとおして伝えられる。その際、物語に登場する精霊などの目に見えないもののイメージの共有のために、絵が大きな役割を果たす。目に見えない精霊などのイメージを共有することは、同じ神話を生きるという共有リアリティを生み、集団のアイデンティティを高める役割もあっただろう。

このとき既存の生物のスキーマを重複させたり、組み替えたりすることによって、精霊などの新たな存在のイメージが生み出される。それはどこか遺伝子の重複や組み替えによって生物の進化がおこるしくみにも似ている。

キメラ化に取り入れられるモチーフは、狩猟採集をしていた旧石器時代には動物であったが、定住や農耕牧畜など、環境や生活の変化によって、超越的存在の姿も変化していく。たとえばトウモロコシの栽培をおこなっていた古代メソアメリカのインカやマヤの文明には、体の一部にトウモロコシの要素が入っているトウモロコシの神が登場する。その後、現在にいたるまでのさまざまな文化で、想像上の生き物や精霊などの表現に、スキーマの重複や拡張、キメラ化が共通してみられることは、本書の石倉(第6章)や山中(第7章)の報告のとおりである。そしてキメラ化によるイメージには、どこか不気味さや神秘性がともなう。

ファイナルファンタジーなどのゲームのモンスターデザインを手がける長谷川朋広も、洞窟などでフィールドワークをおこなって、現実の生物を観察したり、解剖して構造を理解したりすることで、デザインに反映しているという(コラム3)。ただし、エイリアンのような得体のしれないモンスターをデザインするときには、既存の生物を参照しないという点も興味深い。

実験で子どもの絵の観察をしているときにも、ときおり、おばけや鬼が登場することがあった。たいていの場合、最初から意図しておばけを描くというよりも、描いている途中に、ふいに現れることが多い。たとえば「おさかな」が「せんたっきのぐるぐる」にとりこまれて「こわくないおばけ」が画面いっぱいに現れたりする。頭で想像したものというより、手を動かしているうちに偶発的に生まれたかたちから想像がふくらんで、絵が展開していく。

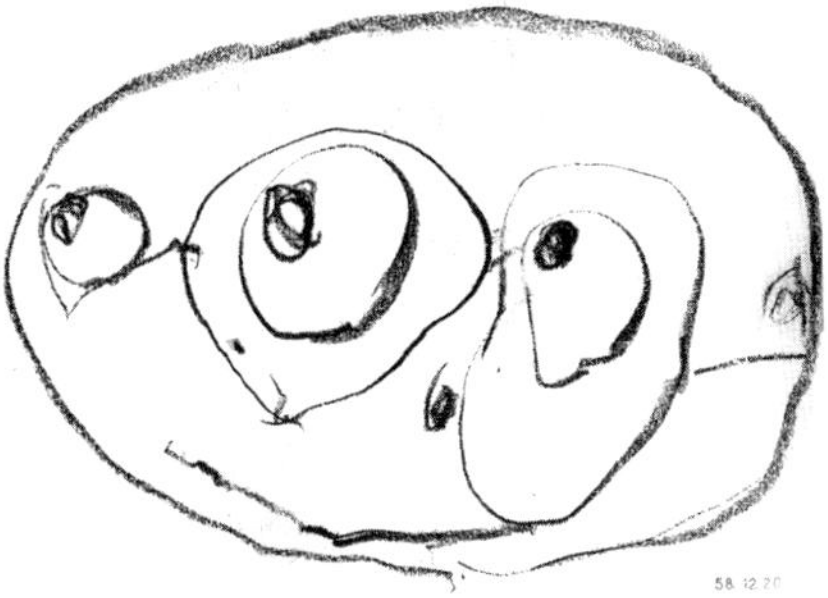

図8–6　筆者が子どものころに描いたおばけの絵. スキーマの要素を重複させる(この場合は目の数を増やす)ことによって想像物が生みだせる(齋藤, 2014)

自分の幼稚園生のころのスケッチブックにも、おばけを描いたものがあり、そのときのどきどきした気持ちをいまだにおぼえている(図8－6)。はじめは普通に顔を描いていたのだが、ふと思いたって、目のまわりを丸で囲うと、メガネになった。目力が強くていつもの絵と雰囲気が違うのがおもしろい。それなら、と横にもうひとつ丸を付け足してみたら「おばけ」が現れた！　自分で描いたのに、なんだか怖い気さえしてくる。自分が考えだしたものではなく、手を動かすうちに勝手に生まれたという感覚だ。そんな原体験をふりかえると、スキーマのアレンジで生まれた想像物に感じる不気味さが、畏れの感情として精霊や神の信仰を支えているのではないかとも思う。

スキーマの要素を重複させたり、拡張したり、置換したりする。その単純な操作だけで、見たことのない新しい存在を創造することができる。描かれることで、たしかな形を与えられたイメージは、集団で共有され、物語を生み、語り継がれる。

人類史のなかでアートが生まれたことで、人間の精神世界が、ゆたかに広がるきっかけになったのではないだろうか。

参考文献

ベルトラン、アントニオ（監修）『アルタミラ洞窟壁画』岩波書店、二〇〇〇年。

五十嵐ジャンヌ『洞窟壁画考』青土社、二〇二三年。

齋藤亜矢『ヒトはなぜ絵を描くのか——芸術認知科学への招待』岩波書店、二〇一四年。

齋藤亜矢『ルビンのツボ——芸術する体と心』岩波書店、二〇一九年。

齋藤亜矢「遊びからアートへ——人類進化における認知的ニッチ構築」心理学評論65（2）、二〇二二年、二三五〜二四六頁。

高橋康介『なぜ壁のシミが顔に見えるのか——パレイドリアとアニマシーの認知心理学』共立出版、二〇二三年。

手塚治虫『手塚治虫のマンガの描き方』手塚プロダクション、二〇一六年（Kindle版。原書は『マンガの描き方』光文社、一九七七年）。

西本豊弘「縄文人と弥生人の動物観」『国立歴史民俗博物館研究報告』61、一九九五年、七三〜八六頁。

Bacon, B., Khatiri, A., Palmer, J., Freeth, T., Pettitt, P., & Kentridge, R., 2023, "An Upper Palaeolithic Proto-writing System and Phenological Calendar", *Cambridge Archaeological Journal*, vol. 33(3), pp. 371-389.

Hayashi, M. & Matsuzawa, T., 2003, "Cognitive Development in Object Manipulation by Infant Chimpanzees", *Animal Cognition*, vol. 6(4), pp. 225-233.

Inoue-Nakamura, N., & Matsuzawa, T., 1997, "Development of Stone Tool Use by Wild Chimpanzees (*Pan troglodytes*)", *Journal of Comparative Psychology*, vol. 111 (2), pp. 159–173.

Luquet, G. -H., 2001, *Children's drawings: le dessin enfants* (A. Costall, trans.), Free Association Books. (Original work published 1927)

Mithen, S. J., 1988, "To Hunt or to Paint: Animals and Art in the Upper Palaeolithic", *Man*, vol. 23 (4), pp. 671–695.

New, J., Cosmides, L., & Tooby, J., 2007, "Category-Specific Attention for Animals Reflects Ancestral Priorities, Not Expertise", *Proceedings of the National Academy of Sciences*, vol. 104 (42), pp. 16598–16603.

Paget, G. W., 1932, "Some Drawings of Men and Women Made by Children of Certain Non-European Races", *The Journal of the Royal Anthropological Institute of Great Britain and Ireland*, vol. 62, pp. 127–144.

Saito, A., 2021, "Archaeology of the Artistic Mind: From Evolutionary and Developmental Perspectives", *Psychologia*, vol. 63, pp. 191–203.

Saito, A., Hayashi, M., Takeshita, H., & Matsuzawa, T., 2014, "The Origin of Representational Drawing: A Comparison of Human Children and Chimpanzees", *Child Development*, vol. 85 (6), pp. 2232–2246.

Stout, D., & Chaminade, T., 2012, "Stone Tools, Language and the Brain in Human Evolution", *Philosophical Transactions: Biological Sciences*, vol. 367 (1585), pp. 75–87.

Thorpe, S., Fize, D., & Marlot, C., 1996, "Speed of Processing in the Human Visual System", *Nature*, vol. 381 (6582), pp. 520–522.

コラム7

ドリーム　ハンティング　グラウンド

鴻池朋子

冬になってまもない頃
河口で大きな鮭の死骸と出会った
頭の皮は剝がれ骨が露わになり
紫の斑点が全身に浮きだしている
ひっくり返すと
目玉のところが大きくえぐられた黒い穴が現れた
熊の中には鮭がいる
鮭の中には地図がある

谷川の中ほどに小さな黒い点。写真に写るあれは、熊の毛皮を被りカヌーを漕ぐ私です。流れに逆らってパドルを強く引いては進み、また流されては漕いでと、冬の川をほんの少しずつ上っているのです。夏の川だと水量が多く勢いがあって歯が立ちませんので、やるならば冬しかない。通常は当然、舟は川を下るものなのですが、河口にカヌーを借りに行ったとき、ボロボロになった鮭の死骸と出会って、やはり、上るしかないなと決断しました。

これは二〇一八年に奥羽山脈北部の阿仁川で撮影した動画のワンショットですが、この数年前から私にとって絵は、紙に鉛筆、というそれまでのドローイングから、川なら舟、雪には足跡、山では遠吠え、とそこにある何を画材に使っても描いていけるという、明らかに身体の拡張が起こり始めたときでした。

子どもの頃から絵が好きで、いつもいたずら描きをしていました。仕事として作品を人前で展示するようになって、しばらくした頃から、絵というものに、何か変なものを感じるようになりました。どこか巧妙で、言葉や文字に非常に似ていて、概念的なものを誘発する仕掛けがあり、絵にいつもメッセージ臭さがつきまとう感じがしました。それゆえ、何を描こうが、大前提で安全装置がかかっているような、遊び足らないような、最後の最後で絵は手ごたえが

Moon Bear Goes Upstream 2018

ありませんでした。

そんなある日、二〇〇四年頃のことだったと思います。縁あって私の元へやってきたのが、モンゴルで害獣駆除された狼の毛皮でした。触ると気持ちがよく、毛皮の奥に柔らかな生毛が密生し、昔仲良しだった野良犬と似た匂いがします。とても美しい毛並みでしたが、それでもなぜ二〇頭分も購入したのかといえば、それは視覚的なことからではなく、触覚的な快感からでした。でも今改めて考えてみても、この数は少し異常ですね。

それから少しずつ作品が変化しました。何を描くとか表現したいとかいう、目的や言語の指令を一切通らないで、手触りや匂いや振動みたいなものが先立って、身体がその摑むべき画材を素直に摑みにいきます。そうだ、元々私はそうだった、お腹が空いたから獲物を探すような感じだった、と。すると私の作品を見たある新聞記者の方が、鴻池さんに会わせたい人がいるといって、鹿児島の年老いた猟師の元へ連れて行ってくれました。猟師とはうまが合い、度々通うようにもなりました。私の作品と猟は、そもそも構造が似ています。自ずと活動場所は、美術館からフィールドになりました。山小屋に絵を設置し、雪山で首まで雪に埋まって歌を唄う。観客は鳥か兎か冬眠中の熊か。絵もキラキラと氷結しています。岩礁に設置した彫刻が、台風によって波に呑まれ粉々に砕け散れば、ショックよりも桁違いの海の介入の方が嬉しくて笑いが止まりません。牛革を縫い合わせたものに描いた絵を、森の中へ一年間展示すれば、夏の子のように赤茶に陽焼けし、蜘蛛が巣を張り蛾が繭をつくります。永遠不変ではなく、刻々と変化する作品。画材も道具も森も今を生きていますから。そして目で鑑賞する人だけではなく、さまざまな身体の人が観客となって作品を〝触って〟いくようになると、ここでようやく少し、自分の絵に手応えがでてきました。

私の視覚はその地位を他の感覚器官に譲ることで、さらに何かを「みる」ようになりました。「みる」とは優秀なスコープのように解像度が上がるのではなく、足元と地球が重力という重さをもってしっかりと引き合っていながら、遠くで葉っぱが擦れる音を聴くような感じです。時空間の伸び縮みを体の筋肉として、素材の構造を素直に見つめます。

芸術は長い間、視覚優先の価値観で特権的に経済や文化のグローバリゼーションに影響を与えてきました。けれども今、その構造が破綻し地球規模での転換期を迎えています。これまでの視覚中心の思考がまったく通用しなくなったといってもよいと思います。それは厳しいことのように感じますが、一方では、これからはそれぞれの身体に合った「画材」を感知し、各々が独自の手法で、しかも手だけではなく全身で、絵を描いてゆくスタートラインに立たされたといってもよいと思います。それを私たちに教えてくれるのは、人間ではないものたち、のようです。だから今日も、人々はフィールドにでかけるのだと思います。山を駆け登っていく鹿の後脚のバネ、晩秋に出会った茶色いカマキリの子の力いっぱい踏ん張る糸のような脚。そういうものは、人が絵を描くエネルギーと非常に近いものだったように思います。

9 「彫られた」動物とともに生きる
——ライオンの彫刻が守り、癒し、導く存在になるとき

長坂有希

次のテキストは、二〇一二〜一三年と二〇一六年にアーティストである筆者がイギリス、ギリシャ、トルコで行ったフィールド・リサーチをもとに、本書のテーマ「〈動物をえがく〉人類学」という視点から、ライオンの彫刻について語る試みである。なお、写真は筆者撮影。

***

ある日、私はとある博物館でライオンの彫刻に出会った。石でつくられているその彫刻は古びていて、多くの部分——足、目、耳、下顎——は破損していて、残っている部分も変色して灰色や赤茶色になっていた。そして、とても困惑したような、物悲しそうな顔をしていた。

たくさんのことを経験してきた古老がそこにいるような不思議な存在感に引き寄せられて、私はこの彫刻に近づいていった。彫刻が置かれている台座にはプレートが付けられていて、この彫刻が、ある半島の岬で発見されたこと、そして、ライオンの目には、かつては大粒のエメラルドがはめ込まれていたであろうことが記されていた。

今は空洞のライオンの目の窪みを見つめながら、昔読んだことのある神話の一節を思い出していた。

大英博物館で出会ったライオンの彫刻

ライオンは、二対の目――実際の目と心の目――をもっていて、常に周りの物事を見ている。

もしそれが本当だとしたら、このライオンの彫刻はエメラルドの目で何を見ていたのだろう。そして、今も心の中にあるはずの目で何を見ているのだろう。

ライオンの彫刻は固く閉ざしていて、私の質問には到底、答えてくれそうもなかった。それでも私は彼の傷だらけの身体や物悲しそうな顔をしばらくの間、見つめながら、それについて考えていた。

それから少しして、私はしばらく暮らしていたその土地を去り、自国に戻ってきた。自国での慣れない生活をおくる中でも、ふとしたときにライオンの彫刻のことを思い出していた。そして、なぜあのライオンの彫刻はあんなに物悲しそうだったのだろう、彼はこれまで何を見てきたのだろう、そして、今は何を見ているのだろう、と心の中で問い続けていた。

それから数年が経ち、自国での暮らしも軌道にのり始めてきた頃、少し長めの休暇を取る機会が巡ってきた。私は今でも心の中に現れては解けない謎を残していく、あのライオンの彫刻について知りたくて、彼がかつてエメラルド

アテネ市内の丘から見たペンテリコン山

の目で見ていたもの、そして、今も心の目で見ているものを探す旅に出ることにした。

今から何千年もの昔、ある国で王族たちの間で権力争いが起こり、その争いに敗れた者たちは国を去ることを余儀なくされた。彼らは命懸けで海を渡り、ある半島に辿り着いた。彼らは生きて自国に戻ることはないと覚悟し、その半島の岬に自分たちの墓をつくることにした。彼らは死後、魂としてでも自国へ戻りたいと願い、自国の方角に向けて、王族の象徴であるライオンの彫刻をあしらった墓塔を建てることにした。

今から何億年もの昔、そこは海だった。そこにはたくさんの生き物が棲んでいて、それらは自由に海の中を動き回っていた。そして、それぞれの命を全うすると、海の底へ沈んでいった。それらの死骸は大量の堆積物として海の底に降り積もっていった。その堆積物は長い時間をかけて固まり、石になった。その石はさらに長い時間をかけて化学変化を起こし、輝く結晶を含む大理石になった。その大理石はまた長い時間をかけて隆起し、山になった。

あるとき、その山を訪れた人々はキラキラと輝く石を発見した。彼らはその石を使って、さも生きている人間や動物のような滑らかな肌をもつ彫刻をつくりたいと考えた。彼らはその山に採石場をつくり、そこから多くの石を切り出し、それを使ってさまざまな彫刻

ペンテリコン山の採石場

や建築物をつくった。

ある日、その採石場から切り出された石は、港まで運ばれ、船に積みこまれた。その船は何日もかけて海を渡り、ある半島に辿りついた。そこで石は陸に上げられ、ある職人の工房に運び込まれた。その職人は全身全霊を込めて石を彫り、ライオンの彫刻をつくった。完成が近づくと、その彫刻は再び船に積まれて半島の岬まで運ばれ、そこに建てられていた墓塔の上に置かれた。

職人はそこで石に差す太陽の光を観察しながら、何日もかけて丁寧に石を彫り進め、ライオンの彫刻に息を吹き込んでいった。そして最後に、ライオンの目の窪みに緑色に輝く大粒のエメラルドをはめ込んだ。こうしてライオンの彫刻は目と意識を獲得し、ライオンという象徴と墓守を得た墓塔は完成した。

しかし、その墓が使われることはなかった。なぜなら、王族だった墓の主人たちの国では再び権力争いが起こり、王が失脚したため、彼らは自国へ戻ることができたからだ。それは彼らにとっては願ってもない出来事だったに違いない。しかし、墓に守る主人もなく、岬に置き去りにされたライオンにとっては？

ライオンは愁うことなく、誇りをもってそこにいた。なぜなら、彼は課せられた役目を果たしたのだ。彼は自国へ戻りたいという主

ライオンの墓塔が建っていた岬

人の願いを、生きているうちに叶えたのだ。

その岬を通り過ぎていく鳥たちは、ときどきライオンの彫刻に止まって、小休止をした。岬のまわりに棲んでいる海獣や魚たちも、ライオンの彫刻がつくりだす陰で休んだり、彼のエメラルドの目が太陽の光を反射してつくりだす光と戯れたりしていた。ライオンとそれらの生き物たちとの間には静と動の違いはあるものの、お互いの存在を認めながら生きていた。

それからもライオンはその岬に居続けた。

その頃、世界にはまだ灯台がなく、海を渡ることは命懸けの行為だった。ライオンがいる岬のまわりは、流れが速い海流がいくつも交じり合う海の難所だった。そのため、その周辺を行き交う船乗りたちは、太陽の光を浴びて輝くライオンの身体やエメラルドの目が放つ光を目印にして、海を渡っていた。彼らにとってライオンは自分たちが進むべき方向を示す先導してくれる存在であり、航海を見守る守護してくれる存在でもあった。

その半島には異なる部族の人々が幾度となく海を越えてやって来た。彼らは集落をつくって暮らし、しばらくすると去っていった。

数えきれないくらい何度も季節が巡った。初夏になると、岬の乾

アレクサンドリアの大灯台(New York Public Library)

燥した土にもたくさんの草花が生い茂り、風が吹いては岬全体を甘くてスパイシーな香りで包み込んだ。その香りに誘われて蜂や他の虫たちが岬の草原にやって来ては、忙しく飛び回り蜜を集めた。

ときどき、集落の女性たちも岬の草原にやって来て、ライオンの墓塔のまわりでハーブや花を摘んだ。そして、それを使ってお茶やスパイス、薬をつくったりした。

冬になると強風が半島に吹き、まわりの海は大しけになった。冬の間、船乗りたちが海に出ることはなかったので、岬はとてもひっそりとしたが、ライオンはそこにいた。

あるときを境に集落は発展して大きくなり、都市と呼ばれるようになった。その都市は海の交易で栄え、文化や芸術、学問が発達した。

その都市で生まれ育ったある少年は、海を越えてさらに大きな都市に渡り、そこで建築学を学んだ。そして、そこで船乗りたちが海を渡るのを助けるための灯台を発明した。灯台が様々な都市で建てられるようになると、それまで暗闇だった夜の海に少しずつ明かりが灯されていった。それとともに、それまでは命懸けの行為だった航海をより多く

海から見たライオンの墓塔が建っていた岬

の人々がするようになっていった。

その建築家が少年時代にライオンの墓塔を見て育ったことと、灯台を発明したこととの間に関係性があるのかないのかはわからないが、ライオンは誇りをもってその岬に居続けた。

その都市には多くの人々が海を越えてやって来るようになった。なぜなら、その都市には色や音、香りを用いて患者たちの痛みや苦しみを和らげ、彼ら、彼女らが穏やかにこの世界から次の世界へ渡っていくのを助けるためのホスピスがあったからだ。

人生の終焉に海を渡ってその都市にやって来た人々の目に、岬に鎮座するライオンの彫刻はどんなふうに映ったのだろう。ライオンの緑に輝く目やアンニュイな表情に、人々は自分の心の中にある感情——死への恐れやこの世を去ることの寂しさ——を投影し、ライオンから救いや癒しをもらったのかもしれない。

その都市に渡ってくる人々の数はおびただしく、彼ら、彼女らの亡骸を埋葬した墓地は都市からは外れたライオンがいた岬のそばにまで広がっていた。ライオンは人々のさまざまな感情を受け止め、癒し、そして、死後は彼ら、彼女らの墓を見守りながら、その岬に居続けた。

古代都市クニドスの遺跡

時が移ろう中で、その半島では幾度となく大地震や山火事などの自然災害が起こり、その度に人々は別の土地へと避難していった。そして、いつしかその都市は廃墟となり、風化して遺跡となっていった。

それでもライオンはまわりの海を通り過ぎていく船を見守りながら、その岬にいた。

数百年前のある冬、異国の考古学者が率いる一行がその半島にやって来た。その半島のどこかに大理石でつくられた立派なライオンの彫刻があるという噂を聞きつけた彼らは、必死でその彫刻を探し回った。

そして、ある日、彼らは半島の岬の先で、崩れ落ちた墓塔の側に横たわっているライオンの彫刻を見つけた。彼らが記した報告書によると、そのときライオンのエメラルドの目はすでになくなっていたとのことだ。

ライオンの彫刻は一行によって木の箱に入れられて、岬から引きずり下ろされ、蒸気船に乗せられた。そして、遠く離れた、見知らぬ都市に運ばれて、博物館とよばれる建物に入れられた。

ライオンの彫刻は、何千年もの間、彼がいた場所から、そして一緒に戯れていた仲間たちや、見守っていた者たち、先導していた者たちからも引き離されてしまった。彼は意識を閉じて、その博物館の中でただの物になった。

博物館に所蔵されている数百年の間に、ライオンの彫刻は幾度か動かされ、薄暗い地下の展示室に置かれたり、はたまた光が差し込む博物館の中央にあるコートヤードに置かれたりもした。日々、たくさんの来場者がライオンの彫刻のまわりを通り過ぎたり、一緒に記念撮影をしたりもしていったが、彼は物としてそこにあり続けた。

私が、ライオンの彫刻がかつて見ていたもの、そして今、見ているものを探して旅をしている最中にも、ある国では内乱が起こり、多くの国民が自国を去り、簡易ボートで海を渡っていた。ライオンがいた半島に行くためのフェリーに乗るべく立ち寄った港でも、海を渡りきった人々が混雑した難民キャンプに身を寄せている姿を見かけた。それと同時に、ニュースでは避難した人々が乗った簡易ボートが定員オーバーのために転覆し、多くの人の命が失われていることが連日、報道されていた。

私はようやく辿り着いた半島で、ライオンがいた岬の先端でボロボロに崩れ落ちた墓塔の遺構の上に座りながら、目の前に広がる初夏の海を見ていた。海と陸の両方から風が吹いては、潮の香りと甘くてスパイシーな草花の香りを交互に私の鼻に運んできてくれた。この風景や香りはライオンがいた頃から、きっと変わっていないのだろう。

海を背景にしながら、たくさんのイメージが私の頭の中を巡っていた。何億年も前に海の中を泳ぎ回っていた生き物たち、それらが輝く石になった。その石から彫り出されたライオンの彫刻。それはエメラルドの目と意識を獲得した。彼のエメラルドの目は何千年にもわたって自然の摂理や人間の営みを見てきた。彼は人々の願いを叶え、感情を受け止め、癒し、守護し、先導してきた。

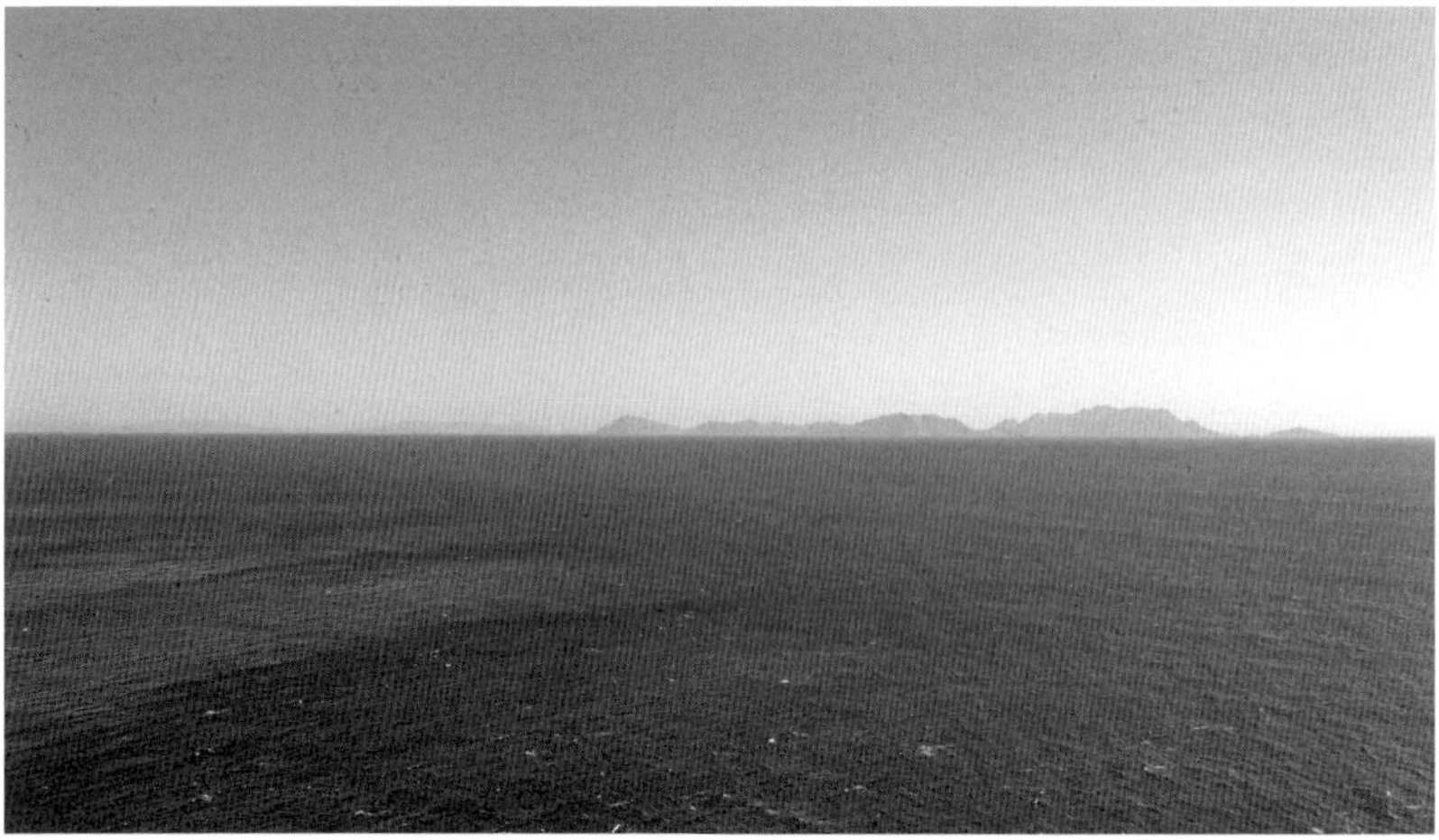

ライオンの彫刻がかつて見ていたであろう風景

そして、今は盲目になり、博物館に入れられて物になっているライオンの彫刻。物になってもなお、もし彼が心の目で何かを見ていることがあるとしたら、それは今回の旅を通して私が見てきたものなのではないかと考え始めていた。彼が心の目で静かに見続けてきたものを、この旅を通して私にも見せてくれたのではないかという気がしていた。

もしそうだとしたら、それは何千年前も今も変わることなく繰り返され続けている権力争いや戦争、それによって失われるたくさんの命や、居場所を失い、移動を余儀なくされる人々、そして彼ら、彼女らの行きどころのない感情なのだろう。

ライオンの彫刻は、彼自身も自らの意思に反して、元いた場所から引き離され、博物館に入れられた。それでもなお、彼は居場所や行き場所を失った人々を見守り、彼ら、彼女らの行きどころのない感情を静かに受け止めているのかもしれない。そして、その行為が彼の物悲しそうな表情をますます深めていっているのかもしれないと思った。

ライオンの彫刻について知りたいという思いから始めた旅はもうすぐ終わりを迎えようとしていた。数日後には帰国し、自国での生活がまた私を待っていた。しかし、私はライオンの彫刻についてまだなにも知らないし、彼のことは到底、理解できていないように思

今も岬の先にあるライオンの墓塔の遺構

えた。それどころか、謎は深まるばかりのような気がしていた。

ライオンの彫刻はこんなふうにして、これからも私の頭の中に棲み続けるのだろう。そして、私はこれからも彼の存在について、また彼が今、見ているものについて考え続けるのだろう。

またいつかライオンの彫刻に会いに行きたいと思った。そのとき、彼はまだただの物として博物館の中に置かれているのだろうか。または、彼が以前いたこの岬に戻っているというようなこともあるのだろうか。

もしもそんな未来があるとしたら、そのとき、彼はこの場所で何を見ているのだろうか。

おわり

＊＊＊

筆者は以前にも、このライオンの彫刻を題材に美術作品の制作を行っている。一度限りのストーリーテリング・パフォーマンス『ライオンから始まり、灯台へと続いていく旅』（北のアルプ美術館、北海道斜里町、二〇一八年）や、映像インスタレーションとストーリーテリング『手で摑み、形作ったものは、その途中で崩れ始めた。最後に痕跡は残るのだろうか。02─ライオン─糸島バージョン』(糸島国際芸術祭2023「共同体／共異体」、福岡県糸島市)として発表している。

まるで生き物のように刻々と異なる印象を表出させ、見る視点によっても異なる物語を生成し続けるこのライオンの彫刻の特異性から、一つの固定した表現や作品に落とし込むことは不可能であるという結論に至り、そのときどきの時勢や状況に応じて、語る内容や表現の手法を変えて発表を続けている。

コラム8

土で動物をつくること，焼くこと

根本裕子

　私がそれまで見たことのなかった「野良犬」を意識したのは、ニュース映像からでした。

　東日本大震災による原発事故によって人が住めなくなった街のドキュメント映像で、野放しになった無数のペットたちが群れを成し、たくましく生きている姿が映し出されていました。

　当時の私は、見えない放射能の恐れから、他人の目線や情報に依存していたように思います。そんな中、たくましく生きる動物たちに励まされました。もちろん、彼らは放射線の存在を知りませんが、それでも勇気をもらえました。

　私は作品をつくるときに、実際の動物を見てリサーチをするというより、動物図鑑やYouTubeを参考にすることが多いです。生き物がもつ、動きの中のフォルムの多様性や奇抜さが、見ていて楽しいです。実在しているかわからなくなるくらいの不思議な造形力があります。

　YouTubeなどを見ているうちに、映っている動物たちと勝手に仲良くなったような気がしてきます。動物と仲良くなるという経験は、ある種の「偏見」に基づいていると感じています。

　動物たちと、丁寧に信頼を紡ぐ関係のあることは知っていますが、そもそも人同士でも相手のことを完璧に理解している状態はありえるのでしょうか。

　人は未知な物事と対峙するときに、まずは相手を理解したいと思います。これは好意をもった相手と仲良くなりたいときも同じだと思います。そして相手を理解したいからこそ、目を引く相手の特徴を選り分けて、憶測に基づく情報を、とりあえず相手に当てはめて認識しようとします。

　それは、あまり特徴のなかった粘土の塊を、対象に真似るように作品として造形を加え、変えていきながら形づくるときに似ています。しかし、いくら表面をモチーフに似せてつくっていたとしても、それはオリジナルとはまったく別のものです。

　動物をモチーフにした多くの作品とされるものは、対象の動物より人が有利な状態か、安全な所から一方的に観察していると想像されます。私は実際には見たことのない野良犬を制作の対象としているため、イメージや想像の力で制作しているといえます。対象と作者の間には何かしらの距離があり、その間をつむぐのが想像の力なのかと思います。

私は、土を手びねりすることで、陶製の架空の動物をつくっています。土を造形し焼成することで思いがけなく土に変形が加わり、印象が変わってしまう。自分のイメージがそのまま形になるわけではなく、制御しきれない形の自由度を受け入れたとき、その作品のイメージを再認識する必要が出てきます。自然物を相手にしていると、私が大事にもっていた偏見や無意識な思い込みが崩れていくときがあります。

山犬についての印象的な話があります。むかし、人を山に土葬していた頃、その大事なお墓を、犬たちは掘り起こしてしまうというのです。要するに厄介者の話ですが、これを聞いて動物や自然は、人間が大事に仕舞ったものや隠したものを、どうしようもなく暴いてしまうというか、露わにしてしまうのだなぁって思ったんです。

私がなぜ動物をつくるのかといえば、それはたぶん、目と鼻と口があるからだと思います。

生き物を通すことで、理屈や常識から一旦離れて、それとはまた違う方法で物事を理解したいのかもしれません。何かがこちらを見て嗅ぎとっている、人間中心というより制御されない自然界からの目線が気になるのだと思います（xxii・xxiiiページ、カラー図11）。

Ⅳ

動物と
つながるために
えがく

10 動物にうたう歌
――カナダ・ユーコン先住民と動物が織りなす音の共同体

山口未花子

動物をえがく

私たちはなぜ「動物をえがく」のだろうか？　まず思い当たるのは動物が人を惹きつけてやまない存在であるということである。私自身、物心ついてから動物を好きな気持ちをかわらずに持ち続けている。では、動物の何にそれほど魅かれるのかといえば、いくらでもあげられるが、なかでも造形のすばらしさや毛皮のさわり心地というのは大きな魅力である。ただこれは私だけが特別感じていることではないだろう。例えば、ヒトの祖先が残した最も古い芸術の一つとされる動物の壁画や彫像をみても、人がいかに動物の形に魅せられてきたのかがわかる。

レヴィ＝ストロースは、初期人類が狩猟採集民として動物との一体感を育んできた名残が最もよく現れるのは、子どもに動物を与える行為である、という（レヴィ＝ストロース 二〇一九）。確かに「その一体感へのノスタルジーを、ごく幼い時期から子に抱かせておかねばならないとでもいうかのように、われわれはゴムやパイル地でできた見せかけの動物でまわりを取り囲んだり、最初に与える絵本を目の前に置いたりして、本物に出会う前から（略）動物を見せるのである」と彼がいうように、絵本や物語のような視覚や聴覚に訴えかけるものだけでなく、ぬいぐるみのような触覚を楽しませてくれる「動物たち」が、子どもを強く引き付けることは、経験的に理解できる。一方で、これもレヴイ＝ストロースが指摘しているが、もはや狩猟採集民ではなくなった多くの現代人にとって、こうした動物との一体感は、大人になればやがて薄れていくものなのかもしれない（同前）。

人類学者のインゴルドは、人と動物の関係には二種類あるという。一方の狩猟採集民は、自然にすべてゆだねているのに対し、農耕や牧畜によって生計を立てるようになって以降の人間は、自然を管理するようになった。この点で、二つのあり方は真逆といっていいほど異なっていると指摘する（Ingold, 2000a）。そして、だからこそ狩猟採集民にとっての動物描写は、現代社会におけるそれとは根本的に異なるのだという。例えば、北方の狩猟民が小さな動物の彫像をいつも持ち歩くのは、その視覚的触覚的な刺激によって常に動物を意識の中に棲まわせる働きがあるからであり、動物とのつながりが必要な狩猟活動を支える、生きるための技術であるからだという（Ingold, 2000b）。では、生きるために必ずしも動物との一体感を感じる必要がなくなった今も、私たちが動物をえがき続けているのはなぜだろう？

このことを考えるための第一歩として、動物を狩猟することと動物をえがくことを、その過程も含めて自分が経験することから始めてみたい。ただ、これまで動物をえがくことに関する議論はインゴルド自身も指摘しているように、どちらかといえば視覚芸術を中心になされてきた。しかし、それでは動物をえがくことの本質に、十分に迫ることができていないのではないだろうか。というのも、私自身が狩猟を始めてから、視覚的に動物をとらえるだけではなく、ほかの知覚、特に音によって動物をえがくこと、そして音を使って動物とつながることの重要性を感じるようになったからである。

そもそも芸術や描写というと、まず視覚芸術が思い浮かべられる。しかし、例えば洞窟壁画のような動物描写は、実際には絵画だけでなく、音響や儀礼における踊りなどを含めた複合的な体験を通して、動物や人に働きかけるようなものであったと考えられている（土取 二〇〇八、ミズン 二〇〇六）。何かを表すことが、語り、文字、音楽、リズム、踊り、絵画、彫刻といったものに分けられ独立したもののように語られるようになったのは、人類の歴史から見れば最近のことなのかもしれない。そもそも遊動生活をする狩猟採集民にとって、持ち運ばなくてはいけないものは最小限であるほうがよく、必要な知識や技術とともに、普段は芸術の多くも人々の頭の中に刻まれていて、必要になったらその場で語ったり歌ったり絵をかいたりしていたのではないだろうか。しかし、狩猟採集民の動物描写について語るときでさえ、いまだに視覚中心主義は跋扈しているように感じられる。

一方で、近年のサウンドスケープやサウンドスタディーズ、民族音楽学、音響人類学といった分野において、音楽という範疇を拡張し、音や響き、声、ミュージッキング[1]など、より広い領域を含めて議論していく必要があることが指摘されている。その流れをまずつくったのは、マクルーハンらによる視覚中心からの脱却と聴覚研究の必要性の指摘(マクルーハン&カーペンター 二〇〇三)だった。さらに近年のサウンドスタディーズなどの分野においては、そうした潮流こそが音と聴覚と対比させて語ることで二項対立を再生産してしまっているのであり、なぜそのような対立がおきるのかということこそ探究すべきと述べる(Sterne, 2012)。

これらの議論はどちらかといえば、メディア媒体の変化や音や音楽をどう聞き取るのか、といった今日的な人間社会のあり方や変化と結びつけて論じられる傾向にあるかもしれない。他方で、自然のなかで響く音についての議論も、サウンドスケープ論の影響を受けながら、スティーブン・フェルドやマリナ・ローズマン、山田陽一らによる「音響」に着目した人類学的研究の中で活発になされてきた(山田 二〇〇〇)。例えばフェルドは「サウンドスケープは、みずからの場所を世界のなかに位置づけようとする人間によって知覚され、解釈されるものであり、そこには、社会的時空のなかで身体と生命を共鳴させる人間によって、意味が付与されているのである。これが、音響認識論(acoustemology)の論理である」(フェルド 二〇〇〇)と述べる。このように、音響認識論や音響人類学の議論において、環境と人をつなぐものとしての音楽と、その音楽を響かせる身体の重要性(山田 二〇〇〇)、音と匂いなどほかの感覚領域との結びつきといった観点(ローズマン 二〇〇〇)は、本章でとり上げるカナダ先住民のものとも重なるものである。

また、民族音楽学の分野でも、歌が人間社会の中でどう働くかという点のみからだけでなく、動植物や環境とのかかわりから論じるような研究が増えてきている。なかでも南米先住民の音楽についてはルント・ブラベック・デ・モリを中心として二〇一一年に開催されたシンポジウムと、それをまとめた論集(Brabec de Mori & Seeger, 2013)によってこうした点が詳細に検討されている。そのなかで、動物や植物、精霊など人間以外の行為主体とのコミュニケーションにおいて、音楽が重要な役割を果たすことについて活発な議論が展開されている。特にジョン・ブラッキングの有名な定義――人間はいかに音楽的であり、音楽はいかに人間的であるか――というテーマが批判的に検討され、例えばマルチェロ・ソルチェ・ケラーは、人間以外の動物を排除した場合、結局のところ「人間はいかに音楽的であるか」を記述しえないとして「動物音楽学」を提唱している(Keller, 2012)。このほかにも、音楽によって動植物を模倣すると一言でいっても、鳴き声の音程やリズムをそのまままねる方法と、その存在の内面(人格)になることによって、その存在の音楽を演奏するという二種類の方法に大別できることを指摘するなど、音や音楽のもつ意味について新しい視点が示されている。

これらの議論を踏まえ、本章では、音で動物をえがくという行為や音でえがかれた動物がどのような意味をもつかを「音楽」というカテゴリに限定せず、サウンドスケープが示したような音環境や、人々の語る声にも着目した音文化、身体に響く音響やリズムを含め、音だからこそえがくことのできる世界として探ってみたい。また、そうした音(音楽)が人や動物とのあいだの共振によって個人の枠組みから抜け出すような脱領土化(ドゥルーズ&ガタリ 二〇一〇)や生成変化が起こるとすれば、それはどのような過程で生じ、それによって何がもたらされるのかについても考えてみたい。

カナダ先住民と動物

私は二〇〇五年から今日に至るまで、カナダ、ユーコン内陸部の先住民カスカの人々から動物のことを学んできた(山口 二〇一四・二〇二三)。この地域の人々は、これまでにイヌ以外の動物を家畜化した歴史がないため、生きた動物と最も物理的に接近するのは狩猟の一瞬である。しかし、肉を食べ、皮なめしや縫物、彫刻といった加工を施し、制作したモノを贈与するなど、動物は姿かたちを変えながら人々の暮らしの中をめぐる身近な存在である。それだけではなく、毎朝おきると夢に出てきたクマが告げる意味について話し合い、毎日のように庭を通りかかるヘラジカが何を企んでいるのかを考え、動物を絵にかいたり、歌を歌いかけたり、動物の声に耳を澄ませながら人々は暮らしている。

こうした人々と動物との近さの背景にあるのが、北方内陸部の豪雪かつ寒冷な地域における、動物に大きく依存した暮らしである。歴史的に、北米の中でもヨーロッパからの影響が最も遅くに波及したのは、西部、かつ北方内陸部にあるこの地域だったと考えられる(Honigmann, 1954)。古老によれば、第二次世界大戦が始まり道路が建設されるまで、人々は定住することなく森の中の拠点を移動しながら狩猟採集を生業として暮らしていたという。そのころに生まれ、伝統的な狩猟採集生活の中で育った古老たちは、今もそのころに学んだ技術や知恵、世界観をもち続ける一方で、文字の読み書きはできない人が多い。私はこうした古老たちにただ話を聞くだけでなく、自分も狩猟の知恵や加工の技術などを実践しながら教わり、身につけるという形でフィールドワークをおこなった。

口頭伝承と動物

ここからは、こうしたユーコン先住民の動物に関する様々な実践の中でも、音(音楽)が結ぶ動物と人ということについて考えてみたい。カナダ内陸部のアサバスカン系の先住民における様々な表現の特徴として、視覚芸術、あるいはモノとして表されるものの少なさがある。これは、遊動生活を送ってきた人々がモノを持ち歩くことが困難だったことを考えれば、むしろ当然のことだろう。隣接する北西海岸の人々が半定住的なくらしの中で、豊かな物質文化や視覚芸術を育んできたことと比較しても、それぞれの生活様式や環境が表現様式と関係していることは明らかである。

しかし、だからといって何かを表現することをしないわけではない。革に刺繡することは、この地域の最も一般的な視覚芸術であるし、持ち運べるくらいの小さな彫像も昔からつくられてきた。とはいえモノではなく、物語や歌などの口頭表現による描写はとても豊かであり、その多くは長い叙事詩というより日常的な会話の中で語られるものであった。

例えば、私が居候させてもらっていた古老のA氏は、毎朝おきるとその日見た夢について語るのが習わしだった。それはほとんどが動物の夢で、最も多いのがクマ、そしてクーガーやオオカミなど大きくて怖い動物であることが多かった。あるとき、F氏がA氏の家を訪ねてきたのでお茶を飲みながら会話をしていた。A氏は「あなたはブッシュで育ったんだからわかるでしょう」と言いながら、その朝見たクマの夢の話を始めた。

私は一人で外にいた。そばに孫が来た。そうしたら彼(クマ)が来た。私は何ももっていなかった。私は孫に逃げるように言って、彼と闘った。最後に私は彼を倒した。孫は木を投げてくれた。彼は私をすごく引掻いた。今日はこの悪夢のせいでずっと具合が悪い。孫も頭痛がすると言っていたがそれもこの夢と関係あると思う。

こうした語りで印象的なのは、ただ夢に見たことを説明するというより、夢で見た状況を「演じる」といったほうが良いくらい、ジェスチャーや間、擬音、特に動物の出す音を使って表現するということだ。例えばクマの唸り声や歩き方、自分が夢の中でどのようにクマと戦ったか、痛みの表情などがリアルに再現される。

A氏だけではなく、F氏もよく私に「ヘラジカの夢を見なかったか?」と聞いてきた。特に狩猟へ出かける前など、ヘラジカを獲りたいという想いが強くなると、それに気づいたヘラジカが夢の中に来て、どこに行ったら肉をもらえるのか、教えてくれることがあるからだという。私もこうした暮らしの中で、以前にも増して動物の夢を見るようになり、そんな日はすぐに古老に報告して一緒にその意味を考えるようになった。

もちろん夢だけではなく、目が覚めているときに知覚できる動物のサインにも常に気を配り、それについての解釈が繰り広げられる。例えば、動物の発する音は重要なサインである。ヘラジカはめったに鳴くことはないが、たまに鳴いたときは、近しい人が亡くなったことを知らせているということは、多くの人の共通認識であった。F氏によれば、フクロウが「こっちへおいで、小さな子どもたち」と鳴いたあとには、隣の集落の子どもが二人、亡くなったことがあったという。

あるいは、ブッシュで薬草やキイチゴなどを採集していて夢中になって、周りに注意を払うのを忘れてしまったとき「リスがチチチチチと鳴くので見上げるとクマがいたことがあった。それはクマがいることを教えてくれたのだ」とA氏がいうように、人々を助けてくれる動物の声もある。動物との取引きの際にも、人々は動物に語りかける。ウイスキージャックと呼ばれる小鳥は、ヘラジカの解体をしていると必ずやってきて肉片を盗もうとするのだが、A氏はそんなとき必ず手に持った肉を見せながら「ウイスキージャック、ウイスキージャック、今度ヘラジカの場所を教えてくれる?」と語りかけ、ウイスキージャックが同意したように鳴くと、肉片を投げてやった。

このように、ユーコンの古老たちは、人と同じように動物にも語りかける。例えばH氏は「私の父はグリズリーと話せた。ブッシュにいるとき父が、「誰か、来る」といった。知ってると思うけど、われわれは、動物を直接の名前で呼ばない。「誰か」という。それはクマだった」といい、父はクマと特別な関係があったと語った。ここからは、人だけでなく動物のほうも人の語りに注目していることがうかがえる。

他方で、古老C氏は「オオカミが来たら、ツヨーネ(カスカ語でオオカミの意)といえば去っていく。サス(カスカ語でクマの意)といえばクマも去っていく」「多分、彼らはカスカの言葉がわかるんだろう。カスカ語でなら動物と話せる」と語った。H氏の父は英語で、C氏はカスカ語で動物と話すから、H氏とC氏の発言は、どの言語によって動物と通じ合うことができるのかという点からすると矛盾しているようにも感じるかもしれない。しかし、これは相手が何語を解するのかということよりも、自分にとって最も自然に話せる言葉であるということが重要だといえるかもしれない。例えばあるとき、A氏がお祈りをする際、自分の言葉でお祈りを唱えるように、というので一人ずつ順にトリンギットのG氏はトリンギット語、カスカの姪のE氏はカスカ語で、カスカのもう一人の姪は英語、そして日本人の私は日本語でお祈りをした。私たちは普通、相手に何かを伝えるために話すときは相手が理解できる言葉を使うことが良いと考える。相手が別の言語を話すならこちらもその言語を学んだり、通訳を頼んだりする。しかし、ユーコン先住民は、むしろ自分が話しやすい言葉のほうが、相手に伝えられると考えているのではないだろうか。

霊長類学者の山極寿一は、自身の経験から「われわれは今言葉で話をしているけれど、いろいろな動植物と会話ができる感性を持っているはずです。(略)言葉が通じない動物とどこかで了解しあえる経験をすると、それに気がつかされるのです。面白いことに、動物園の飼育係はみんなそれに気がついています。ただ、人間は生まれつき言葉を使ってコミュニケーションをするようにできているから、彼らはあえて言葉で語りかけるわけです。(略)われわれが言葉でしゃべっているとき、一番嘘偽りのない人間の身体の動きができていて、その体中から発散されるいろいろなタイプのコミュニケーションを、動物たちはそれぞれが持っているコミュニケーション能力で感じ取っているわけです」(中沢・山極 二〇二〇)と述べ、人間の方にも本来は動物の「言葉」を感じ取る能力はあったのに、今はほとんどの人がそれを失ったという。

ユーコンでも状況は似ているかもしれない。F氏は「昔は、オオカミはイヌを襲わなかったが今は襲う。次は人間を襲うだろう。多くの人が死ぬだろう。すべて白人が間違ったやり方をしたからだ。人々はいつもスピリチュアルなもので動物とコミュニケーションをとっていた。でもそういうものがなくなってしまった」とよく嘆いていた。動物とのコミュニケーションは決して一朝一夕で身につくものではなく、また絶え間なく動物と関わるような生活から離れてしまえばその力は失われていく。

動物にうたいかける

しかし、生活が変わり動物とのコミュニケーションが失われていく中でも、例えば短歌の中に当時の動物とのつながりを封じ込めるようなことが可能である、と山極はいう(中沢・山極 二〇二〇)。カスカの場合も音楽は、別の世界との間の扉を開くような力をもつものとされる。例えばあるとき、A氏とドライブしているときに車のステレオから流れる音楽を聴いたA氏が「私、音楽を聴くと踊りたくなっちゃう」と腕を振って踊るようなしぐさをみせたあとで「でもママは私と従妹がギターを手に入れて練習しようとしたら、とても怒った」と話してくれた。なぜなら、音楽というのは死者のような存在を引き寄せてしまうことがあるからだという。A氏は次のように語る。

> あるとき、夜中じゅうドラムの音が聞こえたけどそれはゴーストだった。次の日誰もいなかった。色んなところから音がした。なぜなら、すごく動き回っていたから。ドゥン、ドゥン、ドゥン……という感じ。その夜は、すごく(イヌが)吠えていた。

だからといって歌をうたってはいけないということではない。歌が目に見えないものに訴えかける力を正しく使う必要があるのだ。

> ママはいつもキャンプサイトで歌をうたった。ヘイヘイヘイヤ〜と。そう、何かに邪魔されたり危険を避けたりするために歌をうたう。あるときクマがきたけど、イヌが追い払った。歌をうたわなかったら誰も気づかず助けてくれなかっただろう。

カスカの音楽はシンプルで、楽器は獣皮を張った円形、もしくは八角形のドラム(図10-1)のみである。歌は楽しみのためではなく、儀礼の際にドラムの演奏を伴ってうたわれる。カスカ・ドラマーというグループで活躍するR氏によれば、カスカには五三の歌があるという。彼はそのうち二八の歌を祖父に教わったという。ドラムは、自分が獲ったヘラジカやカリブーで、自分で皮をはぎ、トウヒの薄い板を曲げてドラムをつくる。

ハンドゲーム[2]やスウェットロッジ[3]、葬儀などの儀式のときには必ず歌とドラムが演奏されるし、日常生活の中でも狩猟の成功などを祈る歌、何かに挑戦するための歌がうたわれる。ドラムは木の撥で「ド、ドン、ド、ドン……」というリズムを繰り返し「ヘイヤ〜、ヘイヤ〜」という反復を多く含んだカスカ語の歌とともに演奏される。

儀礼や祈りとともに、カスカの音楽が必要とされるのが動物とのコミュニケーションの場面である。人里から遠く離れた山奥に一人で暮らす古老のG氏を訪ねたとき、同行した彼の友人が興味深い話を聞かせてくれた。数年前に二人で山の中を歩いていたとき、G氏がとつぜん背後の崖の中腹を指して「あそこに彼がいる」といった。どうやらそこにクマがいるということなのだが、友人にはまったく何も見えない。ところがしばらくすると、その茂みがガサガサ動いてクマが顔を出したという。なぜそこにクマがいるのがわかったかというと、G氏は自分の後頭部が見えたのだという。私はそれを聞いて一瞬、意味がわからなかったのだが、それはこういうことだという。G氏にとってクマはメディシン・アニマル(守護動物霊)であり、クマが自分の近くにいると、そのクマの見ているものや聞こえていることが自分にも感じられる。「まるでラジオをチューニングするみたいに」周波数が合うと、クマの見ているものが自分にもクリアに見えてくる、とG氏はいう。そして彼が、そのメディシン・アニマルを獲得するためにしていたのが、夜になると森の中でメディシンになってほしい動物に向けてドラムをたたきながら歌をうたうことだった。そうしてG氏は今、六つのメディシンを獲得することに成功した(図10-2)。

図 10-1　ヘラジカ皮のドラム

動物の守護霊がその力によって人々を助けてくれるという話は聞いていたが、G氏の話は動物と人のあいだの波動のようなものが重なるところをうまく見つけることによって、人と動物のあいだに絆が生まれる具体的な過程を伝えてくれる貴重な証言である。さらに、なぜそれが音楽を通してなのかを考えるときに、夜に外で演奏していたという点は重要なポイントだろう。昼間でも見通しの悪いユーコンの森の夜の暗さを知っていれば、頼りになるのが視覚より聴覚であることは想像に難くない。また、音は決して耳だけで受け止めるものではなく、空気の振動や風の流れを身体が受け止めることによって聴こえてくるものでもある。だからこそ、使われるのがドラムという振動を生成し反復を繰り返すリズム楽器であるということも重要である。音楽と一口にいっても、そこには様々な形があり、それは単に音が変化するだけでなく、リズムや響きのことでもあり、それを演奏し、うたう身体が変容することでもある。森の中で演奏する音楽とは、呼吸や心臓の鼓動などでリズムを刻みながら、動物にうたいかける歌であるのなら、森の中に潜んでいる動物、例えばクマの生きている音と自分の鳴らしている音とが微かにでも重なり、響きあうようなことが起こりそうに思える。

図 10-2　山で猟をするG氏

生きている自分を感じ、自分と同じ空間の中に潜んでいる様々な生命体の命を感じ、無意識にそのあいだを調整することであるのかもしれない。そしてそれが、動物にうたいかける歌であるのなら、森の中に潜んでいる動物、例えばクマとのあいだの空気を震わせること、クマの生きている音と自分の鳴らしている音とが微かにでも重なり、響きあうようなことが起こりそうに思える。

音響人類学者の山田陽一は、パプアニューギニアに暮らすワヘイの音楽が、人と環境を結ぶ役割をはたすという。例えば「ワヘイにとって、彼らの生きる世界を声にすること、つまり森を支配する精霊の揺らぎやうつろいを、水の流れとしての声で表現することによって、うたは生まれる。そのとき、うたという文化と、精霊の住む自然とは、声によって、そして声と響きあう音響的身体によって仲介されているのである」(山田 二〇〇〇)という。そしてワヘイにとって人と自然をつなぐのは身体であり、身体が生み出す声が、うねりや揺れが、共振をもたらす点にも言及している。これは、カスカの古老が太鼓のリズムと歌によって、クマとのあいだに共振を生み出そうとしていた試みにも通じる。

音楽家でパーカッショニストの土取利行(コラム9)は、ルートヴィヒ・クラーゲスの著書を引きながら、生命の本質はリズムであり、心臓の鼓動であるという。クラーゲスは、メトロノームのような正確な拍子を刻むことと、私たちの生命がもつリズムとを対比させながら、リズムは鳥の羽ばたきや馬の速歩、蛙の鳴き声にも見出せるものであり、こうした音の中に秘められた振動こそが聞くものの魂を揺らし、人間の精神によって狭められ抑制されている生命の脈動を解放すると述べる(クラーゲス 二〇一七)。ヒトの脳波を測定した実験でも、機械の音よりも人と会話が交わされたほうが、リズムが合うだけでなく共感性も高まるという結果が出ており(Kawasaki et al. 2013)、同じ空間で音を出していると自然とその音のリズムは揃っていくことが起こっているのかもしれない。

このように音楽のもつ、動物と人という二つの領域を結ぶ力の根源には、リズムや波長を合わせることと、情動によって自我から抜け出して、より大きなものと一体化するようなことがあるように思える。

日本での狩猟で実感する

カナダの森で学んだ動物との関係における音の重要性は、私が一人で北海道の森の中で狩猟をするようになって、より強く感じるようになった(山口 二〇二一・二〇二三)。森の中で猟をするときに最も大事なことは動物を見つけることであり、その動物に警戒されないことである。私たち都市に暮らす人間は、町を歩くときは視覚情報に大きく依存していて、音に関してはイヤホンで音楽を聴きながらでも歩くことができるくらい、ほとんど頼りにしていない。だから、森に通うようになってからも、まず頼ったのは視覚だった。目が慣れてくれば、森の中にうまく隠れている動物を見つけられることもあるし、何より、目で得た情報は、瞬時にかなりの状況を把握するのに役立つ。場所の特定やその動物の種、大きさ、行動、雌雄の別など、やはり視覚から捉えるのが最も確実な情報である。

しかし、しばらく森の中を歩いていると気づくのは、頼りになるのは視覚よりも、むしろ聴覚であるということだ。

聴覚は木の枝や山の斜面によって隠された空間も可視化してくれる。さらに、音はその音を出す動物の気持ちのようなものを教えてくれることもある。ゆっくり移動しているのか焦って斜面を滑るように走っているのかといった音の違いが、私がいることに気づいていないのか、こちらを怪しんでいるのかを教えてくれることもある。そこには音と時間との結びつき、動きの中で見えてくるいくつかのヒントをつなげていくことによって、視覚よりもより重層的な世界の見え方、というものがあるように思う。

音だけでなく、匂いが教えてくれる情報もある。例えばクマなのか、シカなのかという種や、雌雄の違い。オスが繁殖期に入っているか否かなど、匂いでわかることは多い。しかし、視覚以外の知覚は大体において、残念ながら人より動物のほうが優れている。だからむしろ気をつけなくてはいけないのは、自分の音や匂いだ。だからこそ、風を読むことはとても大事だし、なるべく静かに移動しなくてはいけない。ユーコンの古老が、私の化繊の服がやかましい音を出す、としきりに気にしていた気持ちが今ならよくわかる。しかし、人は静かに動くことがとても苦手だ。森に棲む動物たちは、大きな体をしていてもとても静かに動くことができるのに、人はどんなに気をつけていても森の中に音を響き渡らせてしまい隠れきることができない。人間にとっては、動物の視覚よりも聴覚をだますほうが難しい。だから、姿を見せずに木立や笹藪に潜んでいる動物たちが、こちらに注意を向けているのを痛いほど感じる。

そうやって、様々な知覚がつくりだす環境が私の頭の中では立体的な視覚として浮かび上がる。この過程で聴覚が視覚に視覚が聴覚に重なり移り変わることを経験すると、インゴルドが『環境の知覚』(Ingold, 2000c)で論じたように、身体が環境の中にあるときに、一つの知覚のみを独立して感じることはできないことを実感する。

動物になって、うたう

むしろ動物から知覚されていることを前提にすれば、動物に自分をどう見せるかを考えたほうが良いのかもしれない。自分がシカであるような気持ちになるようにつとめ、例えば繁殖期のオスの鼻息荒く森を駆け巡ってメスを探し回るような歩き方をまねしたり、のんびり食後の散歩でもしているようなゆっくりした歩調で歩いてみたりすることで、森の音世界に溶け込んでいくことができるようになる。

狩猟の際に、動物を模倣することについて、シベリアのユカギールの民族誌を書いたウィラースレフは、猟師がエルクのように見える装束や体を揺らすような動きによって「エルクではないが、エルクでなくもない」という境界的な領域に心身ともに入り込み、仲間だと思って近づいてきたエルクを獲る事例を紹介している（ウィラースレフ 二〇一八）。エルクではないが、エルクでなくもない状態とは、単に動物をまねてだますというよりも、ドゥルーズとガタリが「動物になること」と表した（ドゥルーズ&ガタリ 二〇一〇）ような、動物にぎりぎりまで接近しながら、ギリギリ動物にならないという宙吊りの状態であり、人と動物のあいだの生成変化であるともいえるのではないだろうか。

このことを最も具体的に示す猟が、秋のコール猟である。コール猟とは、発情期に動物が発する声や音を出すことで動物を誘い出す手法であり、北海道でも一〇月から一一月にかけて行われる。シカ笛でオスが縄張りを示す「フィーヨーー」という声を鳴らすと、遠くの山奥から「フィーヨーー」という鋭い鳴き声を返してくることがある。上手く答えてくれたら、こちらもそれに応えて「フィーヨーー」と鳴らす。ときには第三のオスが別の山から鳴き返してきて、初めのオスがそちらへ行ってしまうこともあるし、なぜか途中からこちらの誘いに乗ってこなくなることもある。しかし、うまく私のシカ笛に応じてくれたときには「フィーヨーー」という声がどんどん近づいてくる。私もその声を頼りにそのシカに近づいていく。なるべく大きなオスであることを示すように大きなオスの自信たっぷりな鳴き方をまねたり、鳴きかわすリズムも、こちらがたくさんのメスがいる良い縄張りをもっている強いオスだと示すために、少し強気なタイミングで威圧するように鳴いたりする。しばらく応答がないと不安になってくるが、あくまでも堂々とした大オスらしい気持ちをつくり「俺に挑戦する奴はどこにいるんだ」と探すような足取りで歩く。ときには三〇分くらいコール&レスポンスを繰り返しながら、私はシカにシカは私に近づいていく。

少し遠くで笹藪がガサゴソと揺れているのが目に入る。一〇〇メートくらい先に見える立派な枝角のオスジカが、いるはずのライバルを探して少しきょろきょろしているあいだに銃に弾を込める。自分の心臓の音が規則正しく聞こえていれば、落ち着いて撃つことができる徴《しるし》だ。最後にシカ笛を一吹きし、振り向いたシカと目が合った瞬間、指は引き金を引いている。弾が胸を貫いてシカはその場に崩れ落ちる。

シカの鼓動は途絶え、シカの生命のリズムは失われたかのように見える。私はシカの体を丁寧に解体し、最後に気管を取り出すと近くの木の枝にかける。「動物の魂は気管に宿っていて、解体した後に木の枝に吊り下げれば、風が気管の中を通り抜けるとき、魂は息を吹き返し、血と肉を身につけて元の体に戻る」とユーコン先住民のF氏が教えてくれたように。シカの一部だった気管は森の中で風に吹かれ、再び呼吸を始める。生きているリズムの振動が、再び森のなかに広がっていく……。

動物と人をつなぐ響き

森の中で動物を追うときの自分と、町で暮らしているときの自分を比べてみると、特に身体の知覚がまったく異なっていることに気づく(山口 二〇二三)。森の中では、町にいるときには閉じている様々な知覚が解放され、なかでも森の中で響く音は視覚や触覚を補い空間を把握する重要な手段となる。さらに猟師自身が発する音もある。例えば人の言葉で嘘偽りなく内面をさらしながら、メディシンやウイスキージャックと話すこともある。他方、コール猟では獲物の声や角と角がぶつかるような音をなるべくその動物に似せて出すのが重要だ。むしろ動物を模倣し動物になろうとする過程で動物の視覚、聴覚、嗅覚、触覚といったものを、自分のものにしていくことができるように感じる。クマの目で自分の後頭部をみることができたG氏のように。それは言い換えればドゥルーズとガタリのいうところの、これまで知覚しえなかったものを知覚できるようになるということかもしれない(ドゥルーズ&ガタリ 二〇一〇)。

ただ、知覚できなかったことができるようになるイコール「動物の声が聴こえる、話ができる」ことだというと、さすがに信じるのがむつかしいと感じるかもしれない。しかし、例えば第1章で盛口が指摘するように、動物のスケッチをしていると、見えていなかったものがどんどん見えてきたり、山の中で動物を追いかけていると、山の中にけもの道や、動物の痕跡が見えてくるようなことの延長線上にある、といえばどうだろうか。

さらに、このことを理解するうえで、マリナ・ローズマンが示したように、他の感覚領域との結びつきというものも重要である。特に、森のようにすべてが見通せる環境ではない場合、視覚だけでは森は見えてこない。むしろ、森の中に棲まう様々な存在を知覚しようとするとき、私たちは本来備えている感覚を総動員する必要がある。しかし、これは意外と難しくもない。実際に森と町を往復した経験からいえるのは、森の中で動物に対して体を開いていくことは無意識のうちにできるようになり、さらに心身ともに楽な状態であるのに対し、町に戻って感覚を閉じる作業には時間がかかり、さらに疲労を感じることが多いということだ。

こうした経験と、F氏が「大人になってからでもインディアンじゃなくても常に動物のことを考えていれば、コミュニケーションできる。本来、第六感を人間はもっている。必要なくて使っていないだけ。動物は皆もっている」と教えてくれたことと照らし合わせてみれば、むしろ私たちは普段、無理に身体を閉じた不自然な状態にあるというほうが正しいのではないか。だからこそ、音楽や短歌のように、自然な身体の感覚を思い出させるような働きをもつものにふれると、自分の内側に無理やり押しとどめていた様々な情動が生じ、ほころびが生まれることで、新しい知覚、というよりも自分自身が本来もっていた根源的な知覚が呼び覚まされるのではないか。動物をえがくことで生まれた情動は「えがかれた動物」を通してそれに触れた人にも生成変化を引き起こす、というような連鎖が、そこにはあるのではないだろうか。

参照文献

ウィラースレフ、レーン（東野克己・近藤祉秋・古川不可知訳）『ソウル・ハンターズ――シベリア・ユカギールのアニミズムの人類学』亜紀書房、二〇一八年。

クラーゲス、ルートヴィヒ（杉浦實訳）『リズムの本質』みすず書房、二〇一七年。

土取利行『壁画洞窟の音――旧石器時代・音楽の源流をゆく』青土社、二〇〇八年。

ドゥルーズ、ジル＆ガタリ、フェリックス（宇野邦一他訳）『千のプラトー』河出文庫、二〇一〇年。

中沢新一・山極寿一『未来のルーシー』青土社、二〇二〇年。

フェルド、スティーブン（山口修・山田陽一・卜田隆嗣・藤田隆則訳）『鳥になった少年――カルリ社会における音・神話・象徴』平凡社、一九八八年。

フェルド、スティーブン（山田陽一訳）「音響認識論と音世界の人類学――パプアニューギニア・ボサビの森から」山田陽一編『自然の音・文化の音――環境との響きあい』昭和堂、二〇〇〇年。

マクルーハン、マーシャル＆カーペンター、エドワード（大前正臣・後藤和彦訳）『マクルーハン理論――電子メディアの可能性』平凡社、二〇〇三年。

ミズン、スティーブン（熊谷淳子訳）『歌うネアンデルタール――音楽と言語から見るヒトの進化』早川書房、二〇〇六年。

山口未花子『ヘラジカの贈り物――北方狩猟民カスカと動物の自然誌』春風社、二〇一四年。

山口未花子「動物との対話――ユーコンと北海道での狩猟を通して」奥野克巳・シンジルト編『マンガ版マルチスピーシーズ人類学』以文社、二〇二一年。

山口未花子「動物たちとともに世界を生きる」山口未花子・コーカー、ケイトリン・小田博志『生きる智慧はフィールドで学んだ――現代人類学入門』ナカニシヤ出版、二〇二三年。

山田陽一編『自然の音・文化の音――環境との響きあい』昭和堂、二〇〇〇年。

レヴィ＝ストロース、クロード（渡辺公三監訳、泉克典訳）『われらみな食人種（カニバル）』創元社、二〇一九年。

ローズマン、マリナ（山田陽一・井本美穂訳）『癒しのうた――マレーシア熱帯雨林にひびく音と身体』昭和堂、二〇〇〇年。

Brabec de Mori, B. & Seeger, A., 2013, "Introduction: Considering Music, Humans, and Non-humans", *Ethnomusicology Forum*, Vol. 22(3), pp. 269–286.

Honigmann. J., 1954, *The Kafka Indians: an ethnographic reconstruction*, Yale University.

Ingold, T., 2000a, "From trust to domination", *The Perception of the Environment: Essays on Livelihood, Dwelling and Skill*, Routledge, pp. 61–76.

Ingold, T., 2000b, "Totemism, animism and the depiction of animals", *The Perception of the Environment: Essays on Livelihood, Dwelling and Skill*, Routledge, pp. 111–131.

Ingold, T., 2000c, “Stop, look and listen!: Vision, hearing and human movement”, *The Perception of the Environment: Essays on Livelihood, Dwelling and Skill*, Routledge, pp. 243–287.

Kawasaki, M., Yamada, Y., Ushiku Y., Miyauchi E., & Yamaguchi Y., 2013, “Inter-brain synchronization during coordination of speech rhythm in human-to-human social interaction”, *Scientific Reports*, Vol. 3(1).

Keller, Marcello S., 2012, “Zoomusicology and Ethnomusicology: A Marriage to Celebrate in Heaven”, *Yearbook for Traditional Music*, Vol. 44, pp. 166–183.

Sterne, J., 2012, “Sonic Imaginations”, *The Sound Studies Reader*, Routledge, pp. 1–17.

Sturtevant, William C; volume editor, Heizer, Robert F., 1981, *Handbook of North American Indians*, Smithsonian Institution, pp. 442–450.

注

（1）音楽教育者のクリストファー・スモールが提唱した概念。スモールによれば、音楽の本質は音楽作品のなかにではなく、行為、すなわち音楽すること（ミュージッキング）にこそあるという。

（2）スティックギャンブリングとも呼ばれるゲームで、広く北米先住民の間にみられる文化。ルールは、まず二チームに分かれ、片方のチームが宝物を隠す側、もう片方が見つける側となる。隠す側は手のひらに収まるコインなどの宝物を左右どちらかの手に隠し、見つける側は相手チームのプレイヤーがどちらの手に宝物を隠しているかを当てる。当たるとその点数に応じてスティックを手に入れることができる。スティックを先にすべて失ったチームが負ける。勝ったチームは景品を手に入れる。昔は自分の妻を景品にすることが実際にあったという。

（3）治療儀礼のひとつ。川などの水場のそばに木の枝を編んでヘラジカ皮などをかけて小屋をつくり、その内側で朽木を焚き、そこに水をかけて水蒸気を発生させる。これと併せてドラムの演奏と歌をうたうことで、トランス状態に入り心身の病気やケガが治療される。ふつうはメディシンマンがこの儀礼を執り行う。

（4）ヘラジカのことだが、参照した日本語訳ではエルクの表記になっていたため、ここでもそれに準じてエルクの表記を使用する。

コラム9

描くことの根源に動物がいた

土取利行

私は日本列島の中の縄文から先史時代の調査をおこない、その後旧石器時代についても調べてきた。ヨーロッパの考古学者や音響考古学者と一緒に仕事をした際、数万年前の笛や骨を見せてもらった。二万年前から四万年前の旧石器時代の人たちに音楽がなかったわけはない。歌が主だったとしても楽器もきっと残っているはずだと思っていた。ヨーロッパには無数の壁画洞窟がある。そのなかでもバイソンのマスクを被った人間が、鼻笛のような楽器を吹いていると思われる線刻画がある、レ・トロワ・フレール洞窟（図a）を、以前から見たいと思っていた。世界史上一番古い、音楽を奏でているようなイコンが岩壁に線刻画として残されているからだ。人間が動物と一体化して儀式をおこなっている絵で、この時代、人間と動物の境界がなかったことを知らされる。

フランスの考古学者、壁画洞窟研究の泰斗ジャンクロット博士は、旧石器時代「人間は動物の海の中で怯えていた」といった。この時代、周囲にはヒグマどころでなくマンモスなど、体長四～五メートルある巨大動物が群生していて、これらの動物が洞窟で冬眠もしていた。もし、人間が間違って洞窟に入れば襲われ殺されてしまう、そこはいわば恐怖に包まれた場でもあった。

レ・トロワ・フレールの半人半獣の絵は、闇と恐怖に包まれた洞窟の最奥に描かれていた。人間は群れなす動物の力をもちたいと、バイソンのマスクをつけて、儀式をおこなっていたのではないか。この洞窟では複雑な回廊が一キロメートルぐらい続いており、真っ暗で、下に降りていくにつれて酸素が少なくなり、幻覚を見ることもある。ジャンクロット博士の話では、暗闇ではまず、目を瞑ったときに点が出てくるのだが、この点がずっと続いて線になり、やがて動物の形をなぞらえてゆくようになるという。そこに獣脂で、真っ暗な洞窟に火を灯して、その火が揺れると自分たちの描いた動物の線が動き出す。洞窟の中では祖先の物語（動物をトーテムとする）が語られ、闇の中に描かれた動物に、狩猟の成功や身の安全などを祈ったのであろう。この時代、人間は動物を、完全に自分たちの上位の存在だと考えていた。人間の姿をした神が現れるのは、二千数百年前くらいからである。そこから文明が誕生して人間が神となったのだ。

旧石器時代には、人間が大型動物の支配下にあったが、縄文時代になると動物は小型になって、狩猟も容易になり、やがて牧畜で動物を飼い慣らすようになる。人間が神になるのはこの動物の家畜化時代と重なるのではないか。

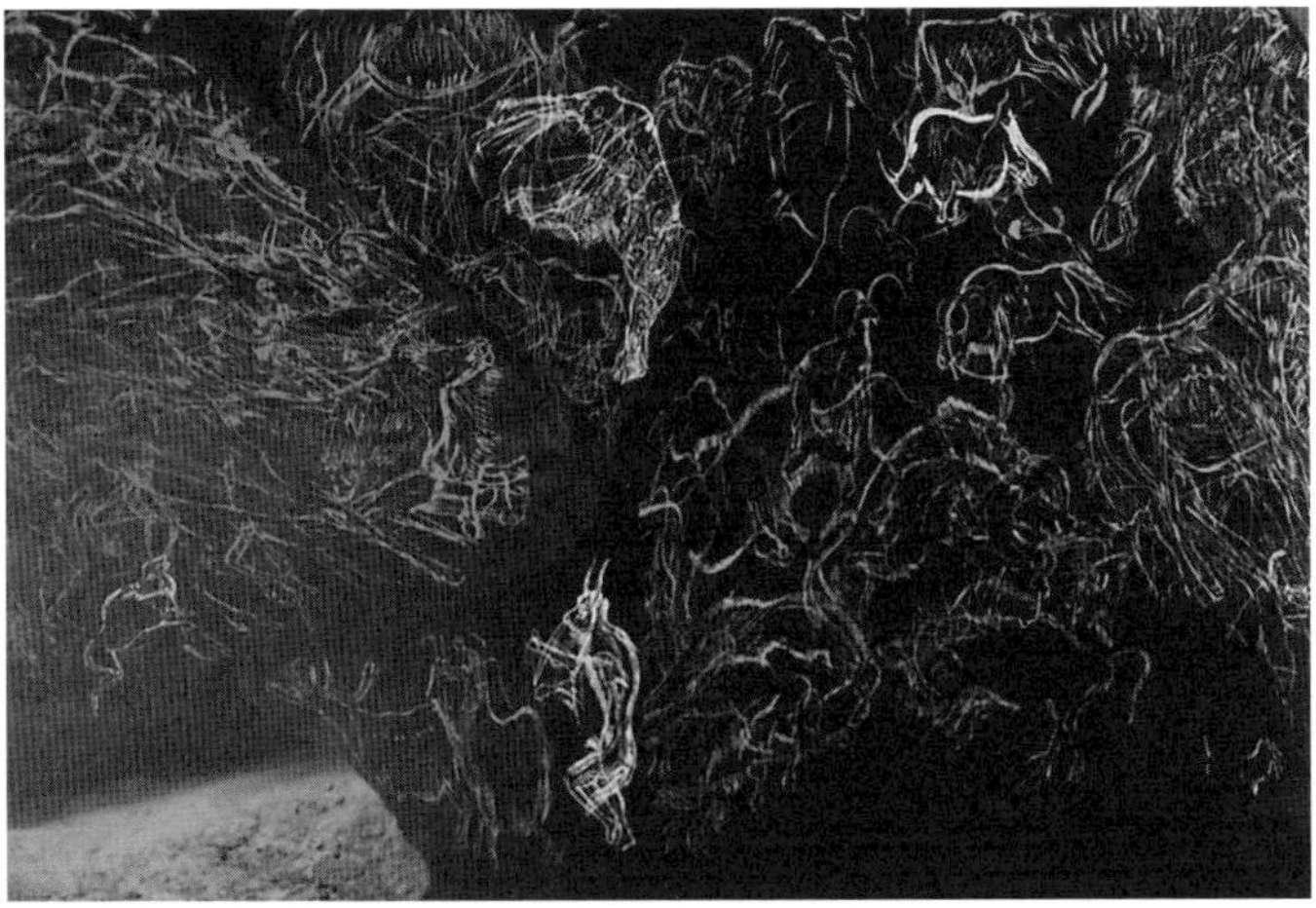

図a　レ・トロワ・フレール洞窟の壁画．無数の動物線刻画が描かれた中央下に，楽器を奏でる半人半獣の画がある（Foucher, 2015より）

もう一つ、動物と人間に関していえば、狩猟において密接なつながりがある。ハンターは動物に姿を見られてはいけないので、まず息を潜めて動物と向き合う。息を静かにしていると、心臓の音がより大きく聞こえてくる。アフリカの太鼓は心臓の鼓動だとよくいわれるが、これはハンターが息を殺したときに聞く心臓の音。普通、心臓の音というとトゥ・ク、トゥ・ク、という二拍のような感じだと思われているが、本当は、トゥ・ク・トゥ、トゥ・ク・トゥ、と三拍で鳴っている。ク、というのは心臓の弁膜が閉じるときの音。実はアフリカのドラムリズムには、この三拍の心臓の音が反映されている。また呼吸と血液の循環。この体内リズムが音楽の根幹を成しており、動物を狩るときには自分の中にあるリズムと動物のリズムを同調させる。そしてこのような体内リズムを同調させるだけでなく、体外的にも動物の真似をしたり、マスクを被ってバッファローのダンスを踊ったりして、人間は動物と一体化してきたのである。

11 動きを描くことの意味

――動物表象とアニマシー

竹川大介

ヒトはなぜ動物を描くのだろうか？

この章では「動く」ということに注目し、ヒトはなぜ動物を描くのかを考えてみたい。題材として取り上げるのは、古代動物壁画、障害者アート、子どもの絵画、そして民族芸術である。そのなかには筆者自身の個人的な描画経験も加えている。それぞれの絵は専門の絵画教育を受けていない者による描画、広い意味でのアウトサイダーアートに属する。

このアウトサイダーアートに対峙するものとして、作家と作品が結びつけられ、職業としての芸術家が描くファインアートという概念がある。こうしたファインアートは人類史における幾多の描画表現のなかではむしろ例外的な作品群であるが、西洋美術史のなかでは純粋芸術ともよばれ、人類の美術を代表するものとしてあつかわれている。ギリシャやローマにさかのぼりルネッサンスにいたる人文主義の伝統のためか、あるいはキリスト教における人間中心主義の影響によるものか、こうしたファインアートでは、人物が描かれることは多いが、動物が描かれることは少ない。

一方のアウトサイダーアートでは、時代や地域や描き手の文化的背景は異なっていても、動物の意匠が主要なモチーフのひとつとなっていることが多い。その不思議が本章の出発点である。その理由を解きあかしながら、アウトサイダーアートに共通する、絵を描くことに対するモチベーションの正体を明らかにしたいと考えている。

これらの芸術の中であつかわれている動物の絵画表現を、この章では「動物表象」、あるいは「静物画」に相対する造語として「動物画」とよぶことにする。ヒトは動物の絵にひかれる。動くことは生命につながる。人類学者のティム・インゴルドは著書『生きていること』のなかで「アニミズム的存在論における生命は存在を放散するものではなく、生成するものである」と述べ、人類にとって生命の核心は「絶えざる誕生」にあると指摘している(インゴルド二〇二一)。ヒトは生成の瞬間に立ち会うことで、動くものの世界にアニマシー(生きものらしさ)を知覚し、動くものとのコミュニケーションを希求してきた。動物表象の本質とは、まさにこのとどまることのない生命的な変化を二次元の平面につなぎとめようとすることにある。これらを糸口に、本章の後半では精霊信仰であるアニミズム、動画表現であるアニメーション、さらに、ヒトに固有な自然に対する認知のありかたとしての「擬人化」を手がかりに論を進めていく。

古代洞窟壁画

ショーヴェ洞窟や、ラスコー洞窟、アルタミラ洞窟などの後期旧石器時代の洞窟壁画群には、躍動感にあふれた動物たちが描かれている。さらに近年、インドネシア・スラウェシ島西南部のマロス・パンケップ一帯の洞窟から発見された壁画は、四万四〇〇〇年前の人類最古のものと確認され、ここでもまた狩猟される動物の姿が描かれている。

なぜ動物なのだろうか。古代壁画として有名なこれらの描写には、動物が関連した宗教的な儀礼や狩猟に関する知見が表現されているといわれてきた。たとえばベネット・ベーコンらは、壁画に描かれた月暦の記号の存在を指摘している。動物の横に描かれている縦線やドットが、雪解け後の春を起点にした月の周期カレンダーを表しており、そこには動物の移動や集合時期、狩猟がおこないやすい交尾や出産の時期などに関連する情報が記されていると考え、この仮説を実際の生物暦と照らし合わせることで、たとえば壁画の中で頻繁に出現するY字型の記号は、その動物の出産期を意味していることを検証している(Bacon et al., 2023)(図11－1)。壁画は単なる絵画ではなく、無文字時代に暮らす人々にとって、私たちにとっての文字のような外部記憶装置として機能していたというのが、ベーコンらの主張である。

また一方で絵画表現の観点から、暗い洞窟の中、揺れる獣脂ランプの灯りのもとで壁画を見ることにより、当時の人々は実際に動物が動くさまをみていたのではないかという解釈もある。考古学者マルク・アゼマと芸術家フローラン・リヴェールは、壁画に描かれている体の部位を分析し、そこにアニメーション表現がみられることを明らかにした。隣に描かれた複数の脚のパーツを重ね合わせることで、動物の脚が動いているようすを動画化し(図11－2)、さらに別の旧石器時代の遺跡から発見された円盤を回転させることで、そこに描かれた動物が、動いて見えることも示している。これらの証拠から旧石器時代の人々が、すでに動画表現を確立していたとふたりは主張する(Azéma & Rivère, 2015)。

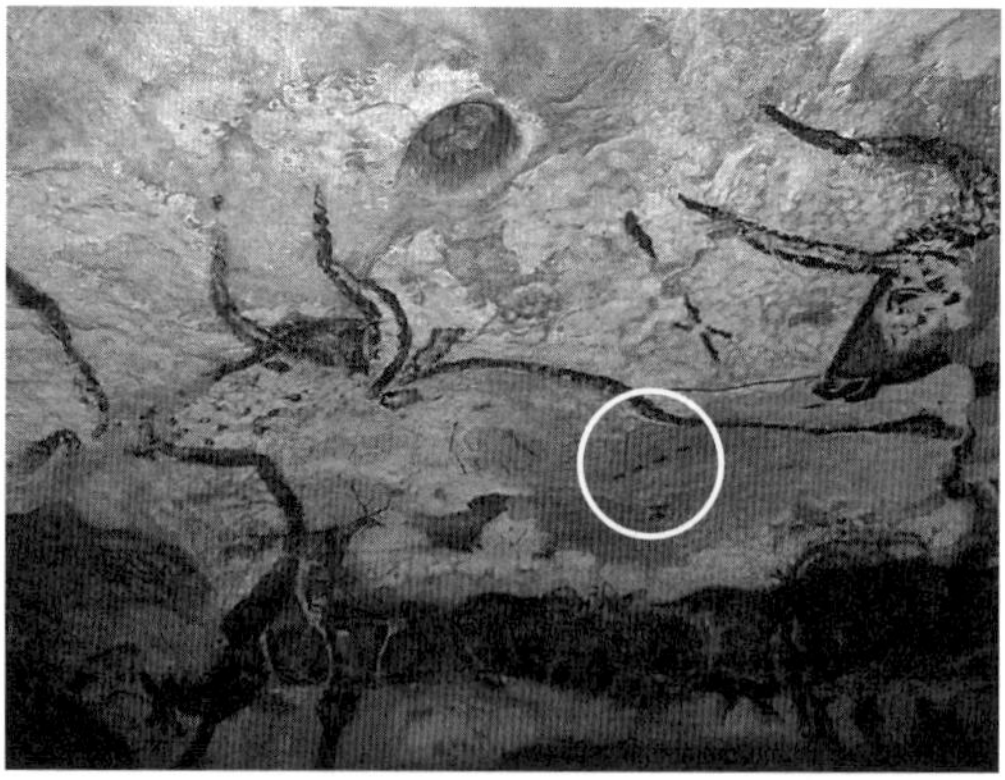

図11-1　動物の横の縦線やドット(○囲み部分にみられる)がカレンダーを表している(ラスコー壁画)(Bacon et al., 2023)

壁画が描かれた理由については、こうしたさまざまな仮説が立てられている。たしかに壁画に描かれたこれらの動物たちは、おおむね狩猟の対象であり、ヒトが食料として利用する存在である。その意味で、狩猟のための民族知識の記録や宗教儀礼のための象徴として描かれたという仮説は魅力的なものである。しかし一方で、マルクらが指摘したように、これらは単なる記号として描かれているのではなく、極めて正確な描写による動的表現となっていることも無視できない。つまり壁画表現において旧石器時代の人々は、「動きそのもの」に注目しているのである。それでは「動く存在」としての動物がもっていた特別な「意味」とは何だろうか。続いてヒトが動物に対して感じている独

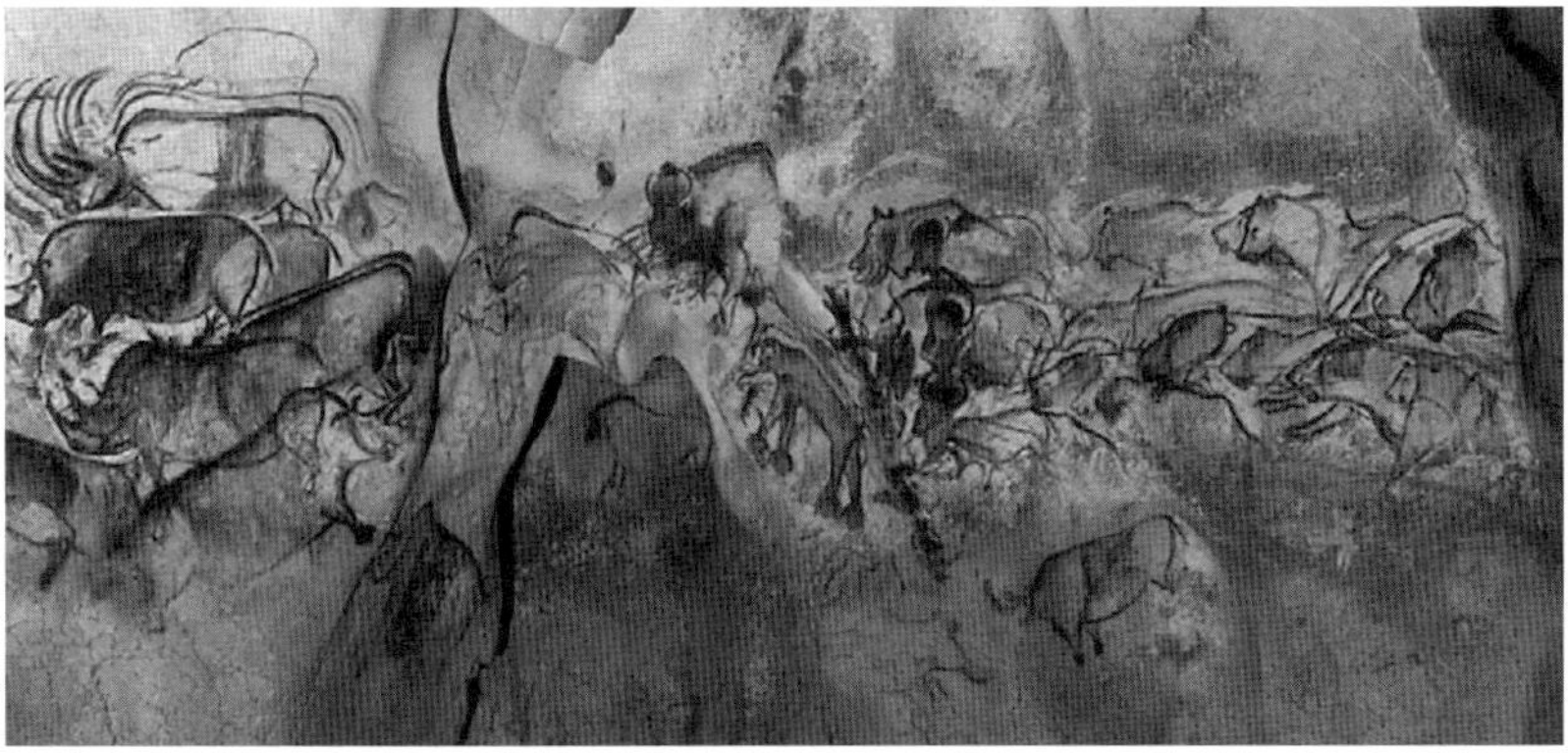

図 11-2　体の部位の描写にアニメーション表現がみられる（ショーヴェ壁画）（Azéma & Rivère, 2015）

特な認知のありかたに焦点をあて、さらに考察を進めていく。

障害者アート

近年、アール・ブリュットや狭義のアウトサイダーアートとして注目をされている障害者による美術表現においても、動物をモチーフとした作品は多い。筆者が住む北九州市では障害者の芸術活動に力を入れ、制作した作品を販売する店を設置し、自立支援や社会参加を促進している。さらに二〇〇五年より北九州市障害者芸術祭を開催しており、筆者は二〇一三年から三年間、障害者支援事業NUKUMORIプロジェクトのデザイン・アドバイザーとして、二〇一六年からは北九州市障害者芸術祭特別審査員として、市内の作家たちの多くの作品に接してきた。これら審査の場に応募される作品を概観すると、たしかに題材として動物がよく選ばれている印象がある。

まずは芸術作品の制作を主体に活動をおこなっている障害福祉サービス事業所のひとつであるリーシュを訪ね、障害をもった作家たちがどのように題材を選んでいるのかに注目した。リーシュでは制作した障害者の作品を販売もしており、芸術祭の常連作家を多くかかえている。施設の方針としては、たんなる作品制作にとどまらず、描き手の個人を作家として積極的に表に出していくことを意識している。

調査では、ダウン症で、特に動物をモチーフにした作品を多く描いて

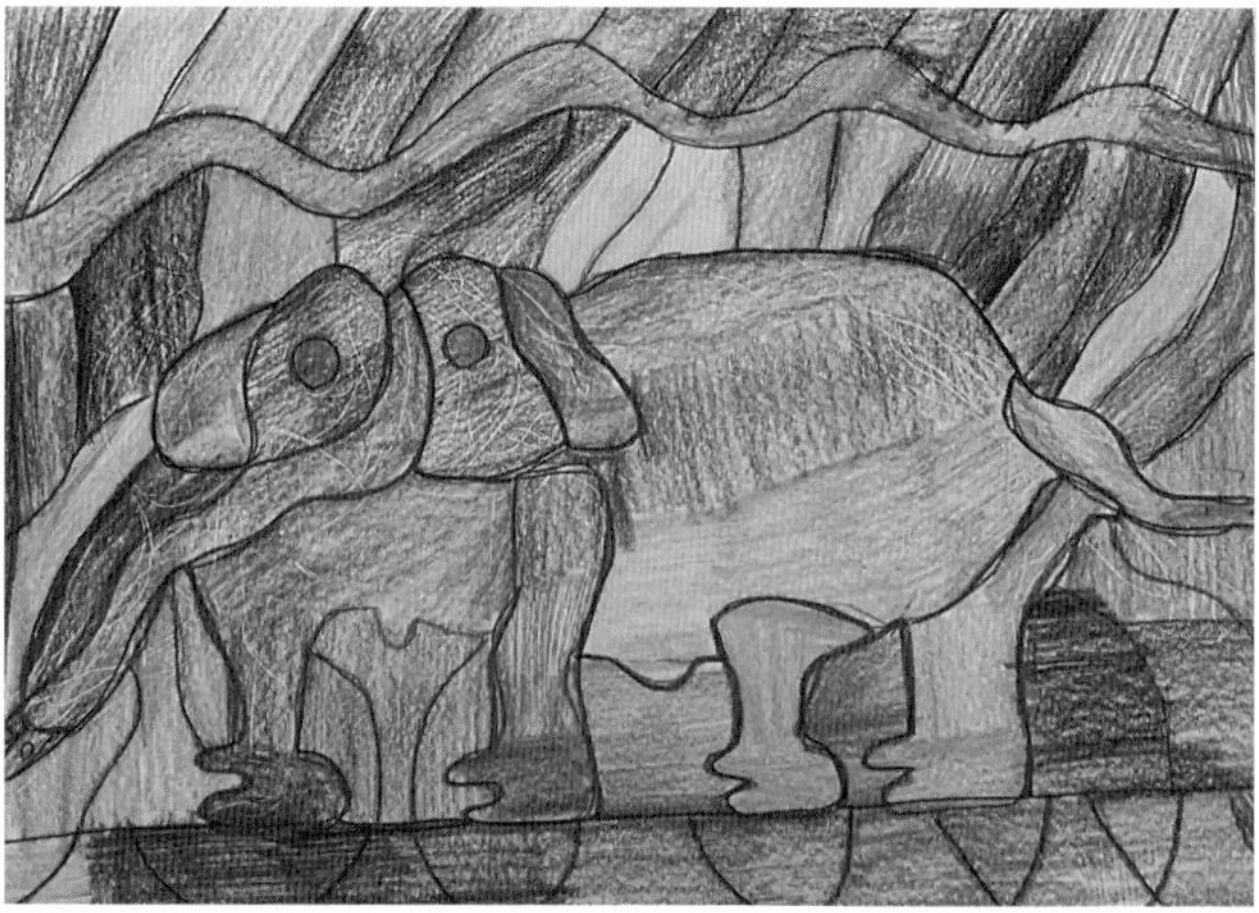

図11-3　曲線で描かれるゾウ（嶋田健人）

いる嶋田健人さんを中心に、施設に出勤し実際に絵を描き始めるところから作品を描き上げるまでのプロセスに立ち会いながら、作業の合間に嶋田さんと施設職員にインタビューをおこなった。

動物の絵は商品としても人気があるので題材として選ばれることが多いという。しかし、実際の動物を動物園などで見て描くことはほとんどなく、図鑑などの写真を参考にしている。利用者は毎日、午前中に来て自由に題材を選び、それぞれ好きなものを描いている。描き方のスタイルはそれぞれ異なるが、嶋田さんは標本のような写真だけでなく、生態写真もよく模写しており、創作よりも形を写すことで作品をつくっているという（図11－3）。

描かれた絵について嶋田さんに話を聞くと、動物の名前や生活などを説明してくれる。こうした知識は、図鑑の説明や動物番組の解説を聞いたり自分で描きながら考えたりするという。また、描かれた絵に自分なりの物語をつけ、たとえばふたつの鯨の絵の中で大きいほうを「先輩」とよぶなど、動物表象が擬人的に語られていくのが印象的だった。

また動物だけではなく、駅や電車などの絵も描くが、その場合は直線が多用され、明らかに描き手の中で人工物と自然物の描画表現が区別されていることがわかる（図11－4）。この直線と曲線の違いについては、あとで詳しく論じたい。

続いて別の機会に、動物の描写を中心に創作活動をしている自閉症スペクトラム障害をもつ星先こずえさんの個展を訪ね、彼女の母親と一緒にインタビューをおこなった。星先さんは美術教員の資格をもっているが、現在は株式会社メンバーズの社員であり、ソーシャルアートジャパン事業の専属作家として創作活動をおこなっている。

絵を描くことは幼い頃から好きであり、母親は彼女が楽しみながら集中力をつける機会として、ゆっくりではあるが成長を褒めながら創作活動をサポートしてきた。しかし、彼女が描くものに動物の絵が多いことを、母は特に意識してこなかったという。

図 11-4　直線で描かれる駅や電車(嶋田健人)

人間を描くことと動物を描くことの違いについて、星先さんはこう述べている。「はじめの頃は人間もよく描いていたが、人間は少しでも色やバランスが歪むと「変だ」といわれてしまう。それに対して、動物、とくに動いている動物の描写は、少しくらい形がおかしくてもそれらしい絵になる。動物を描くようになったのは、人間よりも表現が自由であり描きやすいからである」

続いて人工物の絵との違いについて尋ねた。星先さんはレンガ建ての古い建物を見るのは好きだが、几帳面な性格であり、絵として描くときにはレンガの数などに正確さを求めるので大変な作業になってしまうという。そこには動く動物を描くこととは別の困難さがある。

星先さんの絵には、動物の骨を生きているときのように配置した一連の作品がある。大小さまざまな形の骨が集まって、生き物の形になっているところに興味があるため、標本のように描くのではなく、動いている動物の体の中にある構造を意識して描いていくという。しかし、こうした絵を描くときは、実際の動物を見るわけではない。動物園などで生きている動物を写生するのはとても難しいので、動物の生態写真などを元に絵を描くことが多い。

星先さんはそれぞれの動物がもつ固有の曲線を忠実に模写することで、独特な動物らしさを表現することができると考えている。この点では、画風はまったく異なるが、動物表現において曲線を多用している先の嶋田さんと共通している。さらに星先さんの場合は、その曲線を極めて正確に描くことを意識しており、むしろ動物のなかに独自の曲線をみつけ、それを描きたいというところに描画表現に対する大きなモチベーションがあるようだ。星先さんはこうした動物の輪郭に特別な美しさを感じており、名前はみなが知っていても独特な形はあまり知られていないような動物をあえてあつかいたくなるという。たとえば熱帯魚は好きだが、その場合もきれいな色よりも、カワハギの口のような独特な形に興味がいく。そして、こうした魚の絵を描く場合も、標本の写真ではなく実際に泳いでいる水中写真をモデルに使っている。

星先さんは、ありのままの輪郭を正確に描画することに長けている一方で、デフォルメはあまり得意ではないという。同様に想像上の表現も難しいと語った。ただし色に関しては、派手な色と地味な色とを組み合わせるなど全体のバランスを気にしながら実物から離れ、普通ではあり得ない色も表現としてよく使う。既存の形を組み合わせ、そこにさまざまな色をのせることで幅広い創作表現をおこなうことができるという。

また、一部の動物画に対して擬人的表現を用いている点にも注目しておきたい。星先さんは「動物を描く面白さはある種の擬人化であり、着物を着せた絵も描く。特にネコはよく擬人化させる」(図11-5)と語っている。

さらに、こうした表現は、最近はかわいいものから迫力のあるものへと変遷してきているという。浮世絵の大首絵などの影響で、体の一部だけを描いたり枠からはみ出させたりしながら、サイズや形を強調するような絵が増えている。また二種の動物の大きさの対比もよくもちいる。スカラベとハイエナを並べた絵(xxivページ、カラー図12)には、それぞれ異なる世界で同じように生態系の掃除屋を受け持つ両者の姿が対比的に描かれており、背中を丸めたハイエナの視線からはそうしたスカベンジャーのどこか寂しげな情感が伝わってくるようだ（星先 二〇二四）。
星先さんの作品は完成度が高く非常に緻密である。しかし、これほどの画力をもつ星先さんにとっても、動く動物を描くのは難しく、実際には写真をスケッチしていることが多い。ただ、そのときにも標本ではなく動いている生態写真の姿をもとに描いていることから、「動き」そのものがもつ自由さは、絵を描く上で重要な要素であることがわかる。

子どもの絵画

子どもの絵に関しては、一九七四年の開園時から、一貫して保育の中で芸術表現に取り組んでいるはちまん幼稚園で調査をおこなった。学校法人の学園長の竹川雅子は筆者の母である。はちまん幼稚園は、開園当初より統合教育の実践と遊びを主体とした保育をすすめ、読書や音楽、演劇や絵画などの表現活動に力を入れてきたことで知られている。

図 11-5　星先こずえ《猫美人～金魚の夢～》擬人化されたネコ

現在、はちまん幼稚園には、満三歳児から六歳児までが就園している。表現活動の集大成としては、秋に開催され、子どもたちが自作で劇をつくりあげていく「げきあそび」と、学年末に開催され、年間を通して制作した絵画や立体などの作品を展示する「作品展」がある。

調査では、げきあそびの制作過程や作品展などを視察し、あわせてインタビューをおこなった。作品展の時期には、園内のすべての教室がそれぞれのクラスの展示室となり、担任が中心となって作品を準備していく。学年ごとの展示となるので、成長にともなった子どもたちの絵の変遷を見ることができる。

美術教育や発達科学の研究者である東山明と東山直美は、著書『子どもの絵は何を語るか』のなかで、子どもの絵と民族芸術を比較して、それぞれの画法の共通点を論じている。また同じ著書で、スイスの心理学者ピアジェらの理論を踏まえ、子どもの描画の発達段階を次の六つに分けて説明している(東山明・東山直美 一九九九)。

(1)なぐりがきの時期(錯画期):一歳から二歳半ごろ
(2)象徴期(命名期):二歳半から四歳ごろ
(3)図式期:五歳から八歳ごろ
(4)写実の黎明期:八歳から一一歳ごろ
(5)写実期:一一歳から一四歳ごろ
(6)完成期:一四歳から一八歳ごろ

こうした絵画の特徴的な段階の違いは、はちまん幼稚園の展示作品からもみてとることができる。しかし発達の時期には個人差があり、すべての子どもたちが同じように進むわけではない。一般的な発達科学や教育学における視点では、これらの段階をある種の順序にしたがった「進歩」のようにとらえられている。たとえば六段階目が完成期とされているのは、そうした考えにもとづくものといえる。この点について学園長は「子どもの絵は、積み重ねのように、段階を追って順により高い能力へと進んでいくのではなく、すでに獲得した能力を内包する形で、新しい手法が獲得されていく」と語っている。

つまり、こうした描画の特徴を必ずしも進歩や発達としてとらえるのではなく、それぞれの時期の身体能力や認知能力の違いの結果生じる、ひとつの「変遷」でもあると考えている。

なぐり描きの段階は、画材を使いこなすための身体能力と、それを制御する神経系の発達、つまり経験を通して運動と認知の連携が探索されていく時期と考えられる(図11-6)。直線的な描画からやがて円が描けるようになり、その円が閉じると、描画されたものが、ひとつの物体として認識される瞬間が訪れる。三歳二カ月ではすでに顔のような物が描かれている(図11-7)。この頃から描いたものを何かに見立てる象徴期がはじまる。ちょうど言葉の発達時期にも重なり、描いた絵を説明したり名付けたりしはじめることから、象徴期は命名期ともよばれている。言語の発達と同様に、現実に存在するものと、その表象(記号)として描画をとらえるという点で、意味するものと意味されるものの分離を、この時期の子どもたちの認知的な発達にみることができる。

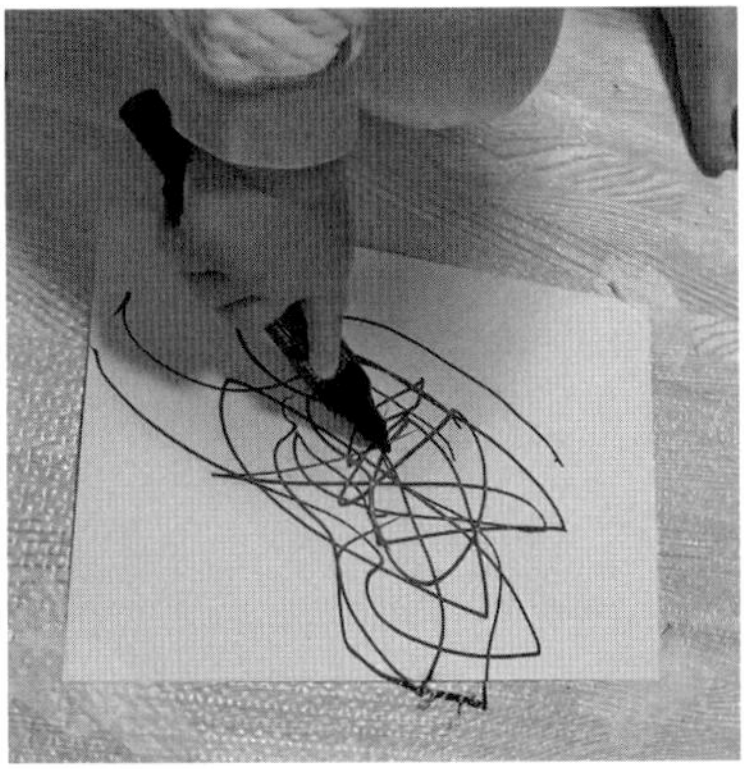

図11-6　2歳2カ月のなぐりがき期(撮影：前川葵)

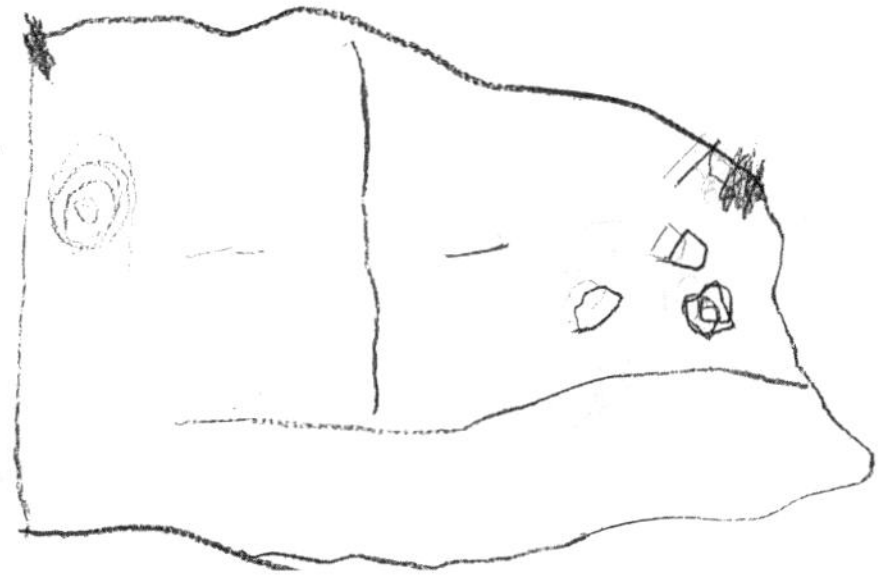

図11-7　3歳2カ月の象徴期(撮影：前川葵)

円はやがてヒトの顔の輪郭や目や口などのパーツとして描かれるようになり、顔に直線状の手足をつけた、いわゆる「頭足人」があらわれる。またこの時期は手の輪郭をなぞる手形やスタンプを使った型押しなど、パターンの組み合わせに夢中になることが多いという。あとで述べる「記憶画」のはじまりである。入園後の幼稚園での絵画は、およそこのあたりからスタートする。

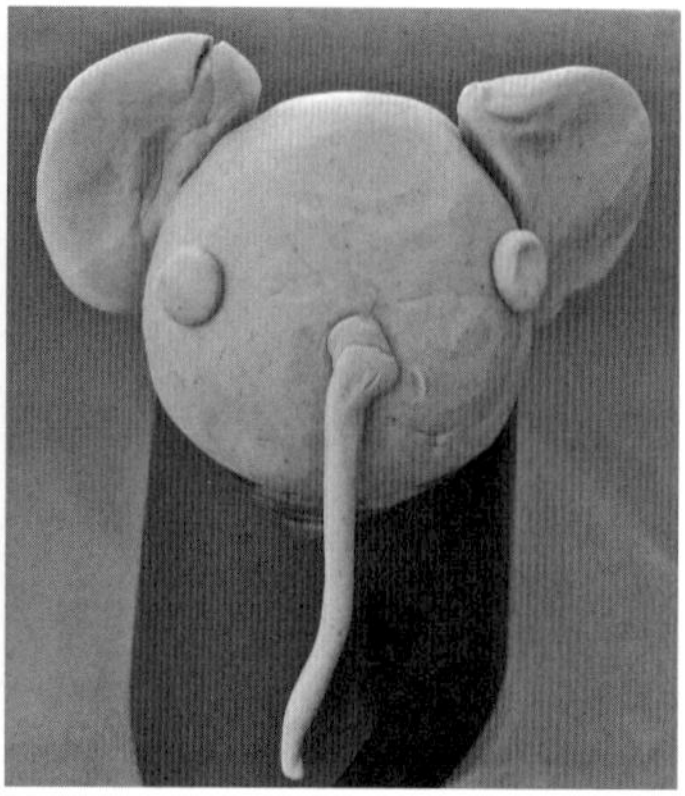

図11-8　粘土でつくられたゾウ（はちまん幼稚園）

図11-9　ダンボールでつくられたジンベイザメ（はちまん幼稚園）

学園長の説明によると、入園したばかりの三歳児では、動物の描画はまだ難しく、どちらかというと粘土による立体の造形のほうが先にできるようになるという。粘土を手のひらで転がし、団子状に丸めたり紐状の造形ができるようになると、それを組み合わせて形をつくっていく。四歳くらいになり粘土のあつかいに慣れてくると、どんどん小さな部品をつくりはじめ、より複雑な動物や昆虫の構造を表現できるようになる。大人にとっては難しいと思える立体表現のほうが、むしろ二次元の紙の上での表現よりも先に発達するという現象は、子どもの芸術表現を考える上でとても興味深い（図11－8・9）。

五歳頃から、さらに模倣の能力が進み、図式期とよばれる段階になる。人、家、太陽、木など、図式化された絵を紙の上に配置する描画を好んでおこなうようになる。性差はあるが、描かれる対象は、動物よりも自動車や人間のほうが多いという。また、クラスでひとりかふたりは、昆虫ばかり描く子がいる。昆虫は図鑑の絵や実際の昆虫を見ながら描く。自由なテーマを与えると最近はゲームの画面や迷路を描く、という新しい傾向も生まれている。同時にこの時期には、さまざまな擬人化表現が現れはじめる。

三次元を平面に描写するためにレントゲン画法、展開描法、多視点画法とよばれるさまざまな空間表現が出てくるのもこの時期である（東山明・東山直美　一九九九）。これらの図法では、異なる視点から描かれた複数の記憶画を平面上に配置することで一枚の絵を完成させる。
たとえば、図11－10は筆者が五歳の時に描いた金魚すくいの絵であるが、出目金とプールは真上から描かれ、横に立っている人間と赤い金魚はそれぞれ位置が異なる横の視点からと、かなり複雑な構図の描写になっている。こうした多視点画法は、この時期の絵画によく現れるが、学園長によると、この絵ではさらに人の顔が真横を向き、プールの方を見ている点が、自分の視線を絵の中の人物に投影できており、他者認知の発達を考える上で興味深いという。

図11–10　竹川大介《金魚すくい》5歳時に多視点画法で描いた

こうした構図では、それぞれの印象的な三次元の特徴を同時に一枚の二次元で表現するために、実際にはありえない視点からの描画が工夫されている。

これらのいわば「絵記号」を組み合わせた図式的な絵は、「記憶画（経験画）」に分類される。一方、それに対して実際に対象を見ながら描く絵は、「観察画（モデル画）」とよばれ、両者にはいくつかの点で違いが見られる。前者は意味記号やパターンとして表意文字や漫画につながるものであり、後者はいわゆる写実画や写真につながるものであると考えられる。さらにこの両者は、先に述べた図式期から写実期への変遷に対応し、ヒトの対象認知とそれにともなう描画能力の発達を考える上で重要である。

本書の第8章を担当する齋藤亜矢は、この両者を「知っているものを描く」ことと「見たものを描く」ことの対比として注目し、ここにチンパンジーからヒトへといたる認知の飛躍を指摘する。記憶や知識をもとにした表象スキーマをもちいることで描画技術は格段に向上し、実際にあるものを写実的に描くだけではなく、ないものを想像して描くことができるようになる。さらに齋藤は、言語への依存が高まることで、認知特性がトップダウン優位となり、写実的に描くことが難しくなるのではないかと指摘している(齋藤 二〇一四)。

さて、はちまん幼稚園では、畑での収穫や自然の中での遊びをとおして、見たものを写生する機会を積極的につくっている。実際の活動をもとにした観察画では、先に述べた記憶画にくらべ、子どもたちはより複雑な形や変化を表現できるようになる。飼育の大変さや感染症の問題などで、近年はあまり動物を飼わなくなってきているが、以前には園庭でニワトリやヒツジを飼っており、現在でもウサギを飼育している。またそれぞれの教室には、昆虫やメダカ、ザリガニなどが飼育されている。

学園長によると全体的に子どもたちの自然体験が減ってきていることが、時代ごとの絵に表れており、以前にくらべて動物を描かなくなっているようだ。さらに描かれる虫についても、人工的な環境下でよく見られるダンゴムシなどが増えているという。はちまん幼稚園では園の農園をもっており、サツマイモ掘りや果実の収穫など自然体験の機会を多くつくっている。自然のなかでの遊びを描画につなげていくことで、絵画表現の幅を広げていくことができると園では考えている(図11‐11)。

同じパターンをくりかえす記憶画にくらべ、観察画では印象に残ったものをより強調して描くなど、色やサイズがデフォルメされることが多いという。たとえば動物園で見た象の大きさを画用紙全体で表現したり、大根の葉のギザギザや根毛を細かく描き加えたりするなど、記憶画にはない独特な形の描画が生まれてくる。その成果が作品展の年長の絵などによく現れている。

こうした観察画の経験を積み、六歳以降になると動いている状態の動物の形を曲線としてとらえられるようになる。図11‐12・13は、筆者が六歳のときに描いた絵である。シバイヌは家で飼っていたものであり、ハクチョウは動物園にいたものを観て描いている。先ほどの五歳時の金魚すくいの絵とは対照的に、動物の形を標本や記号のようにとらえるのではなく、それぞれの動きの一瞬に現れた独特な曲線が描かれている。

子どもたちは、三次元で動く動物を二次元の静止画に変換するために、まずは取り組みやすい粘土による立体造形から始まり、次に図式期の記憶画においていくつかのパターンを模倣するようになる。やがて写実の黎明期には観察画のかたちで、曲線から構成されている動物の複雑な輪郭線をその動きと共に描写できるようになる。

こうした子どもたちの認知能力の発達をみると、動物の絵を描くことは記憶画と観察画のふたつの異なるプロセスの上に形成されていくものであり、描画の対象としてはむしろ難しい素材であることがわかる。にもかかわらず、動物はしばしば積極的に選ばれている。ヒトは動物を描くことで何を表現しているのだろうか。次に、民族芸術に焦点をあて、動物画とアニミズムについての考察をすすめたい。

図 11-11 サツマイモ掘りで描かれた絵(はちまん幼稚園)

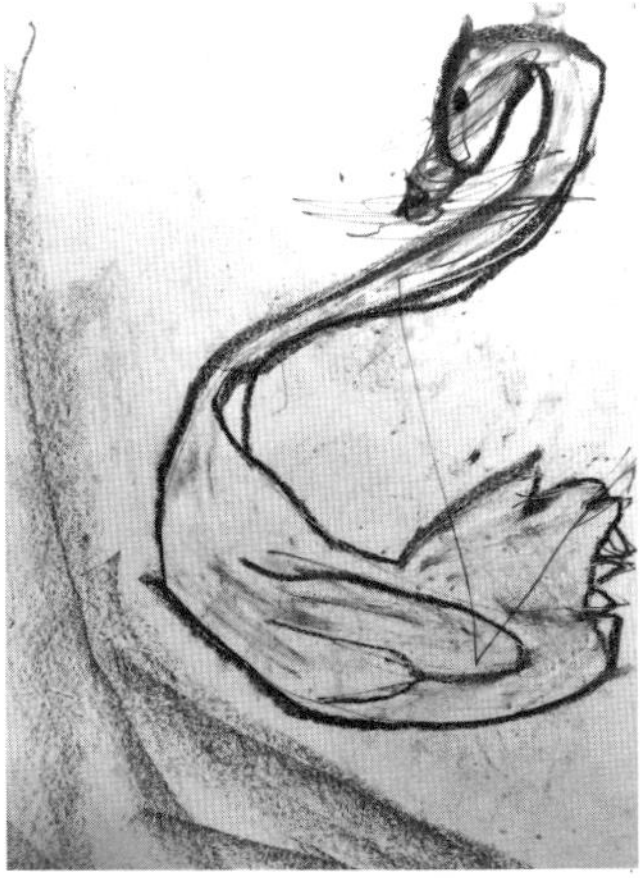

図 11-12・13 6歳時に描いたハクチョウ(上)とシバイヌ(下)(竹川大介)

民族芸術

最後に取り上げるのは、筆者が三〇年近くフィールドワークをおこなっている南太平洋島嶼《とうしょ》国《こく》のソロモン諸島国とバヌアツ共和国における民族芸術の事例である。一〇年ほど前に、筆者はバヌアツ共和国のフツナ島における自然の認知に関する在来知の研究をおこなった。そのなかで、フツナ語の「ファリゴイ(farigoi)」という概念を詳細に分析している。

ファリゴイとは日本語では、きざしや兆候、サインといった言葉に翻訳されるような概念で、たとえば、ある鳥が鳴くとパンノキの実が熟したことがわかるとか、ある花が咲くとトビウオが岸にやってくるとか、いわゆる生物暦に相当する知識もファリゴイに含まれる。また風や雲や空の状態と天気の関係として説明されるファリゴイは、一種の観望天気にもなっている。さらに夢や虫なども、しばしばファリゴイとして登場する。泳ぐ夢を見ると雨が降る。飛行機の夢を見ると日が照るなどである。夜に特定の虫が近くに飛んでくると豊漁になるというものもある。これらは日本語の「虫の知らせ」のニュアンスに近いものである。これらの例からわかるとおりファリゴイは、ふたつの事象の相関関係を示しているが、必ずしも因果関係を説明しているものではない。

サインと訳されるファリゴイは、いわば自然界からのメッセージであり、自然が人間に示している隠された暗号であり、村人でもわかる人にしかわからない奥義であると考えられている。優れた漁師や老人とは、より多くのファリゴイを理解することができ、その知識を日々の暮らしで活かすことができる人だと説明される。実際にこうしたファリゴイは、単なる縁起かつぎや迷信の類いではなく、実用的な知識として漁の際に活用されており、収穫の違いにも影響を与えているのである。すなわちファリゴイは精霊(=アニマ)的な存在を媒介にした自然界からの知らせであり、伝統的なアニミズムの価値観と深くむすびついている。ファリゴイという現象を通して、ヒトは自然をコミュニケーション可能な相手として、いわば擬人化するのである。

フツナ島でお世話になっていた人に油性ペンと紙を渡し翌年に再び訪問すると、二枚の絵が描かれていた。作者であるジミー・ソウシアラさんは大工仕事が得意な器用な男性で、海のイメージを描いてみたのだという。絵の中には実際の生物の模写があれば、想像上の生き物や複数の生き物が合体しているような意匠も描かれている。まさに彼らの自然観が、ここに描かれているようである(xxvページ、カラー図14・図11-14)。

実際に、民族芸術における動物表象として、精霊の姿はよくもちいられる。ソロモンの伝統的な意匠では、サメ・ウミガメ・ウミヘビ・ワニなどの祖先神(=トーテム)が、ヒトと動物のキメラ的表現として描かれている(図11-15)。

アニミズムとは、いわば精霊を介した自然との会話であり、擬人化された動物たちは、ヒトとのコミュニケーショ

図11-14　海の生き物のイメージ(Jimmy Sausiara, バヌアツ共和国)

図11-15　海の精霊のイメージ(ソロモン諸島)

ン可能な存在として描かれる。こうした姿を描く行為自体もまた、精霊との対話の方法なのかもしれない。このことから、アニミズムやトーテミズムに関連深い自然に対する擬人化や精霊との会話を、単に信仰としての儀礼的象徴や未熟で原始的な信念であると考えるのではなく、実際の生活において十分な合理性をもつ、有用な在来知や行為実践として再評価すべきであると筆者は考えている。

動きを描くこと

さて、ここまで実際の事例を紹介しながら、古代洞窟壁画、障害者アート、子どもの絵画、民族芸術と順を追って動物表象(=動物画)の諸相をみてきた。このまとめの項では、ヒトは動物を描くことでいったい何を表現しているのか、動物を描くということはそもそもどういうことなのか、そしてヒトはなぜ動物の絵を描くのかについて論じておきたい。

動物表象で描かれる特徴のひとつは変化する曲線の存在であった。インゴルドは著書『ラインズ』のなかで「直線」とは近代性の仮想的なイコンであり、二項対立の図式の中で自然と対立する文化と位置づけられてきたと述べている(インゴルド 二〇一四)。また、神経生物学者のセミール・ゼキは、モンドリアンとマレーヴィチの絵画を論じるなかで、モダンアートにおける線とエッジに注目し、水平や並行に対して選択的に反応する視覚脳の細胞との関連を指摘している(ゼキ 二〇〇二)。ゼキによると、モンドリアンは斜線や曲線を嫌悪していたという。直線と曲線は、神経生理学的に異なるレベルの異なる認知的枠組みをもっており、水平や直線に選択的に反応する神経細胞は確認されているが、特定の曲線に反応する細胞はまだ発見されていないという。西洋絵画が抽象化のプロセスの中で直線を志向してきたということは、自然や対象からの決別という点からみても興味深い現象である。

さらに少し視点を変え、「動物画」の対照として、「静物画」をとりあげてみる。西洋画の主要なジャンルのひとつに静物画の伝統がある。静物画は英語では「Still Life(動かない命)」、フランス語では「Nature Morte(死せる自然)」

とよばれ、静止した自然物や人工物を詳細に描写していくことで一枚の絵の中にオブジェをとじこめる方法である。こうした静止画の概念は、科学における動物標本や博物画、あるいはスチール写真につながるものである。

筆者は、六歳のときに先にあげたシバイヌとハクチョウの絵を描いたあと、八歳のときから近所に住む画家の家で油絵を習いはじめた。そこで最初に描かされたのが数々の静物画である。アトリエの中には洋風の花瓶や楽器などがあり、果物や花が用意され、それらのなかから描きたいものを自由に選びながら机の上に並べて、スケッチをするところからはじめる。そのスケッチをもとに、一〇歳の春に別の街に転居するまでの二年間に、およそ一カ月間に一作品ほどのペースで、二〇作ほどの油絵を描いている。

おそらく筆者は生き物を描くのが好きだったのだろう。静物画のモチーフとして、アトリエにあった乾燥したマツカサウオや、家から持ってきたオオスズメバチの標本を選んでいる。しかし、これらは死んだ生き物である。今にして思えば、こうした描画の技術が上達すればするほど、生きた動物の描写からは離れていったように感じる（xxivページ、カラー図13・図11-16）。

静物画に対して動物画は、野生であり、未熟であり、偶発的であり、生きて変化する。アール・ブリュットとは生《き》の芸術を意味する。子どもの絵や、特別な絵画教育を受けていない障害者の絵や民族芸術には、そうした形が定まらないものが、ありのままに描かれている。不思議なことにこうした絵は、ファインアートを模した、いわゆる上手な絵よりも、多くの人々に対して強い印象をあたえる。それはなぜなのだろうか。

図 11-16　10歳時に描いたオオスズメバチ（竹川大介）

図11-17　デュシャン《階段を降りる裸体No.2》キネティックアート(ゼキ 2002)

先に挙げたゼキは、デュシャンの作品を題材に動きや変化を絵画の中にとりいれる試みとしてキネティックアートについて論じている(ゼキ 二〇〇二)。一九一二年に描かれたデュシャンの代表的な作品として知られる《階段を降りる裸体No.2》では一連の直線的な輪郭によって動きが表現されている(図11-17)。ゼキによるとキネティックアートの試みはコールダー(アレクサンダー・カルダー)のモビールへと引き継がれていくが、かならずしも万人受けするものではなかったという(同前)。

これらのキネティックアート作品は静物画の伝統から生まれ、いわば静止している物体に魂を入れ、動きを与える試みであるといえる。その点において、動物の中のアニマシーを描こうとしてきた動物画の発想とは逆方向であることに注目しておきたい。同じ問題点についてインゴルドは、「アニマシーは魂をサブスタンスに注入した結果でも、エージェンシーを物質性に注入した結果でもなく、むしろ存在論的にそれらの差異化に先立つものである」と述べている。さらに彼は、多くの人類学者が誤解しているが、アニミズムとは不活性な物に生命や魂を帰属させる信仰ではなく、流動的に生成変化する世界に対して、高い感受性と反応性を示す人間自らの知覚と行為そのものであると指摘する(インゴルド 二〇一四)。

古来よりヒトは動くものに「生命の力」を感じ、それを描写しようとしてきた。人類の最古の生業形態である狩猟採集と、原初の信仰形態であるアニミズムは結びついている。アニミズムとは自然と人間がコミュニケーションをとるための自然の擬人化であるともいえる。おそらくヒトは根源的な部分で、世界を「永遠に動かないもの」と、「輪郭を変化させながら動いているもの」のふたつに分けて認識していると考えられる。先に述べたとおり静止画に対する志向は、動物画に対する志向と、さまざまな意味で対照的であり、この静と動の両者の対照性はおそらく、死と生、物と人間、冷と熱、記号と意味というかたちで、私たちの認知の基本的な枠組みまでも二元論的に覆ってしまっている。しかし生き物ではなく単なる図形や物体であっても、ヒトは独特な動きをするものを生き物として認識し、そこにアニマシーを感じる。すなわち「動く」ということこそが決定的なのだ。そしてその代表が「動物」なのである。

動くものの原理となるのがアニマである。したがって「動物画」における動物＝アニマルとは、アニマをもつ者であり、ここで描写されているものは、死せる静物ではなく複雑な曲線を見せながら変化し動きつづけるまさしくアニメーションそのものであると言い換えられる。動画表現としてのいわゆるアニメーション技術が確立するはるか以前から、三次元空間と時間変化を平面の上に二次元化し、形が定まらないはずのものを絵画として記録に留めるという意味で、古代洞窟壁画では動物表象という形ですでにアニメーションが描かれていたのだ。

そして障害者や子どもたちが、苦心しながらも動物を描写しようとする理由は、直感的にこうした不安定な曲線の中にいきづく生命の存在に気づいているからに違いない。生命の表象であるアニマを、生きたまま二次元の平面に描きとどめるという行為そのものが、彼らにとって特別な意味をもつひとつの儀礼なのだろう。

民族芸術の事例からわかるように、アニマを描くことにより対象となる動物との間に精霊を介したチャンネルが開かれ、ヒトと動物の互いの会話が可能となる。洞窟壁画に描かれた生物暦や、精霊の言葉であるファリゴイは、そうしたコミュニケーションを通して生まれた重要な知識である。そしてそこには、自然や動物を人間から切り離して物象化させてしまうような西洋近代的な、つまりは静物画的な、自然観とは異なる、人間界と自然界をダイナミックに行き来し、ヒトが動物になり動物がヒトになる生成変化の自然観をみてとることができる。

まとめよう。ヒトは世界を動くものと動かないものに二分するという認知特性をもち、動くものに対してアニマの存在を見いだしていた。動きを表現し動物を描くということは、そのアニマを自らの身体に内在化させることにつながる。そして、さらにそれを擬人化することによって、ヒトとアニマとのコミュニケーションが可能となり、ふたつの生命のあいだを往来できるようになるのである。いつの時代もヒトは、その往復運動を求めながら動物の絵を描いてきたのである。

参考文献

インゴルド、ティム、工藤晋訳『ラインズ――線の文化史』左右社、二〇一四年。

インゴルド、ティム、柴田崇ほか訳『生きていること――動く、知る、記述する』左右社、二〇二一年。

齋藤亜矢『ヒトはなぜ絵を描くのか――芸術認知科学への招待』岩波書店、二〇一四年。

ゼキ、セミール、河内十郎監訳『脳は美をいかに感じるか――ピカソやモネが見た世界』日本経済新聞社、二〇〇二年。

東山明・東山直美『子どもの絵は何を語るか――発達科学の視点から』ＮＨＫブックス、一九九九年。

星先こずえ『鳥獣魚画――星先こずえ切り絵作品集』花乱社、二〇二四年。

Bacon, B., Khatiri, A., Palmer, J., Freeth, T., Pettitt, P. & Kentridge, R., 2023, "An Upper Palaeolithic Proto-writing System and Phenological Calendar", *Cambridge Archaeological Journal*, vol. 33(3), pp. 371-389.

Azéma, M., & Rivère, F., 2015, "Animation in Palaeolithic art: a pre-echo of cinema" *Antiquity*, vol. 02, Published online by Cambridge University Press.

コラム10

動物を漫画に描く

五十嵐大介

言葉が描く世界

私が漫画で世界を描こうとするとき、そこにはいくつもの壁があります。

ほとんどの場合、漫画では人間ばかりが描かれます。しかし、世界は鉱物や水など様々なものでできていて、その一部である生物量だけで考えても人間は○・○一パーセントほど。世界のほとんどは人間でないものでできています。でも、人間でないものを中心に漫画を描くのは難しい。

漫画は言語表現です。漫画は言葉と絵で構成されていますが、漫画の絵は多くの場合、漫画の文法の中で決まった意味をもつ記号であり言葉の代わりです。

言葉は当然、人間から見た世界を表しています。実際の世界でなく人間の思い込んでいる世界。言葉で世界を表そうとすれば必ず人間の視点になってしまいます。そして共通の認識がなければ言葉は伝わりません。

漫画も同様で、共通のイメージに則って描かなければ伝わりません。図aは、以前描いた漫画のひとコマです。家畜小屋の場面で、下のコマの画面左に羊がいるのですが、これが何なのかわからない、と読者から指摘されました。この角度からの羊を見たことがない人には「?」だったようです。鳴き声を描き込む等ひと工夫するべきだったかもしれません。人を描く場合、手など体の一部だけ描いても人のものとわかります。でも人は、人ほどほかのものをよく見ていないので、人でないものを描くときにはそうはいきません。

世界は人でないものがほとんどなのだから、人から見た世界を描いても、世界のほんの一部分しか描けない。だからまずは、鉱物や水に比べると人と近い存在に思える動物を手がかりに世界をとらえたいのです。

動物を通して世界を見れば、人の思い込みの世界の外に触れることができるかもしれない。私にとって動物は、人ではないものの世界、思い込みでない本当の世界への入口です。そこに世界を描くヒントがあるように思うのです。

でも、漫画でそれを描けるのか、まだわかりません。

見えるもの、見えないもの

人は視覚に頼るといわれますが、世界は音や匂い、肌触り、味など目に見えないものであふれています。

岩手県の山の集落に三年ほど住んでいたときのこと。夕

図ａ　羊のいるひとコマ(小学館『魔女 第２集』「第３抄 PETRA GENITALIX」より)

方、家に帰って来たら脇の草むらがガサガサと大きく揺れて大きなものが慌てて遠ざかっていったり、田んぼの畦道で強い獣臭がしたので周りを見回したけれども何もいなかったり。夜中に狐が叫びながら家の脇を駆け抜けていったり、山で出会った熊は、あれほど大きく感じたのに死んだ熊は小さく感じたり。何もないはずの山桜の枝の先がいつも気になるなど、漫画では、そのときの感覚を再現するのは難しい。

動物は人に見られることを意識しています。住んでいた周辺で、熊が動きまわるのは早朝と夕方と昼の一時ちょっと過ぎくらい。その時間、人は家の中で食事の用意をしていたりして外を歩いていないのでそれに合わせているのかもしれません。

石垣島の観光地になっている椰子の群生地では、団体客が来ると、生きものたちは一斉にサッといなくなってしまうけれど、団体が去った次の瞬間には一斉に姿を現します。生きものと人は、いつも駆け引きをしていて、彼らは人をしっかり認識しています。人が見ているとき、動物は本当の姿はみせないのかもしれません。

昼間見る動物と夜の動物の気配は別物に感じます。昼の森と夜の森の気配もまったく違います。人の思い込みで補正された姿とは違う、生きもの本来のカタチのようなものがあるのかもしれません。人が知らない本当の世界です。

12 動物、人、風景をつなぐ歌

――ギンゴーが響く草原

サリントヤ

はじめに

モンゴル牧畜民は、農業に適さないモンゴル高原で昔から遊牧をおこなってきた。家屋は組み立て式の移動式住居ゲルを用い、家、道具、財産となる家畜とともに、春夏秋冬の季節ごとに移動する生活である。モンゴルで飼育される家畜は五畜(1)と呼ばれる群居性の有蹄類であり、動物と人が共存しながら暮らしを営んできた。モンゴル牧畜民は、世界は自然環境としての空(テンゲル)と大地(ガザール)、動物たち(アミタン)、そして人間(クン)の三要素から構成されると考えている。彼らは、空を自分たちの父であり、大地は人間を養う母のような存在であると考え、自然環境を人間や人間以外のものの仲間として見ている。この中では空と大地が最高の秩序であり、人間は動植物を含めた人間以外のものより優れているとは考えられていない。モンゴルで動物たちに合わせる形で遊牧が行われてきた背景には、このように家畜を単に資源として利用するための存在とみなしていないという世界観がある。

モンゴル牧畜民は長きにわたる遊牧生活のなかで、動物と密に接しながら動物の声や表情などを読み解く能力を磨いてきた。なかでも音や音楽、かけ声、身振りなどの言語や非言語的な手段による家畜とのコミュニケーションが日常的に用いられている点は注目に値する。例えば、動物を治療することを目的として音楽を聞かせたり、放牧や搾乳場において、種ごとに独特なかけ声をかけたりする。また、家畜の母子関係を修復するためや、競馬の競技において騎手だけでなく、競走馬の士気をあげたり、緊張感を和らげたりするなどの目的で、馬に音楽を聞かせる習慣もある。

こうした、家畜にうたう歌や独特な言葉を用いたかけ声は、牧畜の重要な道具であるとともに異種間コミュニケーションの方法であり、音楽文化遺産の一形態でもある。このように、モンゴル遊牧社会において、音や音楽は当たり前のように使われているだけでなく、そうした音や音楽の作り手は、自分たちの自然環境と家畜を最もよく知る人々である牧畜民自身である。だからこそ、人間が人間以外の存在を意のままに管理するのではなく、相互交渉を重視するような文化がはぐくまれてきたのだと考えられる。

本章では、モンゴル国トゥブ県セレグレン村における、音や音楽を介した家畜と人間の関係などの事例を取り上げ、牧畜社会における音や音楽を巡る実践を、音響認識論や音響身体論の視点から論じたい。

音や音楽と自然の関係

民族音楽学者が人間と自然の音との関わりに注目することになったのは、一九七〇年代にマリー・シェーファーが提唱した「サウンドスケープ」という考え方がきっかけだった。サウンド(音)とランドスケープ(風景)の合成語であるサウンドスケープは「音の風景」とか「音の環境」を意味するシェーファーの造語である。シェーファーによれば、それは音が鳴り響いているすべての場をさす言葉であり、「人間を取り巻く音響的・聴覚的な環境」を意味している(山田 二〇〇〇、七頁)。さらに後になると、シエーファーは、サウンドスケープ概念の不十分な点として、人間の活動を考慮していないことや、音を発することを想定せずに聞くことのみを取り上げているという点を挙げ、これを乗り越えるものとして「音響生態学」という概念を提唱し「音環境がそこに生きる生物の身体や行動にもおよぼす影響」(シェーファー 二〇〇六)についての研究の方向性を示した。

一九八〇年代になると、スティーブン・フェルドがパプアニューギニアの熱帯雨林におけるフィールド調査に基づき、音響生態学の理論を批判的に継承した。フェルドは「サウンドスケープは、みずからの場所を世界の中に位置づけようとする人間によって知覚され、解釈されるものであり、社会的な時空のなかで身体と生命を共鳴させる人間によって意味が付与される」(フェルド 二〇〇〇)とし、これを音響認識論と名付けた。また、彼によれば、音は身体から発せられるとともに、身体にしみ込み、この発散と吸収の相互関係は環境適応、すなわち身体の響きの可能性をとおして、場所と時間に身体を同調させるための創造的な手段となっているという(同前)。

日本の人類学者・音楽学者である山田陽一は、フェルドと同じパプアニューギニアのワヘイ社会でフィールドワークし、フェルドの理論を継承しつつ「人が音を含めた知識や感覚を認識するわけではない。音を聴くという行為は、まさに身体の経験である」とし、身体性をより重視した音響身体論を提唱した(山田 二〇〇〇、一七頁)。この他にもマリナ・ローズマンは、マレー半島に住む先住民デミアーの夢、精霊、歌、癒しについて調査をし、音が自然と文化のあいだを自在に行き来しながら、自然と文化をつなぎ、越境する音の仲介力について論じている(山田 二〇〇〇)。

このように、音響認識論と呼ばれる分野では、環境と人間をつなぐものとしての音楽とその音楽を響かせる身体の重要性、聴覚と視覚など他の感覚との結びつきが議論されてきた。しかし、多くの議論は森林環境で暮らす狩猟採集社会や農耕社会の事例に依拠しており、本章で取り上げる、森林とは異なる環境や生業をもつ草原の牧畜社会の音や音楽についてはあまり言及されていない。

一方で、民族音楽学や音楽人類学の分野ではモンゴルを含む草原や牧畜社会の音や音楽について数多く研究されてきた。しかし、これまでの研究は音楽や音を独立項目として扱う傾向があり、音や音楽が人と動物など人以外の存在とつなぐような働きをするという点については二〇〇〇年代になってやっと本格的な議論がおこなわれるようになった。このなかで、牧畜民が家畜に対して呼びかけることや、捕食者を追い払うために歌や器楽を使用した事例から、家畜は人間の呼びかけに反応をすることや、動物に向けて音楽やかけ声などを聞かせる際、どのような反応をするかを検討するような研究が出てきている(Ivarsdotter, 2004、波佐間 二〇一五、Fijn, 2011)。

例えば、人類学者である波佐間は、東アフリカ牧畜社会において、家畜と人間の非言語/言語的コミュニケーションが成立しているかについて実証的に調査をおこない、搾乳や子家畜の保護、放牧への同行などのときにみられる家畜と牧畜民の身体的な接触や近接関係を記述することによって、家畜が自分の名前を呼ばれることや牧畜民の身振りに対して的確に応答していることを明らかにした(波佐間 二〇一五)。

また、ナターシャ・ファインは、モンゴル国でフィールドワークを行い、モンゴル遊牧社会における動物の家畜化のプロセスや人間と動物の社会的行動について研究をおこなった。ファインは、人間と動物関係の両面を観察し、日常的生活において動物に対する行動、相互のコミュニケーションなどを調べ、その中の歌やかけ声などを取り上げ、モンゴルの牧畜民の生活に家畜がどのような影響を与え、家畜自身が家畜化プロセスにおける積極的なパートナーとなっているのかを示した。ファインは、先行研究では牧畜民による動物の家畜化が、他の生物の人間による管理とみなされ、動物は人間の消費のために設計された経済的な商品、すなわちモノとして扱われていることを批判し、人間と動物はどちらも主体的に社会的行動に関与しているとして、動物の家畜化という問題に独自のアプローチから迫った(Fijn, 2011)。

しかし、ファインは音楽や音、かけ声が牧畜社会においてどのような意味をもつのか、歴史的にみて牧畜社会で音や音楽によって動物と人間がどのように相互作用してきたのかについてあまりふれていない。音楽や音が動物、風景、人間の身体に響くことや、人間と動物の感情的なつながりについては論じていない。しかし、幼い頃から動物と共に暮らしてきた牧畜民出身の筆者にとって、この点は重要なことであるため、本章では主に馬を中心とした動物と人間が、それぞれの感情も含め、音楽や音を通じてコミュニケーションすること、また草原に響く音や音楽を通じてモンゴルの環境や人と動物の身体を同調することについて音響身体論や音響認識論の観点を取り入れながら論じたい。

調査概要

モンゴル共和国は東アジアの北部に位置し、西には標高約四三〇〇メートルに及ぶアルタイ山脈と標高約三五〇〇メートルに及ぶハンガイ山脈がそびえ、東には一〇〇〇～一五〇〇メートルの高原が広がる。北部には針葉樹林が広がり、残りの国土は高山砂漠とステップの植生が平均標高約一〇〇〇メートルのゴビ砂漠まで続いている。国土の約八割を占める草原は牧草地として使用されている。牧畜生業は古くからモンゴル人の生存を支えてきたものであり、モンゴル国憲法に「畜群は国民の富であり国家の保護を受ける」とあるように、モンゴル人のアイデンティティそのものであるといえる。

調査地であるトゥブ県はモンゴル国の県の一つで県庁所在地はゾーンモドという。トゥブ県には村が二七あり、筆者が滞在したのはセレグレン村である。村で飼育されているのは五畜のすべて(駱駝、羊、山羊、牛、馬)である。夏の気温はセ氏三二度を超えることがあるが、冬の気温はセ氏マイナス三〇度を下回ることがある。

本研究で提示する事例やデータは二〇二二年三～八月の六カ月間と、二〇二三年七～九月の三カ月間の合計九カ月間実施したセレグレン村におけるフィールドワークに基づいている。フィールドでは、長年、馬を調教している馬調教師ギーナさん(図12-1)の家に滞在しながら周辺の牧畜民家五人と伝統的音楽の教師Dさんにインタビューや聞き取り調査をおこなった。

モンゴル人と競走馬

馬は、モンゴル人にとって誕生、死、仕事、余暇、食糧、日常生活などに重要な役割を果たしている。さらに、富と地位、インスピレーション、アイデンティティ、移動性、そして長く繁栄した過去との連続性を象徴している。馬がないとモンゴル文化も何もないといってもいいほどの存在である。モンゴル牧畜民は五歳になる頃には競走馬に乗れるようになり、毎日のように馬の放牧や搾乳を手伝うなど、他の家畜より馬の身体と接触することが多く、コミュニケーションを頻繁にとることになる。

牧畜民は、ほとんど人間が住んでいない広大な土地を移動する。馬はこのときの重要な交通手段であり、ホト・ア

図12-1　モンゴル国において国民的に有名な馬調教師ギーナさん(右)

イル[2]とホト・アイルをつなぐ役割を担うことで、社会ネットワークを維持することにも役に立っている。また、毎年、国家的スポーツ大会として開催されるナーダム祭には必ず競馬競技がある。この時期になると、馬と人との接触機会がさらに頻繁になり、馬と馬調教師と騎手(子ども)という三つの関係は緊密に結びつき、これがモンゴルの家族教育、子育てにもつながっている。

筆者がはじめてギーナさんの家に着いたとき、彼はちょうど、競馬に出場する馬を群れの中で捕まえようとしているところであった。人類学者の小長谷有紀がモンゴル国の牧畜形態を「去勢畜文化」と呼び特徴づけているように、モンゴル国ではかなりの割合で去勢畜が群れの中に維持されている。競馬に参加する馬にも去勢馬を選別することが多い。選別された馬は競馬の直前になるまで他の家畜と同じ群れの中で飼育されるが、毎日群れから捕まえて調教する。ギーナさんは競馬に出場する馬が他の馬とともに過ごせることは競走馬にとって力を保持し、より健康になるという。捕まえた馬に、ロープをはめ、ゲルの近くの馬繋ぎ場(図12-2)につなぐことで、去勢馬から競走馬になっていく。一般的に、馬は乗馬の前後にゲルから約四〇メートル離れている馬繋ぎ場につながれているが、競走馬の調教のために、特別に別の馬繋ぎ場が建てられる。これにより、馬の日常的な使用と、競馬の祝祭的な活動が分離される。馬繋ぎ場は、馬と騎手が常に出発し、また戻ってくる地点として、夏営地につながる象徴的な意味をもっている。また、馬の全身持久力を向上させるため、ギーナさんは馬の餌と水の摂取量を管理していた。

夏の暑い時期、ナーダム・シーズンの最初のレースが始まるまでの一カ月間、ギーナさんは毎日馬を馬繋ぎ場に縛

図12-2　ギーナさんの馬繋ぎ場

り付ける。理由は馬の「脂肪を固める」ことであるといわれている。三～五日後、あるいは八～九日後、確認すると馬の背中の脂肪は厚くなり、腹は小さいが力強く、尻は大きくなり、息を切らすことなく、全力で駆け抜けることができるようになっている。柱に縛り付けている馬は戦いに参加することができるようになり、十分な水や草がなくても八～九日間、体力を消耗することなく過ごすことができる。

馬にうたいかける

調教前には、馬と騎手は馬繋ぎ場の周りを時計回りに少なくとも三周回る儀式がある。競馬レッスンを成功させるためには、支柱を回る際に、馬に敬意を払って正しい方法でおこなわなければならない。支柱の間を走ることや、人が通ることは禁止されている。騎手は「ギンゴー」と呼ばれる祈りの歌をうたうが、これは馬と騎手の精神的な準備になるのだとギーナさんは語る。

モンゴル国では、競走馬に乗るのは、だいたい五～一二歳の少年・少女であり、体重が軽ければ一三歳でも参加できる。騎手のほとんどは少年だが、少女もいる。騎手見習いは、競走馬に乗る前に、馬にうたう「ギンゴー」を習うことによって初めて騎手になる第一歩を踏み出す。ギンゴーの歌詞は、チベット仏教の祈りから拝借した歌(呼びかけ)であり、ダムディンと呼ばれる馬の頭をもつ守護神に守護を求めるものである。一方で、リズムや旋律はモンゴルの伝統的な歌というウルティンドー(長い歌)を取り入れている。

筆者がインタビューしたセレグレン村では、歌手たちはギンゴーのことを「ウム」「マルザイ」とも呼んでいた。マルザイとは「にやにやする」ことを表す。チベット仏教の図像学で、怒りに満ちた守護神(タムドリンなど)に見られる恐ろしいにやにや顔を示唆している。レースは若い騎手にとって非常に危険なものであるから、ギンゴーをうたうのは、歌の力を借りて、子どもたちと馬の安全や守護を求める意味があるのだろう。ギーナさんは馬を調教することについて以下のように語った。

「競馬する馬を調教する際、競走馬として選別された馬たちをつないだまま、馬繋ぎ場周辺をゆっくりと歩かせる。その際、騎手がギンゴーをうたう。ギンゴーを三二回うたうことがある。歌を聴いた馬たちが排便するようになり、体や腸を軽くして競走の準備をする。馬は両耳を動かし走るようになり、ナーダム祭りが近づいたことがわかる」。

ギンゴー歌について、モンゴル国の作曲家バダラーさんは、ギンゴー以外の他の歌詞やリズムに変換し、競走馬にうたってみたが普通にギンゴーをうたったときのように反応しなかったという。また、ギーナさんはギンゴーには神秘的な力があるともいう。

モンゴル牧畜民と家畜に歌がよく使われるのは、声による合図が、人間が家畜に要求を示すためではなく、家畜の要望を引き出すためである、と前述のファインは述べる。長い間、家畜と接触する中で、家畜が何を求めているか、家畜の要望を引き出すために歌や音楽を使うのだという。経験が深い牧畜民ほど、家畜の行動から家畜が何を要求しているのかを理解することができる。さらに家畜に歌を聞かせていると、家畜の表情や行動は普段より豊かになり、何を要求しているのかが牧畜民に伝わるようになる。

馬にも人間と同じように、社会があり、人間社会と馬群の両社会において、生命力や運気を得たり失ったりすることがある。そのため、モンゴル牧畜民は、家畜の運気を高めること、病気などの災難を免れるために歌うことや儀礼をおこなうことがある。例えば、ナーダム祭りで競馬をおこなった後、観客は勝った馬に駆け寄り、馬の汗を手で拭き、馬のエネルギーと幸運を自分に移そうとする。この行為からは「人間以外のものにもケシゲ（運気）が存在する。あらゆるものの中で普遍的に存在するけど、均等に分布していない。ケシゲ（運気）が多ければそのものは強いエネルギーに満ちて生き生きし、逆の場合衰弱する」（シンジルト 二〇二二）ために、馬から運気をもらおうとしているということがわかる。

モンゴル騎手と競走馬は、精神や身体がつながっており、ギンゴーは馬と子どもをレース中に守る働きをする。このギンゴーの旋律は即興的で、音節の伸長や音色の変化がある。筆者は、調査地の牛や馬を搾乳する際に、うたいながら搾乳していた事例も観察した。このときの発声や歌声は穏やかで落ち着きがあり、柔らかい声を出していた。しかし、競走馬に対しては力強く、強い音波振動を生み出していた。騎手がかなり高く突き刺すような声を出すことは、厳しい遊牧環境における歌い手の力強さを表現しているように思えた。また、搾乳の際の柔和な声が動物を落ち着かせるのとともに、高く突き刺す声は動物の感情も高ぶらせ競争心をあおる働きをするように感じられた。

ギンゴーをうたう騎手の声は、広々とした草原でも馬調教場まで響きやすく、その強い声の振動は騎手が乗っている馬の体と共鳴する。ギンゴーは馬と騎手、そして馬が駆け抜ける風景をつなぎ、深い精神的な守護を与える。つまり、歌い手としての騎手は、馬、風景、精霊、大地と空、そしてレースの他の参加者までをつなぐ媒体になる。騎手はそれらすべてをつなぎ、レースの最初にうたわれるこのギンゴーも、彼らが精神的に統合されるための音の儀式となる。

ゴール地点では、乗馬したスタッフが順位を記した木札を持って待機し、到着した馬の手綱をとり騎手に木札をわたす。出場馬の上位六割が到着の対象とされ、それ以外は着外となる。レース後、馬の汗はホソールという道具で拭き、この作業は馬の疲労を回復する助けになるといわれている。そして特にソヨーロン（五歳馬）の優勝馬の汗を体につけることにより一年の運気が上昇するといわれている。また、上位入賞五頭をアイラグ（馬乳酒）の五頭と呼び、アイラグを馬の頭や背にかけ、馬を称えるツォル（称号）と呼ばれる祈りの歌が馬に与えられる。同時に、それを育てた調教師（オヤチ）を称えるツォルもあり、賞品が与えられる。馬を称えるツォルは馬の美点をメロディックな詩ユルールを用いて馬にうたう。この賛美のユルール儀式では、モンゴル語の古いスタイルの言葉が取り入れられている。比喩や象徴は牧畜民独特のものだが、讃美の歌い手は儀式の中で微妙に表現を変え、詩的な祝福に独自のスタイルを加えることもある。ユルールでは馬の特徴をすべて述べる。

ウルディンドーとギンゴー

ウルディンドーは、ギンゴーや他の形式の家畜の歌と同様、モンゴル牧畜社会に広く普及しており、さまざまな形を持つ。その実践や起源についてまだ適切な定説がない。また、ウルディンドーは、ギンゴーや他の家畜専用の癒し音楽とは異なり、人を対象とした歌であり、深い哲学的な意味と高揚感のあるメロディーを備えている。騎手たちが歌うギンゴー歌からは、ウルディンドーの個別の装飾音と旋律の響きも聞こえる。

モンゴルの伝統的音楽教師であるDさんは、ウルディンドーを牧畜民の芸術形式であり、日常生活の中でよく歌う歌の一つであり、馬に乗って放牧する際に学ぶのが最もよいと説明した。ウルディンドーの歌手は、馬、駱駝、羊、山羊、牛などの家畜、霊感の源、特に風景の特徴に対して特別な配慮を払って歌っていると考える。Dさんは、生徒たちにウルディンドーを教える際に町ではなく、村に生徒を連れて行って、ギンゴーや他の家畜に歌う歌を聞かせながら教えている。その理由についてDさんは以下のように述べた。「都市でウルディンドーを習っている生徒たちは、草原風景や家畜との深いつながりや実践が少ないため演奏能力が欠けている。生徒たちが西洋の古典的な時間感覚に縛られていて、厳格で感情がないから一連の装飾に固執しすぎ、自発的な即興演奏を通して生きた複数の種類の風景を呼び起こす能力に欠けている」。

このように教室から離れ、牧歌的な美学を取り入れる方法を見つけ、教師が生徒たちに歌いながらゴビや草原の風景を解釈するように指示している。生徒たちの演奏に馬がどのように反応するか、家畜の行動から家畜の落ち着きや動揺を読みとり、家畜の行動や反応を表現することが歌手としての学生の優れた点を示す重要な指標であると考えている。また、ウルディンドーとギンゴーは似たような力を持っていて、ギンゴーは馬の感情を動かす力を持っているのと同じように、ウルディンドーも人々の感情を動かす力を持っている。Dさんの行動や語りから動物と人間はそれほど違いがない、と筆者は思った。

筆者の父は牧畜民であり、ウルディンドーやギンゴーもよく歌う人である。父に言われて印象に残っている言葉がある。それは「馬を放牧中にウルディンドーを歌うと気持ちよくなる。家畜、山、草原、川などを癒す力もあり、オオカミなどに人間がいることを知らせる効果もあるよ」というものだ。歌い手は音や音楽を通して自己の感情を表現することができ、人間以外のものと交流し、つなごうとする。一方、家畜には感情を引き起こし、身体の奥まで響き、人間と動物の身を同調させる機能として働きかけている。

Dさんは、ウルディンドー歌手として多くの家畜に歌った経験があり「長年にわたり、私の唯一の聞き手は五畜たちだった」という。Dさんが長年家畜に歌い続けていること、さらに生徒たちにも家畜と対面して歌う実践をさせたことは、自然に由来する音の存在がすべてを結びつけているということを真剣に受け取り、信じているからだろう。また、音や音楽には山や川など風景を癒す力がある、という父の思いも、音響的に共鳴する風景が持つスピリットは人間のつくる音によってだけでなく、自然に由来する音によっても呼び起こされるからではないだろうか。

搾乳歌

モンゴル牧畜民は、ギンゴーなどの歌以外の音によっても家畜とコミュニケーションをとっている。ここでは、馬や馬以外の種の動物との音や音楽を通じた様々なコミュニケーションについてみていきたい。

モンゴルでは、五畜すべてで搾乳し、その搾乳作業は主に女性の仕事である。一年で最初に搾乳するのは、三月末頃に出産時期が決められている羊と山羊である。六月以降は牛の搾乳も始まる。羊、山羊、牛、駱駝は朝夕の二回搾乳し、馬のみ一日八回搾乳する。このとき子馬に少し乳を飲ませて催乳を促すため、搾乳は子馬を扱う人と搾乳する人の二人でおこなう必要がある。

セレグレン村で五畜を飼育しているギーナさんは筆者が滞在していた時期は、主に牛と馬を搾乳していた。牛は朝一回、馬は七～八回搾乳し、その際、うたいながら搾乳することが多かった。筆者が訪れた際にはギーナさんの孫Sさんが馬の横に座り、長い歌をうたいながら乳搾りをしていた。搾乳は雌馬だけでなく、牛や山羊にとっても特別な作業であり、搾乳される母の産んだ子の前でうたうのが一般的である。元来、搾乳の歌は、乳の流れ(イベレフ)を促すためのもので、通常は動物の発声を歌のように伸ばしたものだが、搾乳中に単純な長い歌をうたうこともある。また、歌をうたいながら搾乳すると家畜が体の接触を許してくれるようになる。Sさんから発する歌、また、搾乳時に出る乳の流れの音が、動物と人間の心と身体にまで響き、さらに山、空、草原まで広がっていた。

モンゴルでは乳は、テンゲル(空)や仏陀といった最高の存在に捧げるものであり、神聖なシンボルである。また、動物の病気や、川、小川、井戸、泉の汚れを乳で清めたり、小川、山などに乳を捧げることもある。例えば「川が怒っている」と感じた際には、水の神に乳を捧げる儀礼をおこなうことで、川をなだめることができる。このようにモンゴル牧畜社会では、乳を神聖なもの、怒りなどを鎮める作用をもつものと認識している。動物から神聖な乳をいただいているという意識から、雌の家畜に優しく接触し、うたいながら搾乳する。このように日常生活の中でも、搾乳する作業中でも動物をなだめ、歌を通じて人間以外のものとつながろうとする。そして音や音楽は、動物、大地、風景だけではなく、超自然的なものとつながる霊媒にもなっている。

まとめ

以上のようにモンゴル遊牧社会では、音や音楽を使用して動物に話しかけたり、うたいかけたりすることがよく見られた。家畜とのコミュニケーションに使う発声と音楽や音は、清浄な乳を家畜から得るのを助け、競走馬のレース前の緊張感を和らげる。ここからは、モンゴルの人々が家畜を、指示や命令をし、支配するものとして、あるいは自分たちが好きなように利用してよい資源として扱うのではなく、共に暮らす仲間ととらえ、より良い感情的なつながりを維持しながら家畜と共存していることがわかる。つまり経済的・身体的な関係を通じて、モンゴルの牧畜民と動物と生活環境が精神的にも結びついている。

モンゴルの自然環境の中で学んだ牧畜民の伝統的な家畜や自然についての知識は豊富であり生存のために欠かせないものである。そしてこうした知識が彼らの歌、詩、伝説、語り、そして何よりも彼らの生息地に対する感性の基盤となっている。モンゴルの牧畜民の移動、遊牧生活は、家畜のライフサイクルを中心に回っている。時間をかけ、家畜とのふれあいの中で磨いた感性が家畜にとっても他人にとってもかけがえのないものとなる。モンゴル草原という環境の中で音楽や音が自然と動物と人を仲介する力として働き、その際に歌が耳だけではなく、身体によっても受け止められていることがわかる。

フェルドらが論じたような森の中で響く音や狩猟採集社会で働く音や音楽と、草原で動物と直接に接触し、音楽や音を介して家畜個体や群れと共存する遊牧社会と比較したとき、草原に響く音(音楽)は人間と動物の心に響き、共に暮らすコミュニティの関係を良好なものにするという働きをすることに重点が置かれているように感じる。馬にギンゴーを歌うことや搾乳する際にうたう歌とかけ声は、今日に至るまで家畜にも感情があることを真剣に受け取り、何世代にもわたって動物との社会的相互作用を通じて相手の感情を読み取る能力を身につけたモンゴルの牧畜民だからこそ生み出されたと考えられる。

モンゴル語のドーラフ「うたう」という言葉には「聴く」「従う」という意味もある。うたうことと聴くことが、このドーラフ「うたう」という一つの言葉の中に共に存在するということが、牧畜民たちの実践の中で生きているのではないだろうか。上述したギンゴーや乳搾り、そして音風景すべてをつなぐものは、耳や身体だけでなく、人間と動物、どちらも感情をもつということであり、その関係は相互的であり、環境から得た多くのローカルな知識を共有している。

彼らは専門的な音楽用語を知らなくても、何をやっているのか説明できなくても、感性によって、音を超越した歌の魔法をかける。牧畜民たちの心と肉体の響きから生まれる歌は、「エネルギー」として機能しているとモンゴル民族音楽家のバダーラさんは述べている。ここでいうエネルギーは幸運、恵み、気品などポジティブなものを指している。競走馬にうたう歌は人間や動物のエネルギーになる歌になり、動物と人間の心から身体まで響いている。それは、何か高尚な宗教的目的や特定のスピリチュアルな意図のために存在するのではなく、単に彼らの日常生活の一部として存在し、そのフローが様々な存在をつないでいるのだ。

参照文献

梅棹忠夫、小長谷有紀編『梅棹忠夫のモンゴル調査――ローマ字カード集』国立民族学博物館調査報告一二二、二〇一四年。

小長谷有紀『モンゴル草原の生活世界』朝日選書、一九九六年。

シェーファー、R・M(鳥越けい子ほか訳)『世界の調律――サウンドスケープとはなにか』平凡社ライブラリー、二〇〇六年。

シンジルト『オイラトの民族誌――内陸アジア牧畜社会におけるエコロジーとエスニシティ』明石書店、二〇二一年。

波佐間逸博『牧畜世界の共生論理――カリモジョンとドドスの民族誌』京都大学学術出版会、二〇一五年。

フェルド、スティーブン(山田陽一訳)「音響認識論と音世界の人類学――パプアニューギニア・ボサビの森から」山田陽一編『自然の音・文化の音――環境との響きあい』昭和堂、二〇〇〇年、二六～六四頁。

山田陽一「自然の音・文化の音」山田陽一編『自然の音・文化の音――環境との響きあい』昭和堂、二〇〇〇年、六～七頁。

Fijn, N., 2011, *Living with Herds: Human-Animal Coexistence in Mongolia*, Cambridge University Press.

Ivarsdotter, A., 2004, "And the Cattle Follow Her, for They Know Her Voice", *PECUS: Man and Animal in Antiquity*, pp. 150-153.

注

(1)モンゴルの草原で家畜とされているのは、馬、牛、羊、山羊、駱駝の五種類であり、タワン・ホショー・マル(五畜)と呼ばれている。

（2）「ホト・アイル」とは三～四世帯で構成し、牧畜作業を一緒に行うグループである。日本語で「宿営地集団」と訳されることが多い。

コラム11

「空気を読む」馬

瀧本彩加

第12章では、モンゴルの牧畜民が、家畜に対してその種類や文脈などに応じた掛け声や歌を用いて家畜と円滑にやりとりをし、家畜と信頼関係を築いていることが紹介された。そうした家畜のなかでも、馬は、世界中の社会で人々の生活を多様に支えてきた家畜である。軍馬として、農作業や情報伝達・移動・輸送を担う使役馬として、娯楽やスポーツにおけるパートナーとして、人と協働し、活躍してきた。以下に、馬の側もまた人をよく見て聞いて、人との関わりをもっていることを示唆する比較認知科学の実験研究の成果を紹介したい。

馬は対面する人の注意状態に合わせて効率よくコミュニケーションをとることを、私たちは二〇一六年の『プシコロギア』誌に掲載の論文で報告した。馬の前に人が餌を持って立ち、その反応を調べてみると、馬は、餌とその人を交互に見て視覚的に餌をねだる行動については、目を開けて自分を見ている人に対してより多く行い、前肢で地面を叩いて音を出したり、その人の手や胸を鼻で突いて注意を引いたりして聴覚・触覚的に餌をねだる行動については、目を閉じて自分を見ていない人に対してより多く行った。馬は、人の注意状態に応じて効果的な手段を選んで餌を催促し、効率的に餌を得ようとするのだ。

馬はまた、人の表情や声色からその感情を推測していることを、イングランドの動物行動学者であるリアン・プループスらの研究チームが明らかにしてきた。二〇一六年の『バイオロジー・レターズ』誌に掲載の論文では、見知らぬ人の顔写真を馬に見せてその反応を調べてみると、馬では笑顔よりも怒り顔を見たときにすばやく最高心拍数に達することが報告されている。また、二〇一八年の『サイエンティフィック・リポーツ』誌に掲載の論文では、事前に録音した見知らぬ人の音声を馬に聞かせてその反応を調べてみると、馬は笑い声よりも怒鳴り声を聞いたときに全身の動きを止めてより長くフリーズすること、より長く声の方に両耳を向けることが報告されている。馬は、人の怒り顔や人の怒鳴り声に対してより警戒して、身構えるようだ。

加えて、馬が人の感情を読み取る際に人の表情と声色を関連づけていることを、私たちは二〇一八年の『サイエンティフィック・リポーツ』誌に掲載の論文で報告した。まず、人の笑顔(ポジティブ)または怒り顔(ネガティブ)の写真をスクリーンに映し出し、馬に見せた。その写真を消した後、その人が褒めるトーン（ポジティブ）または叱るトーン（ネガティブ）で馬の名前を呼ぶ声を、スクリーンの前に設置したスピーカーから再生して馬に聞かせた。その結果、馬は、自分と親しい人については、その表情と声色の感情が一致しているときよりも、一致していないときに、声にすばやく反応し、声の方を長く見続けた。また、見知らぬ人に対しても、その表情と声色の感情が一致していないときに、声によりすばやく反応したのだ。この反応は、馬が人の笑顔からは褒めるトーンの声、怒り顔からは叱るトーンの声を連想しており、人の表情と声色の感情が一致していないときにはその期待が違反され、違和感が生じていることや、その違和感はその人との直接経験がなくとも生じうるということを示している。

一連の研究から、馬は人をよく見て聞いて空気を読んで、今目の前にいる人とどのようにコミュニケーションをとるべきかを考えたり、その人とのコミュニケーションを始めても大丈夫かを判断したりしながら、人との関わりを持っていることが示唆される。ただし、馬と人との関わりに関するこれまでの比較認知科学の実験研究は、欧米や日本で行われたものがほぼすべてで、今も使役馬として人の生活を支えている地域・文化における馬と人との関わりについては調べられていない。今後、人類学者の方々と協力して、牧畜民と馬のコミュニケーションについての実験研究を実施することができれば、使役馬として今も暮らす馬とそれを重用する人との特有の関わり合いを詳らかにすることができるのではないか、と期待しているし、ぜひ実現したいとも考えている。

参考文献

Nakamura, K., et al. 2018, "Cross-modal perception of human emotion in domestic horses（*Equus caballus*）", *Scientific Reports*, 8, pp. 1-9.

Smith, A. V., et al. 2016, "Functionally relevant responses to human facial expressions of emotion in the domestic horse（*Equus caballus*）", *Biology Letters*, 12, 20150907.

Smith, A. V., et al. 2018, "Domestic horses（*Equus caballus*）discriminate between negative and positive human nonverbal vocalizations", *Scientific Reports*, 8, 13052.

Takimoto, A., et al. 2016, "Horses（*Equus caballus*）adaptively change the modality of their begging behavior as a function of human attentional states", *Psychologia*, 59, pp. 100-111.

おわりに——共に動物である私たち

石倉敏明

人は動物をどのようにとらえ、えがいてきたのか。本書の問いは古くから、繰り返し投げかけられてきたものです。本書では、そこで前提となる動物という概念を複数の専門性に根ざした視点でできるだけ根源的に掘り返し、さらに人と動物の関係性そのものに注目することによって、互いの間にひらかれた「えがくこと」の意味を問い直そうとしてきました。

動物とはなにか。それは私たちのパートナーであり、観察や想像の対象であり、敵や味方であり、世界や景観の一部であり、肉であり、種であり、関係であり、生物としての私たち自身のことでもあります。私たちの遺伝子や組織はヒト（現生人類）という動物の一部であり、それらは先行する動物の祖先から、進化の過程で受け継いだものであるといえるでしょう。動物はこうして私たちの内側（自己）にも、外側（他者）にも存在しています。

動物を認識し、想像し、理解することは、したがってある環境のなかで私たちの内と外を貫くさまざまな関係性をとらえることにつながります。かつてヤーコプ・フォン・ユクスキュルが論じたように、地球上で活動する動物の個体は、常に局地的な環境（環世界 Umwelt）と関係を取り結んできました。動物が生きる環境は、複数種の知覚と活動の連鎖として互いに重なり、空間や時間と絡まり合うようにある条件のもとで形成されてきました。

二一世紀初頭に頻発した人獣共通感染症（ズーノーシス）は、この次元を改めて露呈させました。とりわけ新型コロナウイルスの世界的流行によって、現代人はほかの人と接触する危険だけではなく、他の動物との「共に呼吸する関係」「互いに接触する関係」「食べる／食べられる関係」を通してウイルス感染症が媒介されることを、改めて認識することになりました。こうしてもつれあう種間関係の危機をとおして、私たちは病原体となるウイルスや細菌だけではなく、さまざまなその中間宿主と環世界を共有していること、すなわち異種の人間ならざるものたちと「共に動物であること」を再発見したといえるかもしれません。

国立民族学博物館で開催された共同研究会「「描かれた動物」の人類学――動物×ヒトの生成変化に着目して」(研究代表：山口未花子)は、まさにこのようなパンデミックの時期(二〇二〇年一〇月)にスタートし、三年半にわたって継続されました。移動や集会といったそれまでの研究会にとっての基本的な条件が困難になる状況にあって、この研究会では人類学の基盤となる「人とは何か?」という問いを拡張し、生物学、認知科学、比較文化学、比較詩学、芸術実践といった異なる視点との交換に基づく議論を続けました。これによって動物をめぐる観察と想像、視覚・聴覚・触覚といった諸感覚と描写方法の関係性、表象やイメージの創造をめぐる主題群等を考察し、超領域的な知と表現の可能性を探究し続けてきました。また、二〇二四年には文化人類学会で研究部会「動物を描く人類学」を開催し、本論集にも参加している山口・石倉・竹川・丹羽の四名がそれぞれの関連した発表を行いました。

さて、私たちがそれぞれの学問領域のなかで自明視されてきた「動物」というカテゴリーを見直し、それを「えがく／えがかれる」という表象と表現の問題に関係づける際に重要になるのが、アート(芸術)との連携です。各回の研究会は、感染状況を見ながらオンライン形式と対面形式を使い分けて開催し、さらに研究者と表現者の垣根をまたいだ発表と議論を行なってきました。詩の朗読や舞踏のワークショップ、音楽のライブとパフォーマンス、アーティストとの対話などを積極的に取り込んだマルチ・モーダル(複数の表現形式)な探究によって、動物とヒトの間に広がる生成変化の可能性を問う実験が繰り広げられました。

二〇世紀初頭に活躍したスイス出身の画家パウル・クレーは「芸術とは目に見えるものを再現するのではない、見えるようにすることにある」と述べていますが、この態度は再現性を基盤とする科学の方法論とは別の仕方で、表現の可能性を問う重要な問いかけをはらんでいます。私たちの研究会においても、科学的な観察眼に基づく再現画だけでなく、さまざまな「見えるようにする」表現技術が検討されました。アーティストやダンサーなど、さまざまなタイプのイメージ制作者を招いて「動物をえがく体験」についての議論を行うことは、科学とアートという二つの世界を架橋し、生の持続としての表現を問うことでもあります。

本書はこうした一連の研究会のなかで提起され、議論され、表現されてきた成果を一冊にまとめ、読者に届けようとするものです。研究会の発表や議論がそうであったように、本書の論考やコラムはそれぞれの専門性に根ざした問題の整理やそれを超える問題提起を含みながら、他の著者の問いかけと多声的に響き合うことになりました。本研究会と論集執筆の期間は、国内外で新たな自然災害が続いただけでなく、世界で新たな戦争や紛争が勃発し、人間性の根拠となる権利や尊厳が剝奪される悲惨なニュースが続く時期でもありました。混沌と混迷が続く同時代の状況において、動物との関係、えがくことの根拠を問う本書の射程は、実は「共に動物であること」の根幹にある生のあり方を問うことにもつながると確信しています。

最後に、この研究を継続するためには、メンバーの個々の尽力とともに、多くの協力者によるサポートが必要不可欠でした。それぞれの研究会や発表の場を支えていただいた各組織のスタッフの皆さま、国立民族学博物館のスタッフの皆さまに感謝申し上げます。また、異なる専門領域を出身とする多くの論考を整理し、時に混沌とした執筆と校正の行程を開かれた対話と明瞭な視点で支えてくださった岩波書店編集部の猿山直美さんに深く感謝します。

「共に動物である」存在として、私たちは今後もさまざまな場面で動物たちと出会い、関係を取り結んでいくことでしょう。本書が多くの人びとに届き、「動物をえがく」という人類の歴史的・普遍的活動についての新たな知と表現の交歓に役立つことを、編者一同心より願っています。

西澤真樹子（にしざわ・まきこ）

なにわホネホネ団団長，大阪市立自然史博物館外来研究員，認定NPO法人大阪自然史センター理事．共著書に『ホネホネたんけんたい』（アリス館），展示に《動物のからだ》（ODPデザインギャラリー）．

丹羽朋子（にわ・ともこ）

国際ファッション専門職大学准教授．専門は文化人類学，ものづくり文化，記録と表現の方法論．共著書に『わざの人類学』（京都大学学術出版会），展覧会に《窓花／中国の切り紙》（共同制作，福岡アジア美術館・生活工房）．

根本裕子（ねもと・ゆうこ）

陶芸家．個展に《イムヌスの部屋》（山形まなび館），《どこまでいっても物体》（Gallery OUT of PLACE TOKIO），《豊かな感情》（Cyg art gallery）．

長谷川朋広（はせがわ・ともひろ）

JP GAMESチーフクリエイティブオフィサー・ゲーム制作．代表作「FINAL FANTASY XV」アートディレクター（2016，モンスター・召喚獣・生き物のデザイン担当）．

山中由里子（やまなか・ゆりこ）

国立民族学博物館教授．専門は比較文学・比較文化．著書に『アレクサンドロス変相』（名古屋大学出版会），編書に『驚異と怪異』（河出書房新社）．

吉田ゆか子（よしだ・ゆかこ）

東京外国語大学准教授．専門は文化人類学．著書に『バリ島仮面舞踊劇の人類学』（風響社），編著書に『東南アジアで学ぶ文化人類学』（昭和堂）．

執筆者一覧

五十嵐大介(いがらし・だいすけ)
漫画家．著書に『海獣の子供』(小学館，『月刊 IKKI』)，『ディザインズ』(講談社，『月刊アフタヌーン』)．

大石侑香(おおいし・ゆか)
神戸大学准教授．専門は社会人類学．著書に『シベリア森林の民族誌』(昭和堂)，共著書に『寒冷アジアの文化生態史』(古今書院)．

大小島真木(おおこじま・まき)
アーティスト，アートユニット．個展に《L'oeil de la Baleine/ 鯨の目》(パリ・アクアリウム)，個展＋映像作品に《千鹿頭 A thousand Dear Head》(調布市文化会館 たづくり)．

小田 隆(おだ・たかし)
画家，イラストレーター，京都精華大学教授．専門は絵画，イラストレーション，美術解剖学．著書に『うつくしい美術解剖図』(玄光社)，共著書に『クジラの進化』(講談社)．

ケイトリン・コーカー
ダンサー，北海道大学准教授．専門は人類学，身体論．著書に『暗黒舞踏の身体経験』(京都大学学術出版会)，共著書に『生きる智慧はフィールドで学んだ』(ナカニシヤ出版)．

鴻池朋子(こうのいけ・ともこ)
アーティスト．個展に《鴻池朋子展 メディシン・インフラ》(青森県立美術館)，著書に『どうぶつのことば』(羽鳥書店)．

齋藤亜矢(さいとう・あや)
京都芸術大学教授．専門は芸術認知科学．著書に『ヒトはなぜ絵を描くのか』『ルビンのツボ』(いずれも岩波書店)．

サリントヤ
北海道大学博士課程．専門は文化人類学．共著書に『生きる智慧はフィールドで学んだ』(ナカニシヤ出版)．

管啓次郎(すが・けいじろう)
詩人，明治大学教授．専門は比較詩学，批評理論．著書に『狼が連れだって走る月』(河出文庫)，『犬探し／犬のパピルス』(Tombac)．

菅原和孝(すがわら・かずよし)
京都大学名誉教授．専門は人類学．著書に『狩り狩られる経験の現象学』(京都大学学術出版会)，『動物の境界』(弘文堂)．

瀧本(猪瀬)彩加(たきもと(いのせ)・あやか)
北海道大学准教授．専門は比較認知科学，比較行動学．共著書に『恋する人間』(北海道大学出版会)．

竹川大介(たけかわ・だいすけ)
北九州市立大学教授．専門は人類学，海洋民族学，人類進化論．共著書に『野生性と人類の論理』(東京大学出版会)．インスタレーション作品に《海のこと山のこと》(奥能登国際芸術祭 2017)．

土取利行(つちとり・としゆき)
音楽家，パーカッショニスト．ピーター・ブルック国際劇団音楽監督・演奏に《マハーバーラタ》．音楽 CD に「銅鐸」．著書に『壁画洞窟の音』(青土社)．

長坂有希(ながさか・あき)
アーティスト，広島市立大学講師．個展に《Ethno-Remedies: Bedtime Stories ⇄ A Life's Manual》(ふうせんかずら CAFE & BAR MIROKU TERRACE)，《Living with Otherness》(モエレ沼公園ガラスのピラミッド)．

山口未花子

1976年，京都府生まれ．奈良教育大学教育学部総合文化科学課程環境科学コース卒業，北海道大学大学院文学研究科博士課程修了．東北大学東北アジア研究センター，北九州市立大学，岐阜大学を経て，現在，北海道大学大学院文学研究院・文化多様性論講座文化人類学研究室教授．専門は人類学，動物論．著書に『ヘラジカの贈り物』(春風社)，共著書に『生きる智慧はフィールドで学んだ』(ナカニシヤ出版)．

石倉敏明

1974年，東京都生まれ．中央大学大学院総合政策研究科博士後期課程単位取得後退学．多摩美術大学芸術人類学研究所，明治大学野生の科学研究所などを経て，現在，秋田公立美術大学美術学部アーツ＆ルーツ専攻准教授．専門は芸術人類学，神話学．共著書に『野生めぐり』(淡交社)，共同制作による作品展示・展覧会企画に《Cosmo-Eggs｜宇宙の卵》(第58回ヴェネチア・ビエンナーレ国際美術展，ジャルディーニ会場・日本館)ほか．

盛口 満

1962年，千葉県生まれ．千葉大学理学部生物学科卒業．自由の森学園中学校・高等学校理科教員，NPO法人珊瑚舎スコーレ講師，沖縄大学学長を経て，現在，沖縄大学人文学部こども文化学科教授．専門は生物学・理科教育．著書に『マイマイは美味いのか』『ものが語る教室』『ゲッチョ先生と行く 沖縄自然探検』『めんそーれ！化学』(いずれも岩波書店)，『僕らが死体を拾うわけ』(ちくま文庫)，『自然を楽しむ』(東京大学出版会)ほか多数．

〈動物をえがく〉人類学──人はなぜ動物にひかれるのか

2024年12月24日　第1刷発行

編著者　山口《やまぐち》未《み》花《か》子《こ》　石倉《いしくら》敏明《としあき》　盛《もり》口《ぐち》　満《みつる》

発行者　坂本政謙

発行所　株式会社　岩波書店
〒101-8002 東京都千代田区一ツ橋2-5-5
電話案内 03-5210-4000
https://www.iwanami.co.jp/

印刷・精興社　製本・牧製本

ISBN 978-4-00-061678-2　Printed in Japan